Del Traductor

Jesús Thomas Saldias, MSc., nació en Trujillo, Perú.

Desde los años 80's conoció la doctrina espírita gracias a su estadía en Brasil donde tuvo oportunidad de interactuar a través de médiums con el Dr. Napoleón Rodriguez Laureano, quien se convirtió en su mentor y guía espiritual.

Posteriormente se mudó al Estado de Texas, en los Estados Unidos y se graduó en la carrera de Zootecnia en la Universidad de Texas A&M. Obtuvo también su Maestría en Ciencias de Fauna Silvestre siguiendo sus estudios de Doctorado en la misma universidad.

Terminada su carrera académica, estableció la empresa *Global Specialized Consultants LLC* a través de la cual promovió el Uso Sostenible de Recursos Naturales a través de Latino América y luego fue partícipe de la formación del **World Spiritist Institute**, registrado en el Estado de Texas como una ONG sin fines de lucro con la finalidad de promover la divulgación de la doctrina espírita.

Actualmente se encuentra trabajando desde Perú en la traducción de libros de varios médiums y espíritus del portugués al español, habiendo traducido más de 250 títulos, así como conduciendo el programa "La Hora de los Espíritus."

Índice

LUDOPATÍA INMERSIÓN EN EL VOLCÁN

Por el Espíritu

CLAUDINEI

Psicografía de

EURÍPEDES KÜHL

Traducción al Español:
J.Thomas Saldias, MSc.
Trujillo, Perú, Septiembre, 2023

Título Original en Portugués:

"Jogo, mergulho no vulcão"

© Eurípedes Kühl, mayo de 2016

World Spiritist Institute

Houston, Texas, USA

E–mail: contact@worldspiritistinstitute.org

DEDICATORIA

El autor espiritual y la Editora dedican este libro a todos aquellos que practican la fluidoterapia por amor, buscando únicamente el bien de los demás, por amor, ofreciendo sus posibilidades de curación mediúmnica, incluso fuera de los Centros Espíritas, a quienes las buscan, por momentos en horas de descanso propio.

Con excepción de citas religiosas y de personalidades debidamente calificadas, los demás personajes e instituciones – públicas o privadas – contenidas en esta obra son ficticios, no guardando identidad con homónimos alguno, que, si existen, caracterizan simple coincidencia.

1.– MAR, SOL... Y VOLCÁN

El Mar Caribe es uno de los espectáculos visuales más bellos del planeta Tierra, debido a sus aguas transparentes, inundadas de luz solar y la abundante fauna y flora.

Ver el fondo del mar, de arena blanca –muy blanca–, a unos treinta metros de la superficie, es impresionante.

Desde cualquier distancia o ángulo, los paisajes que forman las aguas del Mar Caribe, salpicados de archipiélagos, son impresionantes, brindando imágenes inolvidables del contraste entre la arena y las diferentes tonalidades marinas.

Élcio ya había buceado varias veces en ese paraíso, asombrado por los peces de diversos tamaños y colores que no huían de los invasores, turistas, como él. Pero ahora volaba a casi diez mil metros de altura, como pasajero con destino a otro paraíso turístico: Las Vegas – ciudad del estado de Nevada, EE.UU. – famosa por sus casinos.

Durante años había soñado con el momento en el que estaría bajo las luces de colores de los grandes casinos norteamericanos, frecuentados por gente de todo el mundo, muchos de ellos millonarios...

Si pudiera, en ese mismo momento me levantaría de su asiento e invadiría la cabina del piloto, para obligarlo a acelerar. Aunque el avión se desplazaba a una considerable velocidad de casi novecientos kilómetros por hora, para mí eso era poco.

Anticipándome a Las Vegas, ya estaba allí, sin haber puesto nunca un pie en el suelo del gran país del norte.

Para ayudar a pasar el tiempo, recordé mi vida: desde niño fui un jugador obsesivo; en la escuela, durante el recreo, inventaba decenas de juegos, con cartas numeradas, canicas, cerillas, cáscaras de nueces, nueces de jatobá, etc. Hasta que llegó el día más feliz: cuando cumplí once años, me regalaron una baraja de cartas con figuras de animales. Llegaron las instrucciones de varios juegos que se podían jugar con las cartas, cincuenta y seis, como la baraja oficial. Con la baraja de cartas en sus manos, que temblaban, empezó a jugar con sus amigos todos los días. Después de un mes, las cartas estaban sucias y casi inútiles. Sin embargo, había desarrollado una habilidad increíble para manejarlas, así como un agudo sentido de observación y memorización.

Cuando proyectaban una película con historias sobre juegos de azar y apostadores, no me las perdía. Si era por televisión, lo grababa en el VCR y luego las veía muchas veces; si era en el cine, al menos las veía tres veces.

Escondiéndome de mis padres, compré una baraja de cartas "real", según pensaba. A partir de esa adquisición, monté innumerables estratagemas para no dejar que la familia descubriera que ahora tenía el "objeto de sus deseos."

Algunos jubilados se reunían cerca de su casa todos los días antes del almuerzo para jugar a las cartas. Siempre que podía se quedaba husmeando, como "sapo", en el lenguaje de los jugadores, y "sapo de afuera", por ser más pequeño y no participar.

Cuando los adultos terminaron la ronda y se fueron a casa, le pidió al dueño del bar una o dos aclaraciones sobre el juego. No tardó mucho y supo jugar a tres tipos de juegos: pife–pafe, póquer y caxeta.

De vez en cuando venían a visitar su casa algunos familiares, generalmente los fines de semana y en esas ocasiones jugaban al buraco. Sin dificultad, aprendió más sobre este juego, en el que participaba y siempre ganaba, porque, además de pequeños trucos y travesuras, todavía tenía una suerte increíble. A todos les parecía gracioso cuando, en raras ocasiones, se descubría al "pequeño ladrón inteligente…"

Durante el juego, con su uña, previamente "afilada", hacía marcas imperceptibles en la esquina superior izquierda del exterior de las cartas con un palo dorado, para que solo él pudiera identificarlas. Tal marcaje se hacía tras ver que los compañeros eran diestros y que esa zona de las cartas casi nunca era tocada por ellos. "Genial", pensó.

Hizo que su memoria saltara unos años: a los dieciséis años empezó a trabajar, habiendo pasado por varias empresas. Aun más joven, fue admitido en una empresa mediana, algo así, a los meses, ante la situación económica de la madrastra, no quedó otra alternativa: quiebra, desfalco o venta de la empresa. El propietario optó por la tercera opción.

Los eventuales y pocos interesados en comprar los activos de la empresa casi en quiebra llegaron, discutieron y se retiraron. Varios ya habían venido y algunos habían hecho propuestas que eran absolutamente irreales. Al cabo de un mes, mientras las deudas aumentaban y no aparecía ningún otro interesado, el propietario, atormentado y al borde del colapso de salud, desahogó:

– Incluso gratis entrego todo esto, para librarme de tantos problemas.

Ante la desesperación del jefe, vio en ese mismo momento que ciertamente había una posibilidad de obtener ganancias adicionales: decidió dar un gran paso, el más grande de toda su vida. Un día dimitió y al siguiente seleccionó a tres de los que, de alguna manera, se habían interesado en adquirir la empresa. Los contactó:

– Como ex empleado y conocedor de la situación interna de la empresa, les propongo un gran negocio: que compraran "Som" – con el dinero ganado por intermediar la venta de Som –. Los conocía a todos. Pero dominaba completamente en los dados. ¡Lo contrataron!

Y así, en otras modalidades de juego: solo aquellos "especialistas" en un determinado tipo de juego, y con al menos quince años de práctica, tenían posibilidades de ser empleados.

Por eso empezó a hacerse notar en dos puestos: el póquer y los dados. En el primero incluso puso de los nervios a los demás jugadores, que pasaban mucho tiempo con las cartas en la mano, como calentándolas. Ganó de seis a ocho rondas de diez. Cuando perdió dos veces seguidas, se detuvo. Esa fue una "señal" que venía de no sé dónde, de no seguir jugando. De ahí pasó a los dados.

En el banco de dados; sin embargo, su comportamiento fue diferente: si en el póquer podía farolear o cambiar los valores de la apuesta varias veces, allí la apuesta era fija, predeterminada a la tirada de los "cuadrados mágicos": los dados.

– ¡Hagan sus apuestas!

El tono del capataz era enérgico, imperativo, pero la mirada, aquella era invitante, penetrante, envolvente…

Él se acercó.

Cuando sus miradas se encontraron, ambos captaron algo diferente en el aire…

Inmediatamente, el empleado "se puso en guardia." Una larga práctica lo recomendó.

– ¿Cuál es el límite?

Su pregunta dejó claro que no era un simple turista, deslumbrado por el ambiente acogedor de aquel casino, como casi todos los casinos.

– Todo lo que quiera, señor.

Recoge los dos dados. Los calentó en su mano. Se quedó así, como si los pesara. Luego dejó las caras del 5 y 6 mirando hacia la palma de su mano derecha.

Esperando "la señal". ¡Eso vino! Como siempre, un ligero temblor de los datos, como una suave vibración de muy bajo voltaje, le aseguró que podía correr el riesgo.

Corrió un gran riesgo: en la casilla 11. ¡Ganó!

Sabiendo que estaba potencialmente "en estado de gracia" para jugar y ganar, tuvo la astucia de perder algunas veces, a propósito, incluso sabiendo la grilla que sería el ganador.

– Felicitaciones, señor...

– Gracias. Parece que estoy de suerte.

– ¡Oh! ¡Por supuesto! Continúa tu apuesta.

– ¿Quién sabe lo que nos depara el destino?

– ¿Es quien sabe?

Gané una apuesta alta. Perdí tres, bajas.

– Realmente estás de suerte: solo pierdes cuando apuestas poco...

El tono era malicioso, irónico y sospechoso. De hecho, el funcionario ya estaba preocupado. Pocas veces se había enfrentado a semejante tipo de jugador.

– "Cuando alguien gana más de lo que pierde, mírenlo a los ojos" – recomendaba cada día el gerente del casino a los responsables de cada banco, añadiendo:

– "La mirada lo dice todo: hay gente, poca, que en días determinados solo gana. Esta gente puede arruinar el banco y si no se les detiene, arruinarán incluso el casino... Entonces, pierdes tu trabajo y nunca más volverás a trabajar en ningún casino del planeta..." Acabó:

– "La mirada: si la mirada es vidriosa, no hay peligro. El problema es si la mirada denota calma, frialdad…."

La amenaza era ostensible, muy clara.

El responsable de los dados recordó todo esto y fijó su atención en la mirada de Élcio.

Estaba tranquilo, frío… El banco estaba lleno porque de alguna manera él llamó la atención con su serie de apuestas rentables.

Aun así, el responsable realizó la denominada "parada técnica." "Parada técnica" era un eufemismo que confesaba, en silencio, que la gestión de la casa ya había cruzado, en el sector, la frontera entre ganancias y pérdidas. Como en todos los garitos, el beneficio tiene que ser mayoritario y la pérdida dentro de un rango asimilable. En este caso, había provocado una peligrosa inversión de estas cuentas.

El amanecer estaba a mitad de camino.

– Lo siento señores: vamos a interrumpir nuestras actividades por treinta minutos y regresaremos con mejor suerte, para todos. Quédense con nosotros, hay otros placeres a su disposición…

La última frase era dudosa: ¿cuáles serían esos "otros placeres"? Apenas había terminado de pensarlo y le llegó la respuesta: mujer hermosa, cabello bronceado, ojos del color del cielo sin nubes…

– Ey.

– Ey.

– Sofía. ¿Y tú?

– Élcio.

– ¡Brasileño! Somos patricios.

– ¿Eres una empleada aquí?

– No... no... solo camino, observo el movimiento. Me emociona ver a la gente jugar. Te vi con los dados. ¡Asombroso!

– Gracias. Es suerte.

– Pero también mucha competencia. Felicidades.

– ¿Aceptas una bebida?

– Mucho frío... tengo calor...

Dicho esto, se inclinó y se frotó contra su brazo, haciendo que una tentación irresistible lo invadiera. De hecho, su perfume era embriagador, fascinante. "¿Quién se resistiría?", se justificó.

Seguía recordando aquella maravillosa primera cita: tomaron unas copas y se fueron a un motel, a una manzana de distancia.

Por la mañana, cuando se despidieron, Élcio no estaba de humor para jugar y se dirigió a su hotel, donde durmió hasta el anochecer.

Por la noche regresó al casino.

La buscó con los ojos, entre tanta gente: la vio, deslumbrante, pero acompañada.

"Suerte en el amor, mala suerte en el juego. Es mejor lo contrario", pensó para consolarse.

– ¡Jueguen su juego, caballeros!

Era el mismo empleado del día anterior. Pero los dados eran diferentes... Los sostuvo, los calentó, pero la señal no llegó. Sabía que perdería si apostaba. Como cualquier otro jugador normal, solo ganaría con un tiro muy afortunado. Y eso no jugaba para él.

– ¿Dónde están los datos de ayer?

– Perdón, no he entendido...

– Esos dados con los que jugué ayer y gané. Eran más pequeños que estos.

– ¡Oh! Te recuerdo. Siempre intercambiamos dados para ayudar a los jugadores, ya que a casi todo el mundo le gustan los dados nuevos. Los viejos a veces tienen mala suerte...

Molesto, no jugó a los dados. Fue al póquer. Pero allí tampoco le llegó la "inspiración."

Jugó poco, lo perdió todo y pronto paró. No era su día, o más bien su noche. Salió del casino, caminó sin rumbo, bajo una esplendorosa noche estrellada. Extrañaba Brasil, su casa, sus padres. Entró en un bar, donde se proyectaban obscenidades "en vivo", tomó allí dos tragos y se fue aburrido. Regresó al hotel y se fue a dormir.

Estaba desayunando cuando ella llegó. Por cierto, el perfume llegó primero. Lo identificaría a él, entre miles.

– Hola Élcio.

– ¡Sofía!

– ¿Puedo? Se sentó justo a su lado.

– Por favor: únete a mí para tomar un café.

– Necesitamos conversar. ¿Por qué te fuiste ayer sin despedirte y jugando tan poco?

– Entonces ¿me viste? Te vi acompañada y me quedé sin inspiración, justificó, galante y mentiroso.

– Qué bonito, pequeños celos. Tontito: era mi socio.

– ¿Pareja?

– Sí: estamos pensando en ampliar nuestras actividades, tal vez en Brasil...

– ¿En Brasil? ¿Qué negocio?

– Abrir un casino...

– ¡Pero allí está prohibido apostar!

– Por eso mismo. Al estar prohibido podremos ganar mucho más. Solo necesitas hablar con las personas adecuadas, tanto para dar cobertura como para captar clientes...

– ¿Dónde y cuándo piensa hacer esto?

– Depende de usted.

– ¡¿De mí?!

– Sí. Voy a confesarte algo y si no quieres no tienes por qué perdonarme. Me levanto, me voy y no me volverás a verme nunca más.

– ¿Confesar qué?

– La dirección del casino me paga para eliminar a los jugadores que están en la "noche de la suerte." Mi pareja hace lo mismo, si la afortunada es mujer.

– Éste no lo creo.

– Bueno deberías. Cuando alguien amenaza con arruinar el banco, el casino encuentra la manera de detener el juego y ahí es donde entro yo, con otra jugada... la que nos acercó...

– ¡Entonces es eso! ¡Cretinos, matones! ¡Me las pagarán!

– ¡Claro! Hoy vuelves allí y vas al juego de cartas, donde el dinero que circula pertenece a los jugadores. En los dados no hay ninguna posibilidad. Si lo dejas ir ganando poco a poco, se paran y no te dejan avanzar, de una forma u otra.

– ¡¿De una forma o de otra?!

– Sí: es muy peligroso ganar sin parar. Así que ten cuidado. Si hoy asumes un riesgo desde el principio, esto es completamente imprevisto para ellos, ya que la práctica demuestra que todos los buenos jugadores solo arriesgan mucho después de estar en el mismo banco.

– ¿Cómo sabes todo esto?

– La dirección del casino me contrató para sacar de escena a aquellos ganadores que causan daños a la "casa" e incluso mantener alejados a otros jugadores ricos.

– ¿Por qué me cuentas todo esto y cuántos… "sacaste de ahí"?

– Muy pocos. Para mí eres especial.

– ¿Por qué especial?

– No sé. Solo sé que eres especial. Tanto es así que acabo de entregar mi vida en tus manos, porque si saben que te dije todo esto…

Tan pronto como oscureció, fue al casino.

No jugué de inmediato. Estaba "zapeando" entre los distintos puestos, mesas, ruletas. Jugó a la máquina tragamonedas durante casi una hora y perdió todas. Su mente estaba fija en el golpe que le daría, como el ataque seguro de una serpiente a su presa.

Como si no quisiera nada, se acercó a un empleado y, entregándole una nota de gran valor, le preguntó:

– Me gustaría un póquer un poco más pesado…

Ni siquiera necesitaba decir nada más. El empleado lo presentó a un hombre, nombrándolo supervisor general, quien a su vez, al escuchar el reclamo de Élcio, lo condujo a un piso superior, donde había una puerta cortafuegos, pero cerrada con llave, que se abría solo con unos pocos toques, en clave.

Continuó recordando todo lo que pasó entonces:

Su maravilla: mesas y mesas de juego, ocupadas por decenas de jugadores. Fue conducido a un grupo que estaba tomando una "bebida" al lado de la barra y allí mismo se formó un cuarteto para partidas de póquer.

Jugó pocos juegos, igualando pérdidas y ganancias.

Fue al cajero y compró una gran cantidad de fichas, que valían para todos los juegos de casino. En lugar de volver al póquer, salió de la habitación y caminó por la gran sala, mirando las mesas de dados. En uno de ellos se dio cuenta que los datos eran pequeños. Se acercó lo más discretamente posible. Comenzó por arriesgarse poco, "palpar" los dados, si daban alguna señal... En el mismo momento en que vio acercarse al gerente general, claramente disgustado con su presencia en aquel banco, la señal surgió en el toque con los dados: era jugar y ganar. Antes que cerrara el banco, en la llamada "parada técnica", colocó el montón de fichas sobre el diez, rojo. Calentó los dados en la palma de su mano, cerrándola unas cuantas veces, dejando los cinco de los dos dados boca arriba. Lanzó esos diminutos cubos y pronto una buena suma de dinero fue transferida de la tesorería del casino a sus manos.

Terminó el juego inmediatamente y se retiró. Ni siquiera quería ver a Sofía.

Regresó a Brasil.

2. – SUERTE: NO ME DEJES...

Más atrás de lo que recuerda, se encontró intermediando en la compra y venta de empresas en dificultades, siempre a "precios de ganga", reservándose una comisión.

Antes, ideó un plan y decidió arriesgarse, colocando un anuncio en el periódico, como interesado en adquirir una empresa de componentes electrónicos.

Astuto, dedujo que si alguien se presentaba sería porque estaría en dificultades económicas, al igual que el "Som."

– ¿De cuánto?

– Esto es secreto y el secreto es el alma del negocio.

– ¿Y si prescindo de tu intermediación? Conozco bien el "Tele–Radar" y hace un tiempo pensé en comprarlo...

– ¿Que es eso? No seas desagradecido...

Descuidadamente, mostró un contrato, registrado ante Notario, en el que "Tele–Radar", en los próximos seis meses, solo podría venderse a través de él, o pagando una multa de ciento cincuenta mil reales. En ese disparo afloró el instinto del jugador, más que eso, el del cazador, que se enfrenta a una bestia hasta el último segundo, para asegurarse de no fallar el disparo.

– Entonces – preguntó: "vamos" a tomar el "Som."

– ¡Cuatrocientos cincuenta mil!

– Cuatrocientos veinticinco mil. Y fin...

– En cuarenta y ocho horas "decidiremos."

Regresó a "Tele–Radar" e hizo la oferta:

– Trescientos setenta y cinco mil reales. "Y el final", repitió, como José.

Jerónimo se rascó la cabeza. Quería decir algo, pero la mirada gélida de Élcio lo desanimó.

– Necesito pensar... tengo socio...

– ¿Y también acepta vender esta empresa?

– ¡Sí! ¡Sí!

– Entonces tienes cuarenta y ocho horas.

Actuando con extrema seguridad y sangre fría, declaró que se quedaría en esa ciudad, esperando.

– Tengo otros negocios en venta para visitar – mintió.

Caso por caso, solicitó visitar las instalaciones de "Tele–Radar", lo cual le fue concedido. Entonces, caminando por la empresa durante varias horas, habló con los empleados y jefes de sección. Invitado a almorzar en la cafetería de la empresa, aceptó. Después del almuerzo paseaba distraídamente por la empresa como un mero observador. Su corazón dio un vuelco cuando vio a un grupo de empleados jugando...

Se acercó:

– Hola, buena gente: ¿puedo...?

– Claro, claro – respondieron dos empleados.

Maneroso, se ganó la simpatía del grupo, perdiendo, a propósito. Charlando, charlando, entre una partida y otra, dijo que se quedaría esa noche en la ciudad, preguntando si había alguna opción nocturna para un "extranjero": él.

– ¿Mujer o algo más?

– Estoy comprometido y fiel, mintió, ya que ni siquiera tenía novia.

– ¿Te gustaría un juego de cartas más "pesado"?

– Así es, confirmó.

– Entonces ve a esa dirección, después de veintiuna horas – dijo uno de los jugadores, entregándole una tarjeta de presentación. Di que fue Santos quien te envió.

Élcio tomó la tarjeta y vio: Jorge Santos – Gerente.

– ¿Y tú? ¿El gerente aquí?

– Gerente financiero, su servidor, para servirle. La suerte estaba de su lado, pensó.

Por la noche se dirigió a la dirección, una casa familiar, detrás de la cual había un pequeño cobertizo, donde dos de las tres mesas estaban ocupadas por jugadores de cartas. Santos llegó poco después. Apenas lo conocía: estaba bien vestido, afeitado, tenía un aspecto excelente, muy diferente a cuando lo había visto en la firma. Fue saludado festivamente por todos. Cualquiera que no lo conociera diría que era un hombre rico.

Empezaron a jugar al póquer, solo ellos dos. Cautelosos, la apuesta inicial era baja.

Pero creció...

La derrota y la victoria se alternaron.

Cerca de la medianoche, Santos detuvo un round, antes del resultado, mirándolo fijamente. Adiestrado para ocultar sus emociones, casi se traiciona a sí mismo, al intuir que el clímax se acercaba... Con su experiencia en los juegos, sabía con seguridad que después de los "tanteos iniciales", el juego – cualquier juego – muestra su verdadera dimensión cara, eso es sí, desenmascarar.

La mirada intrigante de Santos no duró más de diez segundos. ¡Mira que había sostenido!–

¿Te gustaría subir? – Manoseó a Santos con cautela. Élcio hizo lo que mejor sabía: disimular.

Se movió en su silla, se pasó una mano por la cabeza, se llevó la mano a la punta de una oreja y miró al techo. Demostró claramente que tenía miedo. Ésta es su técnica infalible: parecer inferior, mostrar miedo y duda, induciendo así al compañero a "atacar." Eso vino:

– ¿Entonces? ¿Tiene miedo o no puede realizar operaciones bancarias más altas?

Santos también era jugador. Sabía que, con palabras tan directas, estaba agitando el orgullo de su compañero y que, si no tenía las condiciones, se rendiría.

Allí había tenido lugar la competencia más dura y rutinaria de los seres humanos: la mentira entre mentes bien entrenadas. Casi se podría decir que, en situaciones así, el ganador no necesariamente sería el que tenga mejores cartas, sino el que tenga más dominio.

Fue allí donde Élcio se dio cuenta que estaba ante alguien tan astuto como él... Reflexionando rápidamente y equiparando sus pensamientos, una vez más su cerebro señaló el camino a seguir: ¡atrévete! La estrategia que imaginó fue mostrarse indeciso, haciendo que su compañero avanzara... avanzara... hasta el punto de volverse vulnerable.

Ésta es la carta más terrible del juego de póquer: el farol. Santos cayó en la trampa, incluso antes de la partida.

– Si no quieres, no tienes que continuar, solo...

– No pensé que...

No terminó la frase. Si concluyera, seguramente diría algo como: "...fue tan cobarde".

Entre los jugadores ser considerado cobarde no es ser considerado cobarde, sino alguien sin dinero. Alguien que, en estas condiciones, no debería haber iniciado un juego, sin alas financieras para vuelos superiores.

Élcio confirmó que se trataba de alguien con tantos conocimientos como él. La diferencia, fundamental a su favor, fue que Santos "abrió el juego", mientras él simulaba discapacidades.

Lo mejor de aquel disfraz fue que Élcio agitó las cartas que tenía en la mano durante una fracción de segundo.

Santos ya había lanzado el anzuelo, con el cebo y con toda la línea posible. Esperó, como un pescador, consciente que entre él y los peces, la laguna, el río o el mar no representan nada en grandeza. La pesca, como el juego, es una cuestión formada por dos mitades: una, el hambre del pez y la otra, la "suerte–paciencia" del pescador.

Élcio, imaginándose un hipotético pez con un apetitoso cebo delante – la ganancia en el mar de la pobreza – tocó el cebo, sin morderlo:

– ¿Cuánto cuesta?...

La pregunta contenía todo un universo de posibilidades y consecuencias. Pero, a pesar de lo que era, Santos era un jugador hábil:

– ¿Cuánto quieres?

Se volvió a utilizar el aguijón del ego del jugador.

La pregunta no era: ¿cuánto puedes, sino cuánto quieres? Ésta es la diferencia entre el juego y todas las demás acciones de la vida: en el juego no se tiene en cuenta lo que se puede sino lo que se quiere; es decir, cuánto se codicia.

Las desgracias –miles de desgracias–, privadas y colectivas, personales y familiares, se originaron a partir de este punto: la razón del jugador se escapa, en un segundo, cuando su mente "fotografía" la victoria y con ello arriesga hasta lo que no tiene. En esos momentos, para él, la puja no es un riesgo, es una certeza. Cuando pierde – y esto es casi siempre lo que sucede – el impacto mental perturba el delicado engranaje que une el espíritu al periespíritu, a través del cerebro. La frustración, en este caso, hace más daño que un disparo a quemarropa. Entonces, pocos, muy pocos, logran gestionar la crisis que estalla abrumadoramente en paz, una crisis que no pocas veces es resuelta erróneamente con crimen o suicidio. Esto se debe a que, al intentar encontrar una solución, quien lo hace, además de perdedor e irresponsable, se convierte en un delincuente.

Élcio sugirió una cantidad regular. Santos no pudo ocultar su frustración, pues imaginaba que el nuevo socio le propondría al menos diez veces más. Por eso no respondió. Por cierto, también fue un estratega, sabiendo que a veces, como ocurre allí, el silencio constituye un verdadero discurso. Ambos ya no jugaban al póquer, sino que se batían en feroz duelo, equipados con una de las armas más terribles de cuantas existen en la humanidad: cada uno, la codicia del otro. Paradójicamente.

Ningún jugador, en ningún momento, en ningún juego que se haya jugado, jugó para perder. Además, en los juegos suele haber otro objetivo oculto: humillar al perdedor. En los segundos previos a una jugada, se refleja toda una vida, utilizando las adquisiciones y habilidades mentales e intelectuales acumuladas por el jugador hasta ese momento.

El sentimiento de expectación por la oferta final, con la que sabrás si has perdido o ganado, es similar al momento en el que el candidato abre las pruebas y sabe cuáles son las preguntas del examen de acceso, asegurándose de sus posibilidades. El desgaste siempre es grande, para unos y para otros: los candidatos aprobados en Medicina, por ejemplo, años después, siempre tendrán seguridad y certeza en la acción de la incisión con bisturí en el primer milímetro del cuerpo de un paciente, he aquí , los cirujanos, para decidirlo, traen consigo un bagaje de multiplicados años de estudio y otros tantos de práctica; los jugadores nunca están seguros de los resultados. Esto, al repetirse mucho, lleva a comprometer el estrés – como todo tipo de estrés, por cierto – Jugaron y Élcio perdió.

El *buy–in* se mantuvo durante tres rondas más... que Élcio perdió. Ya acercándose a las dos de la madrugada, sintió esa extraña sensación, igual que las últimas veces que jugó: hasta que no la sintió, no había ganado. Fue una especie de electricidad que, de forma inexplicable, encendió una pantalla dentro de su cabeza, en la que se proyectaban las cartas de su compañero.

Como perdedor hasta ese momento, le correspondería a él decidir si terminar o continuar el juego. Decidió continuar. Sabía de antemano que ya no perdería, porque la pantalla se encendió en su mente.

Le contaría el preciado secreto: cuáles eran las cartas de su compañero. Continuaron jugando. A las 4h30, Élcio había recuperado todas sus pérdidas y las ganancias se habían duplicado. Santos empezó a sudar profusamente. Élcio hizo otra jugada arriesgada, esta vez mental, fuera de las cartas: imaginó que Santos no podría devolver lo mucho que había perdido. Y, en estos casos, es muy común que el perdedor se hunda más en las pérdidas, en el afán descontrolado de saldar la deuda, ganar y humillar al oponente.

A estas alturas del juego, ya no hay compañero y, sí, oponente... cruel, casi siempre. Por eso, en estos momentos, no es raro que el perdedor, con la mente alborotada, ya no tenga claridad de razonamiento, ni perspicacia. De ahí a la tragedia hay un paso.

– Si quieres – Élcio lanzó una "boya" –, podemos continuar mañana.

– Pero...

– Lo sé, lo sé: no te preocupes. Entonces lo hicimos bien.

Ya sin defensas por el monto de las pérdidas, Santos aceptó la prórroga, propuesta con tiempo. Sugirió:

– Solo una ronda más. Diez por ciento de la deuda, ¿vale?

– De acuerdo.

Jugaron. Élcio se permitió perder. Santos quiso continuar, entusiasmado con esta victoria, pero Élcio se mantuvo firme:

– Mañana, o sea dentro de un ratito, tendremos el día completo.

Y por la noche continuaremos.

– ¿Entonces te quedarás aquí un día más?

– Claro, claro...

Al inicio del viaje, Santos y Élcio se encontraban en la empresa. Sus rostros no mostraban que hubieran pasado la noche sin dormir. Pero, en la cabeza de Élcio, una idea extraña, terrible, llegó muy lentamente, en un proceso creciente... creciente... Si Santos era el gerente financiero, si era un jugador empedernido como lo había dejado ver y si la firma estaba en dificultades financieras...

Los propietarios, Jerônimo y Júnior, el otro socio, llegaron casi una hora después que comenzaran las obras.

Élcio pidió una reunión con ellos y, como si no quisiera nada, preguntó de improviso:

– Doctor Junior, pretendo quedarme un día más y recién mañana regresaré a mi ciudad. Me gustaría, confidencialmente, que usted realizar una mini–auditoría financiera, para que "estemos" seguros con mi cliente...

Usó un plural prudente para los verbos...

– ¿Qué es eso? – Dijo Jerônimo ofendido –. Miniauditoría, ¿por qué? ¿Sospechas de alguien, quizás de uno de nosotros?

– Ni mucho menos. "Estamos" hablando de negocios y no de sospechas. Ni siquiera quiero estar presente, ni quiero saber de sus cuentas. Lo único que pido es que Tele–Radar indique que su balance ha sido actualizado y sus cuentas revisadas, al día de hoy. Solo eso.

Del plural al singular, otro movimiento, demostrando que la solicitud era puramente contable, sin sospechas.

Pero ahora las sospechas estallaron en el cerebro de Élcio, sin que él supiera quién había lanzado la "granada." De repente, le vinieron recuerdos de tantos jugadores que, antes de la ruina total, de una forma u otra habían desfalcado a las empresas para las que trabajaban.

"Malos pensamientos", "interferencias negativas", "respaldo", "cosa mala": tales son las denominaciones comunes para las influencias de los espíritus infelices, que actúan en procesos obsesivos sobre encarnados invigilantes.

Esto le pasó a Élcio...

– ¡Oh! bien... hagamos esto.

Antes que llegara la hora de almorzar, Élcio se sobresaltó al ver a Jerônimo llegar de la calle, muy emocionado. Pasó a su lado, sin decir nada, lo miró profundamente, aunque solo fuera por unos segundos. Élcio fue a tomar un café a la sala de juntas, de acceso libre, pero esta vez encontró la puerta cerrada.

– Están teniendo una reunión extraordinaria – aclaró la recepcionista–telefonista.

– ¿Qué pasó?

– No lo sé... están nerviosos...

Dentro de la habitación, Jerônimo estaba en un silencio misterioso, con el rostro preocupado y lívido. Júnior dijo:

– No sé cómo ese chico, Élcio, supo o sospechó algo. El caso es que tienes razón: hay un problema grave en nuestras cuentas...

–¡¿ ?!

– Aun no estoy seguro, pero al parecer estamos siendo víctimas de un desfalco...

– ¿Desfalco? ¿Seguro? ¡¿Cuánto cuesta?!

– Así es. El Banco está realizando un estudio más detallado y quizás hoy sepamos toda la verdad. Varios créditos provenientes de pagos de clientes se encuentran contabilizados en el "libro de caja", pero no se han realizado los depósitos respectivos.

– Llamemos a Jordan. Como nuestro contador tendrá que aclarar lo que está pasando...

– Oiga el resto: los créditos existentes, lo justo para que los cheques Tele–Radar no se quedaran sin fondos, se cubrieron solo en los vencimientos y, asimismo, con cheques con vencimiento futuro, hasta sesenta días.

– Entonces nos robaron...

Luego, los socios realizaron cinco llamadas telefónicas a clientes solicitando detalles de pago.

Como los dos socios no revelaron nada, después de irse, Élcio buscó información con el operador, quien aclaró que solo habían dicho que estarían en el Banco. Como tardaron demasiado, Élcio creyó prudente irse también, dirigiéndose al hotel, donde esperaría los acontecimientos; es decir, la decisión sobre la venta de Tele–Radar.

Ya era casi de noche cuando sonó el teléfono:

– ¿Élcio? Aquí está Jerônimo. Por favor ven aquí.

– ¿Ahora?

– Ahora.

Cuando llegó, Jerônimo fue directo:

– Lamentablemente, tenemos pruebas de una malversación de fondos. Nuestro director financiero, Santos, junto con el contable Jordan, confesaron el robo: alrededor de veinticinco mil reales.

Estamos averiguando cómo proceder. Aun no hemos llamado a la policía porque Santos ofreció su casa como pago.

– Espero señores que esto lo solucionen pronto y discretamente, porque si esto sucede, el negocio se tambaleará y habrá que informar a mi cliente...

Precisamente allí Élcio volvió a jugar. Se arriesgó a molestar a Jerônimo y Junior, para verificar su verdadero interés en la venta.

Junior fue tomado por sorpresa y mordió el anzuelo:

– Por el amor de Dios, el trato está cerrado. Hagamos todo bien pronto. Solo te pedimos discreción...

Sabor a miel visitó al íntimo de Élcio, quien dijo:

– Cuenten conmigo, Junior y Jerônimo, y más que eso: cuenten con mi silencio.

El trato ahora era informal.

– Bien, bien. No te arrepentirás... Se despidieron, como si hubieran tenido intimidad durante mucho tiempo.

Élcio preguntó a su secretaria la dirección de Santos y tomó un taxi hasta allí. Le dio el número equivocado al conductor, pero cuando pasó frente a la casa que quería ver, hizo una rápida evaluación de la propiedad. De allí se dirigió a la casa del casino. Santos estaba allí. Atrevido, Élcio hizo otra jugada: no jugar. Invitó a Santos a salir, porque necesitaba hablar con él a solas.

– ¿De qué se trata? ¿Y nuestro juego? No olvides que, como perdedor, yo decido cuándo parar...

– Sí, Santos, no lo olvidaré. Pero algo serio está pasando en la firma y necesito tu consejo.

– ¿Grave? Santos estaba preocupado. Al mismo tiempo, relató la actitud de Élcio ante su tragedia: su malversación había sido descubierta por Tele–Radar.

Una vez en la calle, caminando uno al lado del otro, con estudiada calma, Élcio preguntó a quemarropa:

– ¿Es usted consciente del problema del dinero?

– Problema... ¿Qué problema?

– Aun no sé. La junta parece haber descubierto una malversación financiera y está investigando. Me han pedido absoluto secreto, pero como usted es el director financiero...

En ese momento, sin demora, Élcio hizo lo que en juego se llama la "carta final":

– Parece que van a llamar a la policía, porque ya saben quién se lo robó. Como el ladrón hizo una contrapropuesta para indemnizar el desfalco, se le dio un plazo de tres días. Lo que no sé es si cancelo la propuesta de compra de mi cliente y vuelvo.

– ¿Deshacer la compra? ¿Está Tele–Radar a la venta?

– Sí, y soy responsable, pero si el trato no se concreta, los socios abrirán una causa penal contra los dos autores de la malversación.

Con estudiada crueldad, añadió:

– Serán arrestados...

En un gesto incontenible, nacido del más profundo pesar, Santos agarró a Élcio por los brazos y, temblando, confesó:

– Yo fui el que malversó... Jordan, el dueño de la casa donde jugamos, es el contador y me facilitó el desvío de los créditos a mi cuenta...

– ¡Oh! Santos, ¿qué me estás diciendo? – Élcio se sorprendió, fingió.

– Sí. ¡Soy el ladrón! Incluso pensé en suicidarme...

En ese momento, Élcio realmente podría deshacer el trato, regresar a su ciudad y olvidarse de todo eso.

También podría apaciguar ese caldero hirviendo en el que se había convertido Tele–Radar, solo con una palabra a los dueños, a favor de Santos.

¿Cómo podría, aun así, maliciosamente, jugar con los hechos y ganar más dinero? Fueron opciones que se le presentaron, una verdadera gran prueba de conducta moral que tantas veces al día se repite en varias partes del mundo.

Si hubiera estadísticas, quedaría demostrado que, en la mayoría de los casos, la tercera opción es la más elegida: sacar provecho, aunque sea a costa de lágrimas. Desafortunadamente.

– ¿Qué me estás diciendo, Santos? – Élcio falsamente sorprendido –. ¿Tú? ¡No lo creo!

– Creo que estaba loco cuando tomé dinero de la firma... pero, ya sabes, seguí recibiendo más... y más...

Anticipando ya la respuesta, pero por precaución y astucia, Élcio, con eufemismo – llamando "vales" a la malversación –,consolidó la sospecha ya consolidada:

– ¿Dónde está el dinero... o sea... los "vales" que usted hizo?

¡¿Dónde?! Bueno, en el juego, ahí. Al decir esto, Santos señaló la casa–casino, de Jordan.

En ese preciso momento, otro rayo de codicia atravesó el cielo mental de Élcio, cuyo firmamento psíquico estaba poblado de nubes negras; es decir, de codicia:

– ¿Con quién perdiste?

Santos fue tomado por sorpresa, pues la pregunta era sumamente invasiva de su privacidad, de su vida, de su triste historia de jugador fallido. Pero razonó rápidamente: "¿por qué ocultar la verdad? ¿Qué importa que él lo sepa? El respondió:

– La mayor parte del dinero que "tomé prestado" lo perdí con Jordan.

– Entonces hagamos esto: invítalo a una ronda de póquer y tal vez te recuperes...

– Pero... no tengo dinero para pagar...Una vez más Élcio fingió preguntar, pues ya sabía la respuesta:

– ¿No tienes ninguna propiedad para pignorar? ¿Auto? ¿Hogar? ¿Tierras?

– Solo tengo mi casa...

– Bueno... tú eres el que sabe...

Una vez más se puso a prueba el instinto del jugador en el alma humana.

Santos cedió:

– Muy bien: ¡mi casa viene como garantía! Regresaron a la casa del casino.

Jordan los esperaba, sin ocultar la aprensión que lo dominaba. Élcio miró a Santos, incitándolo a hacer la propuesta, que fue hecha, sin rodeos:

– Jordan, aquí está la cuestión: el señor Élcio ya sabe de los depósitos fantasma que hiciste en el libro de caja de la empresa, para cubrir mis "vales." Hoy hicieron una investigación, no sé por qué, tal vez porque la quieren vender y descubrieron que faltaba el dinero... me dieron tres días para reponer todo y lo único que me queda es vender mi casa, ya que no tengo otros bienes.

– Sí… ¿qué puedes hacer, verdad? Comentó Jordan, como si él no tuviera nada que ver con todo eso.

Élcio, de manera estudiada, pellizcó su vanidad, mientras lo intimidaba:

– Por su competencia, la firma confía en sus servicios contables; ciertamente usted mantuvo informada a la junta directiva de los "préstamos obligatorios" hechos por Santos, ¿no?

Tiro directo: Jordan de repente se dio cuenta que era complicado, ya que fácilmente se descubriría su connivencia con su colega. Peor aun: el dinero desviado de la firma permaneció en Santos por un corto tiempo, luego fue transferido a su bolsillo, después de una breve visita a la mesa de juego, allí mismo, en su casa... Con cada retiro perdido de Santos, lo renovó por uno más grande. Y como todo se perdió en el juego, siendo él, Jordan, el mayor beneficiado entre los demás jugadores, le resultó imposible "pagar" tales retiros. Semejante procedimiento era un delito. De Santos y de él...Como leyendo tales pensamientos, Élcio propuso:

– Tengo una idea: como Santos "quiere" vender su casa, ¿qué tal si jugamos algunas partidas, dándole la oportunidad de recuperarse?

Jordan miró a Santos, interrogándolo a través de sus ojos: "¿De verdad vas a vender tu casa?" También con la mirada, Santos respondió: "¡Lo haré!"

– No tengo nada en contra – suspiró Jordan. Fueron a la mesa de juego.

Élcio preguntó, o más bien exigió:

– Asegurémonos: cada uno deja un cheque... Los dos socios aceptaron.

Cuando Santos firmó su cheque, Élcio advirtió:

– Como no tienes fondos, Jordan necesita endosar tu cheque...

Se produjo un gran malestar.

La desconfianza no era solo desconfianza: era la dura realidad. Santos realmente no tenía reservas. Jordan, a su vez, se encontró en problemas: ¿cómo pagar un cheque de Santos, que ya debía tanto? Si Santos perdía, lo cual era probable, como era un perdedor nato, sería él quien perdería... Por otro lado, no brindarle ese apoyo revelaría lo que sentía; es decir, que Santos no era confiable. Y no fue así. Todos allí lo sabían, incluido el propio Santos. Aunque no era ajedrecista, se podría decir que, sin estar jugando, Élcio había dado un doble "jaque mate", lo cual no existe en el ajedrez, ya que solo dos "reyes" compiten y, por tanto, si uno gana, solo el otro pierde.

Santos capturó el punto muerto. Abrumado por tantas emociones encontradas y encendiendo su alma con pensamientos controvertidos, estalló en odio, amenazando:

– Mira, Jordan: todo lo que obtuve en la firma fue con tu aval y lo perdí casi todo contigo; si no quieres garantizar mi cheque, iré ahora mismo a la policía y les contaré todo... ¡todo! Como estoy realmente perdido, no estaré solo en la cárcel...

El clima estaba al límite, entre el fin de la paz y el estallido de la guerra, que ya había sido declarada y cuyo resultado ya se conocía: dos víctimas, Santos y Jordan.

Élcio utilizó los sentimientos de los dos como cartas en la jugada decisiva de aquella partida que él había engendrado.

– Tengo una solución...Lo miraban sedientos, afligidos. No era bueno pelear entre ellos, porque ambos perderían. Lo sabían perfectamente.

– Compra tu casa...

Santos, como si estuviera en una cámara de gas, sintió que el aire fresco invadía sus pulmones. Jordan, a su vez, se imaginó náufrago llegando a tierra firme. La adrenalina estabilizó su curso en ambos, pues la pesadilla que estaban viviendo les dio la sensación de despertar.

– ¿Cuánto quieres por tu casa?

– Vale unos cincuenta mil reales...

– Eso no es lo que pregunté. ¿Quiero saber cuánto la vendes?

– Más o menos por eso...

Élcio meneó la cabeza varias veces, lentamente, denotando tristeza:

– ¿A cuánto ascienden sus "préstamos"?

– Veinticinco mil reales...

– Coincidencia: solo puedo dar veinticinco mil reales por tu casa.

– ¿Qué? ¿Solo veinticinco? ¡Vale el doble!

– Lo sé... lo sé... solo tengo veinticinco años. Olvídalo... pensé en comprarlo, para que pagues tus deudas y me des argumentos para evitar que los dueños de Tele–Radar te persigan penalmente.

La solución al impasse volvió a estar en manos de Santos.

– ¿Cuarenta mil?

– Lo siento mucho.

– ¿Treinta y cinco?

– Es una pena...

– Último precio: ¿treinta mil?

– Veinticinco mil. Y fin.

– ¡Cerrado!

Élcio se dio cuenta de cómo funcionaba la expresión "y fin..." El alivio de las tensiones visitó el ambiente. Sin embargo, tenía otro movimiento en carpeta:

– Solo puedo realizar la compra si la casa está a mi nombre.

– ¿Escribiendo en este momento? – Preguntó Jordan irónicamente.

– Sí: haces una declaración de compraventa y la firman dos testigos: tú y otra persona de tu confianza. Mañana por la mañana vamos al Registro de la Propiedad Inmobiliaria y oficializamos la venta.

Para Santos no había escapatoria. Firmó la declaración que Jordan preparó en unos momentos, pasando un recibo por veinticinco mil reales, "recibidos en efectivo."

Élcio le entregó dos cheques, uno de diez mil reales y otro de quince mil. Cuando Santos tomó los cheques, su alegría cesó abruptamente: los cheques estaban cruzados y eran pagaderos a Tele–Radar.

– ¡¿Qué es eso?!

– Lo que acordamos. Mañana pagas tu deuda en la empresa, con estos dos cheques y ahora, como ya no tienes deudas, Jordan puede abrirte un crédito...

– Pero...

– Tú eres el que lo sabe: si no quieres, podemos deshacer el trato ahora mismo.

Santos tragó saliva. La tentación del juego suplantó todo cuidado, toda precaución, sacando a relucir la intensa, permanente e invencible avidez de todo jugador: ganar y ganar en grande...

Jordan endoso el cheque de Santos por diez mil reales.

– ¡Vamos a jugar!

Élcio sabía que ganaría. ¿No había sido siempre así? Porque esa sensación indefinida que le hacía adivinar el juego del oponente ya estaba presente, recorriendo los músculos de su brazo derecho. Jugaron hasta el amanecer. Élcio, con una habilidad muy superior a la de los dos compañeros, "asistido" por fuerzas extrañas, lideró el juego en un equilibrio de ganancias y pérdidas durante algunas horas. Se acercaba el momento de detenerse.

En promedio, estaban como al principio, en pérdidas y ganancias. Élcio esperó el resultado. Sabía que vendría. Y llegó: Santos propuso apostar diez mil reales.

Jugaron y ganó Élcio.

Nueva ronda, sin Jordan, mismo valor, mismo ganador: Élcio se embolsó el segundo cheque de Santos. Éste, pensando en los dos cheques de Élcio que tenía en el bolsillo, no pudo resistirse y propuso quedarse con el *buy–in*:

– Tengo buena munición – aclaró, dejando el cheque de diez mil reales sobre la mesa y pavoneándose: "con Tele–Radar me entiendo."

Jugó el juego, perdió. Jordan había "pasado de largo..."

Nuevo juego, ahora con el segundo cheque de Élcio, por quince mil reales.

Jordan sintió que la "temperatura" subía y prudentemente se mantuvo afuera.

Una vez repartidas las cartas, Élcio recuperó el segundo cheque en un momento. Tomó los dos cheques que él mismo había firmado y los rompió.

Desesperado, Santos preguntó y exigió:

– ¡¿Vamos a la "salidera"?!

– Arriba – respondió Jordan inmediatamente.

Fue una época de "todo o nada." Los tres lo sintieron. Por su cuenta, cada uno imaginaba que ganaría, porque la mente había pasado horas fabricando esas "formas–pensamiento"[1] que, para entonces, ya habían adquirido vida autónoma.

---

[1] Formas–pensamiento: proyecciones mentales que, formuladas y energizadas por el espíritu emisor (encarnado o desencarnado), crean vida aparente, que puede ser vista por médiums capaces de hacerlo, generalmente clarividentes. Duran mientras el agente creativo esté mentalmente fijado. (Ver *"Mecanismos de la mediumnidad"*, del espíritu André Luiz, psicografía de F. C. Xavier, ed. FEB.) La psiquiatría también aborda este tema, llamándolo obsesión, en un enfoque diferente al del Espiritismo, en el que la obsesión es la influencia nociva causada por un espíritu sobre otro o, rara vez, por el propio paciente. Nota del médium.

Élcio asintió.

De hecho, para él el juego apenas había comenzado...Se pusieron de acuerdo en el valor: quince mil reales cada uno. En la mente de Santos existía la "certeza" que ganaría y en una segunda vuelta, que exigiría, volvería a ganar y así recuperar su casa. En cuanto a Jordan, no había otro pensamiento: lo había cristalizado en la victoria: ya que, de Santos, no recibiría, en base al "vínculo", pero de ese nuevo socio, Élcio, el dinero "era bueno." ...

Se repartieron las cartas.

Entonces, cuando llegó el momento de "comprar las cartas", Élcio notó que los socios tenían tarjetas "doradas" que, debido a la disposición en sus manos, no estaban secuenciales. Él mismo tenía dos pares.

Los tres pidieron dos cartas.

Élcio formó un quad (cuatro cartas de la misma cara, cada una de un palo diferente). ¡Juego fuerte!

Miró a Jordan y no vio nada. No hay señal de juego, bien...

Miró a Santos: rebosaba euforia... "vio" que había dos cartas "doradas". Pronto, difícilmente tendría un "cuatro", como él; máximo dos pares. O... una pareja y un trío, un juego en el que saldría victorioso su "cuatro". Fijó su atención en un punto lejano, como si experimentara un ligero éxtasis, y nuevamente "vio": dos parejas. La extraña sensación que no lo abandonaba, combinada anónimamente con repetidas victorias, lo indujo a "pagar para ver."

¡Santos expuso dos parejas!

Élcio fingió consternación. Lentamente, colocó las cartas sobre la mesa, boca abajo, en fila.

Santos no pudo contenerse: en un gesto insólito, que solo la victoria podía justificar, le dio la vuelta a las cartas de Élcio. La primera letra, "tonta"; pero, los demás... ¡un "cuatro" portentoso! Al mirarlos, sintió que el suelo se había convertido de pronto en un cráter, un volcán a punto de hacer erupción, y que estaba en caída libre, hacia aquellas humeantes profundidades… Había perdido. ¡Todo! Los tres hombres miraron al centro de la mesa, imantados por las cartas que representaban la transferencia de dinero, dos por uno.

En el juego, no hay forma de separar las ganancias de las pérdidas: si alguien gana, alguien pierde. ¡Alguna vez!

Los jugadores, todos ellos, ignoran que mucho más que valores materiales, en el juego, también todos, transmiten vibraciones mentales, generalmente negativas. Por tanto, no hay noticias de un jugador siempre contento, porque la acumulación de victorias necesariamente atrae la acumulación de frustraciones, ya que a nadie le gusta perder. Y en este caso, los perdedores, inconscientemente, eligen al vencedor como fiel depositario de su desilusión, dirigiéndose a él la rebelión y, no pocas veces, el odio.

Cualquier palabra. De los tres. Élcio y Jordan sabían que eran los únicos testigos de la caída de Santos. Ambos ya habían presenciado situaciones similares. Nueve de cada diez perdedores en quiebra incluso prometen lo que no tienen, mediante promesas que nunca cumplirán, para poder seguir jugando; en ese caso, si obtienen un crédito que no pueden pagar y aun así pierden, uno, dos o incluso más de cada diez perdedores se suicidan.

– ¿Santos sería uno más en esa desafortunada lista? – Jordan tomó la iniciativa y cortó la tensión:

– Tomemos un café reforzado, porque lo necesitamos...

Élcio no se movió: en esos momentos sabía que cualquier palabra, cualquier gesto, una simple mirada podía ser mal interpretada, y suele ser así, desencadenando violencia. Sabía que los perdedores, no solo en los juegos, sino en casi todas las demás competiciones, buscan desesperadamente una excusa para el fracaso y cualquier detalle, por parte del ganador, es un verdadero detonante que detona tal reacción. Lo que casi siempre se traduce en agresión física, con graves resultados.

Porque incluso con esa inmovilidad, Élcio fue atacado por Santos:

– Entonces, ¿vas a quedarte ahí parado como un poste?

Élcio se tragó el insulto, consciente que Santos no tenía control sobre sus emociones. Recogió las cartas y los cheques. Socios sorprendidos:

– Podemos ganar los tres...

En lugar de quedarse con los dos cheques de quince mil reales, los mantuvo en la mano, colgándolos delante de Santos y Jordan. Su gesto fue sumamente astuto: provocar un efecto hipnótico en sus compañeros. No pasaron muchos segundos y pronto Jordan y Santos parecían dos zombies mirando los cheques.

Para asegurarse que los dos habían sido sometidos a hipnosis, estiró sus movimientos y comprobó, ganando, que seguían los controles con la vista fija, ora a la izquierda, ora a la derecha, abajo, arriba o en un punto inmóvil.

Ni siquiera parpadeó mientras completaba la frase: ..."con la venta de Tele–Radar."

Un rayo visitó la oscuridad en el alma de Santos.

Jordan, de la misma manera, con menor intensidad, captó que había una posibilidad de ganancia en el aire:

– ¿Cómo así? – Preguntó Santos, angustiado.

– Es muy sencillo: reunámonos con el tablero y abramos el juego sobre malversaciones de fondos.

– ¿Estás loco? Me mandarán a la cárcel.

– Sí, lo es – coincidió Jordan, añadiendo – Junior es fuego, no perdona. Va a llamar al jefe y en media hora estaremos "invitados" en la prisión.

– Nada de eso, nada de cárcel, amigos míos. Tengo un plan, y si ustedes están dispuestos a hacerlo, los tres ganaremos.

Santos y Jordan fueron silenciados.

– Nos reuniremos con la junta directiva – explicó Élcio – y haremos una triangulación financiera: confirmo mi silencio sobre los "vales" de Santos, cuya casa será transferida a Tele–Radar, para saldar sus "préstamos"; solo aceptaré proceder con la venta de la empresa si la casa, al mismo tiempo, me es transferida de la empresa, por el mismo importe que los "vales" antes mencionados, para pagar mi comisión por la venta.

– Así sigo perdiendo la casa...

– No, no pierdes tu casa: evitas que te arresten y que tu familia sea humillada – apeló Élcio, con energía, añadiendo, tajantemente: No he terminado de exponer mi plan...

– Perdón – tartamudeó Santos, ahora sumiso.

– Cuando venda Tele–Radar necesitaré un gestor financiero de mi confianza...

Santos tuvo la sensación que le habían vertido un balde de miel sobre la cabeza.

– Tú, por tanto, permanecerás en el mismo puesto y en la misma casa, que te revenderé, a pagar en cuotas deducidas de tu salario...

– ¿Y yo? – Preguntó Jordan con avidez.

– Usted – Élcio se hizo el duro – continúa con su despacho contable y con sus clientes, sin revelar lo sucedido en Tele–Radar, que por cierto, también dejaré que continúe bajo su cuidado contable...

Jordan se tragó la decisión de Élcio, duramente expuesto. Santos no pudo contenerse: en un gesto nacido de su inconsciente, se levantó, abrazó a Élcio por detrás, besando primero su frente y luego su mano... que todavía tenía los cheques.

Élcio fue incisivo:

– Te llamarán para confirmar mis términos y sería bueno que, además, hicieras alguna referencia sobre algún "pequeño problema" con Tele–Radar, que solo tú conoces... como evasión de impuestos, pago de horas extras, el sugirió.

Más diabólico, imposible.

Sin dar posibilidades a otras medidas por parte de los propietarios de Tele–Radar, muy pronto tuvieron que aceptar la "invitación" de Élcio para resolver inmediatamente la venta, porque si la noticia de la malversación circulaba, el negocio se volvería irrealizable.

Élcio expuso la cuestión con absoluta precisión de valores y enunció astutamente los posibles aspectos negativos de un escándalo, con daños inevitables para la ya debilitada Tele– Radar.

Con mucha confianza hizo la propuesta de compra, incluida la transacción con la casa de Santos, que resolvió el caso de malversación de fondos. Los socios respondieron:

– Necesitamos tiempo para pensar.

– Bueno, no – asintió Élcio, dando el golpe mortal – antes que usted decida, necesitamos escuchar ahora mismo a Santos y a Jordan, para que acepten "nuestras condiciones." De lo contrario – amenazó –, no creo que tenga nada más que hacer en esta ciudad.

Santos y Jordan fueron detenidos inmediatamente.

Junior les explicó la propuesta de Élcio y, al final, habló con orgullo:

– Si no está de acuerdo, se llamará inmediatamente al comisario para que nos asesore sobre estos "pequeños problemas.

Jordan, irritado por la amenaza, respondió tranquilamente:

– Estoy de acuerdo, por mi parte. Sin embargo, si el acuerdo no se concreta, sería bueno que usted también llamara a alguien de la Hacienda Federal, para una "pequeña inspección" en la recaudación de impuestos...

– Llame también al personal de la Dirección Regional de Trabajo – añadió Santos, justificando – parece que los trabajadores tienen algunas "cositas" que contar...

Todo tipo. Todos usando el diminutivo...

Jerônimo avanzó hacia Santos y le lanzó un puñetazo, que afortunadamente no acertó, ya que la ira hizo perder el equilibrio al atacante que, al caer, agarró a Junior, cayendo ambos, en una escena ridícula.

– Nada de agresiones – ordenó Élcio, ayudando a los socios a levantarse, haciendo uso de firmeza y de un increíble sentido de aprovechar el momento psicológico para determinar: cerremos el trato ahora, sin perder un minuto más; olvidaré todo lo que acabo de oír y todo lo que sé, siempre y cuando me des como encargo la casa de Santos.

– ¡Esto es una locura! –exclamó Júnior–.

– No, no lo es: eso es una pala en ese tortuoso caso. Santos cobra por sus desfalcos, mantiene su trabajo con el nuevo dueño de la firma, como indiqué, y sigue viviendo en la misma casa; Jordan se libera de ser un garante connivente y mantiene funcionando su oficina en esta ciudad, sin socavar su reputación; En cuanto a Tele– Radar, no presenta denuncia, se vende, paga sus deudas y a ti y a Jerônimo todavía les queda algo de dinero.

– Y tú... – comenzó a burlarse Junior.

– En cuanto a mí, creo que merezco gratitud, porque les resuelvo los problemas a ustedes cuatro.

Otro "jaque mate", este cuádruple, inexistente en el ajedrez, todavía realizado por el mismo no ajedrecista.

Los propietarios sintieron, en un segundo, que todo eso era cierto: Tele–Radar, después de esos problemas y ese día, nunca volvería a ser el mismo. De hecho, habían hablado con las esposas, en una reunión la noche anterior, contándoles sobre la propuesta de Élcio y las estafas de Santos y Jordan. De ellos les dijeron que se deshicieran de "esa piña"; es decir, de la empresa, cuanto antes mejor…

– ¡Cerrado! – Dijo Jerônimo, abatido.

– ¡Cerrado! Aprobado para jóvenes.

Élcio se comunicó con José, dueño de Eletronical y Som. Una semana después, cuando se completó la venta, Élcio había ganado 50.000 reales en efectivo de Electrónica, en concepto de comisión, y aun conservaba la casa de Santos. Este último continuaría en la misma posición y viviría en la misma casa, tranquilizándose en parte. Lo mismo con Jordan, que vio salvados su nombre, profesión y reputación.

– ¡Cerrado! – Exclamó Jerônimo, casi llorando, cuando se formalizó la venta.

Perdí un sueño, sacrifiqué un ideal, perdí la empresa que un día, empezando desde abajo, había alcanzado una posición envidiable en el mercado. Una crisis financiera imprevista había afectado a las ventas, dejando a Tele–Radar sin aliento para liquidar inversiones y compromisos rutinarios. Fue picante.

Junior, aunque era un socio minoritario, también estaba deprimido, viendo desmoronarse sus planes de futuro, de independizarse y convertirse en un gran industrial…

3.– ODIO: MAL CONSEJERO...

Durante las gestiones para la venta de Tele–Radar a Electrónica, José realizó varias visitas a lo que sería la sucursal N° 2, Som. Todos, excepto Santos, quien además de perder su casa y un dinero que no podía permitirse, también perdió su trabajo. Sabía que en esa ciudad, en la que "todos conocían la vida de los demás", nunca podría levantar la moral, nadie lo contrataría e incluso la sociedad local, discriminatoria por excelencia, lo rechazaría. De hecho, ya había comenzado a sentir repulsión: apenas se había consumado el acuerdo de venta de Tele–Radar cuando el club del que era socio lo "invitó" a presentarse en la sede, para "tratar asuntos de su interés:

– La junta – le informó el encargado – le sugiere que dimita.

En su momento, Santos identificó el origen de la "invitación": Junior era el director social del club...

Pero eso no fue todo: el banco donde era cuentahabiente, habiendo sido muy bien tratado hasta entonces, lo llamó:

– El gerente me pidió que le informara que "podría" tener que cerrar su cuenta corriente.

El gerente ni siquiera le respondió y encargó a un asistente que le transmitiera este mensaje, "con la mayor amabilidad posible."

– Con la venta de Tele–Radar –informó el banquero, justificándose–, el Banco tuvo conocimiento que usted fue relevado de sus funciones como Gerente Financiero y que su casa fue "entregada" para pagar los préstamos de sus antiguos empleadores.

La forma en que el asistente pronunció la palabra "préstamos" denunció que el Banco tenía conocimiento del desfalco.

Sí: en esa ciudad ocurrió todo, de verdad.

– Su tarjeta de crédito especial – añadió el banquero – "fue cancelada y el débito en su cuenta corriente deberá saldarse próximamente, para no ser cerrada, con comunicación al Banco Central."

Hubo más: al solicitar una chequera, se la negaron. En casa, con la familia, los problemas de Santos, incapaz de justificar ante su esposa lo injustificable: la pérdida del trabajo y de la casa. Cuando Vilma, su esposa, escuchó la terrible confesión, tuvo un ataque de ira.

– Me voy ahora mismo a Tele–Radar – dijo gritando y gesticulando salvajemente – para arreglar las cosas. Iré primero a la policía, para denunciar este mal a mi marido y a mis hijos.

Santos no tuvo escapatoria: lo contó todo. Vilma, al no creer lo que escuchaba, pasó de la exasperación a la apatía total. Seguía mirándose las manos, ahora la palma, ahora el dorso...

Santos, en esos momentos, los peores de su vida, pensó varias veces en suicidarse.

Por unos segundos no llevó a cabo tal intento: Vilma, en evidente shock, comenzó a temblar, a presentar convulsiones y cayó abruptamente; si no fuera por la agilidad de Santos, se habría golpeado la cabeza contra el suelo.

Lo peor estaba por llegar: al día siguiente, temprano en la mañana, sonó el timbre y, cuando Santos contestó, el hombre se identificó:

– ¡Buen día!

Se puso pálido, porque lo conocía: era el agente inmobiliario, dueño de la mejor agencia inmobiliaria de la ciudad.

– ¿Qué deseas?

– Nos gustaría echar un vistazo a la casa, ver cómo está... El nuevo dueño nos contrató para venderla.

Hizo un esfuerzo por no atacar y echar al corredor. ¡No fue posible! ¿Cómo pudo ese tal Élcio hacer eso? ¿Cómo había puesto la casa en venta sin siquiera decirle una palabra...?

Sin poder razonar con claridad, tuvo una sola reacción:

– Esta casa es mía y no está a la venta. Por favor retírese.

– Si yo fuera tú, no haría eso. Contamos con la escritura de propiedad del inmueble y su objeción podría resultar costosa. Si acudimos a los tribunales, no solo perderás el caso, sino que también tendrás que pagar todos los gastos... Además, también podremos reclamar una indemnización por las pérdidas, porque ahora ya tenemos un cliente interesado en esta casa y , si lleva tiempo, tal vez perdamos. Después no sabemos si encontraremos otro comprador.

Vilma, que se había acercado, escuchó la explicación del corredor. No pudo detener el llanto incontrolado. El corredor evitó el impasse:

– Volveremos más tarde. Buen día.

Santos se fue poco después, conduciendo el auto como un loco, rumbo a la ciudad donde vivía Élcio. Su mente no podía ordenar los pensamientos. Solo sabía que era indispensable estar cara a cara con el hombre que, al fin y al cabo, lo había arruinado. Urgente, borrarlo. Al llegar al destino, se dirigió al Som. Los billetes cambiaron de dueño, incluso se celebró. Sálvate de la ignominia. Sin embargo, por precaución, no durmió ni un minuto más.

Incluso logró narrar parte de su desgracia.

– Tú no actúas así, tonto – aconsejó uno de los detenidos, añadiendo – "quédate fuera de la empresa y cuando alguien se vaya, te darás cuenta que eres pobre, ofrécele algo de dinero para que le dé una pista sobre dónde vive el pres, "fulano de tal quieres ver."

Luego de ser habilitado y porque no había nada en su contra, Santos fue destituido, no sin antes recibir un sermón, aprobado por el comisario.

Siguió el consejo del prisionero. Consiguió la dirección de Élcio y, cuando llegó allí, el corazón le latía con fuerza, pura adrenalina, con ganas de "casi salirse del pecho."

El odio es muy mal consejero.

– Pero ¿quién es atacado y no se defiende? Las palabras de Jesús sobre ofrecer la otra mejilla al agresor[2] quizás solo hayan sido escuchadas, en estos dos mil años, por tres personas. Cinco como máximo...

– El señor Élcio ha viajado – informó el conserje del edificio, sin levantar la vista.

– ¿Para dónde?

– No sé. Ni me lo dijo ni le pregunté...

Casi descargaba su furia con aquel maleducado cuando recordó el "buen consejo" que le dio su compañero de celda hace unas horas. Tomó un billete de diez reales y lo colocó frente al conserje. No se dijo nada. Ni siquiera era necesario.

– Se fue de viaje turístico fuera de Brasil.

– ¿Para dónde?

Santos recogió otros diez. Pero él no lo soltó. Cuando el conserje fue a quitárselo de la mano, se estremeció.

– Es un jugador – surgió nueva información – Solo sé que fue a jugar a otros casinos del Caribe, donde fluye mucho dinero... Lo escuché decir eso por teléfono, con alguien.

---

[2] Mateo, 5: 39. Nota del Médium.

La nota ha cambiado de dirección. Santos, frustrado, regresó a su ciudad. Cuando llegó encontró a Vilma muy angustiada:

– Santos, ¿qué hiciste? Todos te buscan y nadie sabía dónde estabas...

– Fui a ver a ese traidor...

– ¿Y? ¿Para qué? ¿No fuiste tú quien se equivocó, y muchas veces?

– No lo encontré. Viajó fuera del país. ¿Quién me buscó? ¿Qué querían?

– El Banco envió ayer un emisario aquí varias veces. Fui a hablar con el gerente y me mostró tres cheques firmados por ti, sin fondos...

– ¿De cuánto?

– Dos de diez mil reales y uno de quince mil...

– ¡Miserable! ¡Él presentó los cheques! ¡Realmente tengo que matarlo!

Durante dos semanas buscó trabajo. Todos los intentos fracasaron. No tardó en darse cuenta que en aquella ciudad no se le abriría ninguna puerta profesional. El desfalco que había cometido se había revelado, aunque de forma extraoficial, y por lo tanto ni siquiera pudo ser recibido. Definitivamente: allí no había más lugar para él.

Buscó a Jordan, porque en todo el mundo él era la única persona que podía ayudarlo. Pensó: Después de todo, ¿no fue Jordan quien se quedó con todo el dinero que yo "tomé prestado" de Tele–Radar? ¿No fue él quien ajustó las cuentas para que no aparecieran cada vez más "préstamos"? Eso sí, muy claro: tiene la obligación de ayudarme.

Con tales pensamientos, que reflejaban la certeza de ser atendido, pronto se estaba expresando, cuando Jordan le respondió:

– Estoy en lo peor: perdí mi trabajo, perdí mi casa, me cerraron mi cuenta bancaria, mi esposa no quiere perdonarme, me amenaza con dejarme, y eso no es todo... Jordan lo escuchó molesto. Continuado:

– Lo peor, lo más grave, es que ese cretino de Élcio, además, presentó mis cheques...

Al ver la inmovilidad del excompañero de tantos días, o mejor dicho, de tantas trasnochadas en la partidas, Santos concluyó:

– Tenemos que solucionar esto...

– ¡¿Tenemos?! – Preguntó Jordan, incómodo.

– Por supuesto que sí: usted es testigo que esos cheques eran falsos.

– ¿Pequeña mentira? ¿Pequeña mentira? ¿Qué pasa, amigo mío? ¿Quién emite cheques por esos valores, simplemente "miente"? Permanecer sabiendo que mis cheques también fueron presentados y cobrados. Por cierto, perdí por tu culpa... Y el Banco me molesta porque yo era su garante.

– Pero, Jordan, ya viste: en aquel juego di los cheques por sugerencia tuya, para intentar ganar y pagar los... "vales." Estoy pensando en vengarme y darle una lección a ese matón. Tienes que ayudarme. Ya viste lo traidor que es.

– No vi ninguna traición. Lo que vi fue a ti extrapolando, perdiendo como un zorrillo ciego y aun queriendo perder más. Si Élcio no se detuviera, necesitarías todo el dinero del banco para pagar tus deudas.

– Pero también podría ganar...

– ¿Tú? Solo pierdes, amigo mío – dijo Jordan, ya no capaz de frenar el desprecio que Santos despertaba en él. Y agregó – hay gente que nace para ganar y hay gente que nace para perder. Eres de ese último equipo.

– Si así lo crees, ¿por qué jugaste tanto tiempo conmigo?

– Porque no te das cuenta de lo ridículo que es. Cualquier principiante juega mejor que tú.

– Entonces... si supiste esto todo el tiempo, solo me hiciste robar...

– ¿Yo, robar? ¿Me estás llamando ladrón? No sabía que quien gana en el juego es un ladrón. Creo que es bueno enviar, salir, quitarse de mi camino.

Las tensiones ahora rayaban en lo insoportable. Santos se sintió atrapado, sin salida.

Todo estaba en su contra. Perdiendo el poco control que había logrado mantener hasta ese momento, literalmente voló sobre Jordan. Siendo fuertes, ambos lucharon entre sí, atacándose como perros rabiosos, maldiciendo.

Los familiares de Jordan se apresuraron hacia adelante, sorprendidos por el alboroto, y pronto comenzaron a gritar también. Los vecinos acudieron a ver a qué se debían esos gritos. A costa de ello, los contendientes fueron separados. Estaban heridos y con sangre corriendo por la nariz y la boca. Santos se rompió tres dedos de la mano derecha. Jordan perdió dos dientes. Cuando llegó la policía, llamada por nadie sabe quién, se redactó el atestado policial y los dos acosadores fueron llevados a Urgencias. Luego de ser medicados, fueron liberados, ya que ninguno quiso presentar cargos.

Santos, con terribles dolores en todo el cuerpo, pero principalmente en la mano, llegó a su casa a tiempo de ver partir a la "vieja Kombi" de su suegro, llevándose a su esposa, dos hijos y algunas pertenencias.

Salieron de la casa antes del desalojo.

Había perdido el último y más sagrado bien: ¡la familia!

Definitivamente no había nadie en el mundo que pudiera ayudarlo. Estaba solo. ¡Solo!

Entró al primer bar y se emborrachó, convirtiéndose en un inconveniente. Mientras repetía su triste destino, el dueño del bar lo sacó, arrastrándolo. En la misma acera durmió profundamente, durante horas, bajo los efectos de la bebida.

Lo despertó Jarbas, un antiguo colega suyo en Tele–Radar, que regresaba a casa después de un turno de noche que había realizado en el ahora "Electrónico – 3", antiguo Tele–Radar:

– Señor Santos, ¿qué es esto? Despierte, señor – Santos se puso de pie tambaleándose, ayudado por él.

– ¿Que estás sintiendo?

Pronto se dio cuenta: Santos estaba borracho.

– Te llevaré a casa...

– Yo... ya no tengo casa, ni esposa, ni hijos, ni trabajo, ni amigos, ni cheques, ni nada...

– Dios es Padre, Señor Santos, y no abandona a ninguno de Sus hijos...

– No me hables de Dios. Si yo era su hijo, ahora soy huérfano.

– No hables así. Vamos a mi casa a darnos una ducha y un café.

Y así Santos encontró un hombro amigo. Alojado temporalmente por Jarbas, que vivía en una casa pequeña, lo alojaron en una pequeña habitación en la parte trasera.

En los días siguientes, Jarbas tuvo la oportunidad de conversar amigablemente con Santos, tratando de despejar su mente de los pensamientos infelices que su rostro y sus palabras dejaban entrever.

Jarbas era un espírita, médium esclarecedor[3], intuitivo y sensible, muy estudioso del Espiritismo, frecuentaba asiduamente un Centro Espírita cercano a su casa.

– Sí, Jarbas, si no pudiera conseguir un trabajo estando sano, imagínate ahora, con la mano enyesada.

– No se desanime señor Santos. Pronto estarás bien y todo mejorará.

– Incluso perdí el coraje de intentar salir de esto… La esperanza murió, ¿por qué seguir viviendo? No soy nadie, no soy nada, no existo…

En efecto, aunque Jarbas lo había ayudado amablemente, Santos había dejado que el odio, por todo y por casi todos, corroyera su interior. Odiaba a Élcio sobre todo, sobre todo. Solo ese sentimiento lo mantuvo vivo.

– Nada de eso, señor Santos: en el transcurso de cada existencia, de las innumerables que tenemos todos los seres, siempre nos encontramos ante momentos intercalados, a veces de problemas, a veces de relativa calma. La propia ciencia hoy ha demostrado que el hombre tiene alma y que ella decide todas las acciones de la vida, siendo el organismo solo el ejecutor de los actos físicos.

– No creo en estas cosas…

_____

[3] Médium esclarecedor: aquel que ofrece orientación evangélica a los encarnados que buscan alivio de sus aflicciones en los Centros Espíritas. Tales médiums también participan en reuniones de mediumnidad, en las que los visitantes (espíritus desencarnados) exponen sus dificultades y posibles sufrimientos, recibiendo apoyo moral y aclaraciones doctrinales, siempre basadas en las enseñanzas de Jesús y la Justicia Divina. Como se puede ver, son agentes de la Caridad del Padre y actúan fraternalmente inspirados por amigos de la Vida Mayor, brindando esclarecimientos evangélicos a los enfermos encarnados y desencarnados. Nota del médium.

– El hecho que no creas no las elimina. Por cierto, es un hecho comprobado que la mente es quizás la herramienta más poderosa del alma y actúa sin cesar. De la acción mental nacen los pensamientos y de ellos, todo un complejo e inescrutable proceso de actividad glandular, en la producción ininterrumpida de hormonas. Estas hormonas visitarán y se alojarán en las células de órganos específicos, dando como resultado salud o enfermedad, paz o angustia, amor u odio, felicidad o tristeza. Los psiquiatras saben que el equilibrio existencial, traducido en alegría de vivir, es el resultado de la producción hormonal de cada individuo, generada a partir de sentimientos elevados, inductores de salud.

– Entonces, ¿eso significa que quien se siente enojado se enferma?

– Tan seguro como que dos y dos son cuatro. Este mecanismo mental pensamiento–hormonas–acción física es visto con mucha naturalidad por el Espiritismo. Por cierto... ¿qué pasa con tu mano rota? ¿Estaba orando cuando resultó herido?

El argumento era incontestable.

– Voy a estar enfermo por mucho tiempo...

Jarbas, en un intento de ayudar al ex directivo, continuó:

– En el Espiritismo no se dice que el hombre tenga alma; se dice que es un alma. La Doctrina de los Espíritus dice más sobre esto: cuando el espíritu está "vestido" con ropas carnales – el cuerpo físico –, es alma, encarnada, por tanto; cuando sin la vestidura física, desvestido por el fenómeno natural de la muerte, es espíritu, ¡de lo cual podemos deducir que el espíritu es inmortal!

Santos, lamentablemente, no creyó lo que escuchó.

Jarbas intentó seguir aclarándolo, buscando liberarlo de los sentimientos negativos que tenía:

– Alma o espíritu son estados–condiciones de una misma individualidad. Solo cambian los planos de vida, a veces en lo material, a veces en lo espiritual. Si en el primero somos casi seis mil millones de almas, en el espiritual aun más. A través de información del plan mayor [4] podemos conjeturar que la proporción es del orden de cinco o seis espíritus (desencarnados) por cada alma (encarnadas). Esta sola idea nos induce a agradecer a Dios por la bendición de la vida en el camino terrenal, muchas veces verdadero filtro purificador de nuestros males, que nosotros mismos sembramos en vidas pasadas y poco a poco los cosechamos, hasta el rescate total de esas faltas.

– Sabes, Jarbas, has sido bueno conmigo, pero, en mi caso, no creo que la vida hoy sea una bendición…

– Razona conmigo, dentro de los postulados espíritas: los planos material y espiritual son la morada de los vivos y de los "muertos" y estos dos planos se compenetran, dando como resultado un sinfín de simbiosis, uniones y separaciones, prodigios y escándalos, bendiciones y heridas.

– ¡¿Crees que en mi lugar hay "gente del otro mundo"?!

– Por supuesto, pero no solo contigo. Todos tenemos compañeros invisibles que sintonizan con nuestros pensamientos, ya sean buenos o malos. La sabia ley de la armonía, perfecta e inexorable, hace que las criaturas se acerquen según sus tendencias. Por ejemplo: si juegan dos grandes equipos de fútbol, los respectivos aficionados formarán dos bloques, unidos,

---

[4] En "*Roteiro*", el espíritu Emmanuel, a través de la psicografía de F. C. Xavier, Capítulo 9, Ed. 1952, FEB, RJ/RJ, informó: "La Tierra es una universidad sublime… más de veinte mil millones de almas conscientes, desencarnadas, sin hacer referencia a los miles de millones de inteligencias subhumanas que, utilizadas en los múltiples servicios del progreso planetario, rodean el domicilio terrestre, demorándose en otras franjas de la evolución." En 1952, la población mundial era de aproximadamente 2.500 millones de habitantes y en 1997, de 5.700 millones. La proporción conjeturada en el texto incluye la media aritmética de los datos hasta la primera edición de este libro (1998). Nota del médium.

corporativamente fuertes, pero opuestos entre sí. En todo en la vida, la elección es nuestra. Por eso tenemos amigos y enemigos. Dios es el Creador de todo y de todos los seres vivientes, a quienes proporciona medios absolutamente iguales para progresar, ya que evolucionar es una constante para todos, al ser una Ley Divina.

– Pero ¿cómo podemos progresar si se cruzan bandidos en nuestro camino?

Santos se refería a Élcio.

– El hombre, en su recorrido evolutivo, tiene al planeta Tierra como su escuela natal, viviendo en familia, bajo cuatro paredes y asistiendo allí a diversos cursos, con diversos compañeros; también es inquilino temporal en varios domicilios, donde tiene varios vecinos; y aun así, desempeña varios puestos de trabajo, en compañía de otros trabajadores. Pues bien: en todas estas actividades, que generalmente hacen que unos pasen horas extra con otros, no hay ninguna posibilidad. Los espíritus siderales planifican tales etapas, colocando criaturas inadaptadas una al lado de la otra, para que con la convivencia suavicen las aristas y los desajustes acumulados.

– ¿Quién nos hace daño fue puesto a nuestro lado a propósito, por esas personas que usted llama "espíritus siderales"? – se maravilló Santos, pensando solo en Élcio.

– Las personas que nos hacen daño no fueron puestas a nuestro lado para ese fin. Sí, se acercan a nosotros, para que ambos ejerzamos el perdón, si somos ofendidos, y la reparación, si somos los ofensores.

– ¿Cómo saber quién es quién?

– En general, no es difícil: quien nos acusa probablemente habrá sido nuestra víctima, en una vida anterior; así, quien es cobrado es realmente el deudor.

– Pero eso es demasiado vago, porque este mundo está lleno de bandidos.

Siempre pensando en Élcio…

– Lo que se llama bandido es aquel a quien el destino acerca a alguien, para armonizarlo, porque si el perdón está presente, la unión de tales personas les traerá mucha felicidad.

– Pero ¿por qué no recordamos cuándo ocurrieron estos desajustes, para identificar mejor a los culpables y a los inocentes?

– Incluso en esto vemos la Sabiduría de Dios al permitirnos olvidar el pasado, porque si enemigos de otras vidas regresaran con pleno recuerdo de los acontecimientos, no habría la más mínima posibilidad de reconciliación. Consideremos que muchas madres encierran, con profundo cuidado y amor, a niños que crecerán y vivirán unos con otros, en un ambiente propicio a la paz, que tal vez en otras vidas no experimentaron. Esto sin olvidar que cuando una pareja se une, comenzando a constituir una familia, seguramente estará, al principio, reconstruyendo una unión anterior.

– Pero ¿hasta cuándo sucederá esto?

– Los reagrupamientos para la pacificación recíproca se irán sucediendo en el mundo, a través de sucesivas reencarnaciones, hasta que los hombres aprendan a amarse, excluyendo del pasado todos los daños que unos han causado a otros. El péndulo que nos hace nacer–morir–renacer nos proporciona varias reinscripciones en la escuela de la vida, cuando hay repetición; "pasando el año" en estos cursos existenciales, nosotros, los estudiantes, seguiremos aquí todavía, pero en prácticas curriculares más avanzadas; es decir, con menos sufrimiento y con más condiciones para ayudar a quienes están a la zaga de nuestro aprendizaje.

– Todo esto es muy bonito, pero lo que más se ve son bandidos delante de nosotros.

– Perdone, señor Santos, una observación, sin entrar en la intimidad de su alma, pero mirando su exterior: siento que tiene la mente fija en alguien, juzgándolo su enemigo. No me diga qué pasó, pero sea cual sea el problema, conviene no olvidar que cuando alguien formula un pensamiento y lo mantiene activo en la pantalla mental, sus vibraciones pronto atraerán a otra persona con el mismo pensamiento. Estas dos fuentes emisoras pueden estar a kilómetros de distancia entre sí, e incluso nunca llegan a conocerse. Y más: uno puede estar encarnado y el otro desencarnado...

– ¿Entonces un pensamiento fijo mío, por ejemplo, podría traerme aliados?

– Eso mismo. Solo que si el pensamiento es bueno, esta unión mental será siempre feliz; sin embargo, si hay discordia en la intención, si hay odio, celos, avaricia, malicia o cualquier otro componente infeliz, este acoplamiento generará infelicidad.

– Empiezo a comprender cómo me hizo daño aquel bandido: le ayudaron "cosas malas del otro mundo..." Dime, Jarbas, ¿cómo me defiendo de esto?

– El Espiritismo es pródigo en aconsejar la oración y la auto reforma, mediante el control de las malas tendencias, expulsando de nuestra alma todos los sentimientos negativos, especialmente la venganza... Dedicándonos al bien, nuestros males serán superados y no añadiremos nuevas deudas. a nuestras obligaciones, por el contrario, las redimiremos. De lo contrario, estamos sembrando dolor... que en el futuro tendremos que cosechar.

Bajo la influencia beneficiosa de Jarbas, Santos siguió buscando trabajo. Sufrió nuevas humillaciones. Sabía que no podía quedarse en casa de su amigo, "pero ¿a dónde ir?" Pensó en agonía. El dinero, poco, se estaba acabando. Solo se le ocurrió una salida: ¡jugar! Fue a un pequeño bar cerca del ex–Tele–Radar y esperó la hora para irse, y cuando lo vieron unos ex compañeros se excusaron y no se quedaron en el bar. La reacción de los clientes fue tan ostensible que el dueño del bar, con rudeza, le dijo al solitario cliente:

– Señor Santos, lamento ser franco, pero no debería volver aquí...

– ¿Por qué?

– Porque tu presencia ahuyentó a los buenos clientes.

– ¿Y yo? ¿No soy un buen cliente?

– Lo era. Disculpe de nuevo, pero la gente ha estado diciendo algunas cosas sobre usted, nada buenas...

Santos entendió. No tenía sentido insistir. Pagó su pequeño gasto y se fue. Sintiéndose avergonzado de regresar a la casa de Jarbas, caminó sin rumbo en la fría noche. Cerca de la medianoche, sin ningún lugar a dónde ir, le vino a la mente el ambiente "acogedor" de la casa.

Casino Jordan, donde tantas noches había pasado, haciendo lo que más le conmovía: jugar.

En un impulso imparable, se dirigió hacia allí.

Apenas vestido, hambriento y sintiendo dolores en todo el cuerpo, tocó el timbre. Jordán respondió:

– ¡No lo creo! ¿Qué quieres aquí?

– Déjame entrar y quedarme ahí dentro un rato.

– ¿Has perdido la vergüenza? ¿Quieres una lección?

El tono agresivo de la expareja hizo que nunca más volviera a ser admitido allí. Y ese algo malo, indefinido, flotaba en el aire.

– Jordan – suplicó Santos, cada vez más desesperado –, no tengo dónde dormir, por caridad, déjame quedarme aquí un tiempo, ocupándome de todo, incluso sin ganar nada...

– ¿Crees que soy tonto? ¿Quién le da al zorro la llave del gallinero?

Mano rota, cuerpo dolorido, frío intenso y hambre: nada de eso detuvo su abrupta reacción. Santos volvió a lanzarse sobre Jordan, lanzándole golpes. Aunque estaba preparado, Jordan cayó. Cuando Santos, también en el suelo, intentó estrangular a su oponente, este gritó, mientras el yeso se movía y el dolor era insoportable. Se levantó tomándose la mano y gritando de dolor. Se haría daño a sí mismo. Sin embargo, estando todavía en el suelo, Jordan sacó el revólver que había escondido y que tanta "autoridad" le daba. Disparó tres veces. Acertó el primero y falló los otros dos tiros. Santos hizo un trompo y eso fue lo que lo salvó de recibir más de un balazo. Ante el brutal dolor que sintió en la mano, sumado al dolor que le provocó el disparo que lo impactó, cayó inconsciente.

Dos personas que estaban allí jugando y que habían acudido a ver el desorden se marcharon apresuradamente, sin ayudarle ni despedirse, por temor a complicaciones con la policía.

Jordan llegó junto a Santos, tumbado boca abajo y con el pie lo volteó.

– Está muerto, yo lo maté – pensó.

Empezó a temblar. Sintió ganas de vomitar.

4.– SIEMBRA DE CIZAÑA

A unos tres mil kilómetros de Santos y Jordan, el casino era una fiesta: luces, ruletas, dados, cartas, máquinas tragamonedas electrónicas. En el preciso momento en que Santos recibió el disparo en el abdomen, Élcio estaba en una ruleta, esperando una jugada alta: todo lo que tenía. Esperaba "esa sensación" que siempre lo visitaba, antes de los partidos que ganaba.

Había regresado al Caribe en otras ocasiones, encontrándose siempre con Sofía, en el mismo "trabajo." De la inversión que ella y su "socio" pretendían hacer en Brasil, ni una palabra. No tocó el tema, prudente.

En un reencuentro, yendo a esperarlo al aeropuerto, Sofía dijo:

– Se cambiaron los *croupiers* y algunos guardias de seguridad en el casino donde trabajo. Ahora podemos hacernos ricos. Hoy deberías jugar a la ruleta, para no despertar sospechas. Alguien podría recordar lo que hiciste en el banco de dados.

A Élcio no le gustó el "podemos." Sin embargo, por la noche se dirigió al casino, donde ya se encontraba Sofía. Él fingió no conocerla, como habían acordado. Yendo de aquí para allá, haciendo pequeños movimientos, pronto se interesó por la ruleta. La atracción era irresistible, por la posibilidad que hubiera mucho en juego.

– "Sofía no lo sabe – imaginó –, pero si siempre gano a las cartas y a los dados, todo indica que también ganaré aquí, cuando llegue la "señal"; es solo esperar."

Lo que no sabía era que, al hacerlo, como venía haciendo desde hacía mucho tiempo, estaba cada vez más endeudado con asesores invisibles…Con una considerable cantidad de fichas en la mano, esperaba una pequeña señal, por pequeña que fuera, proveniente de "su suerte", como imaginaba. Le entusiasmaba tanto lujo, tanta gente jugando y tanto dinero entrando. Y esa bolita de marfil que rebota, astutamente, entre los treinta y seis números de la ruleta, del 1 al 36, saltando en las divisiones, negro y rojo, rojo y negro: ¡simplemente irresistible! La inducción del juego fue invencible. En números, en color, o en números y color, simultáneos. Incluso pensó: "aquí hasta el aire parece saber a juego."

Pasaron los minutos y nada: "La señal… ¿dónde está la señal para que juegue y gane?", pensó y esperó, ansioso, casi sin poder contenerse más, ante la compulsión que le provocaba el entorno.

En efecto, sintió algo extraño: un escalofrío, una especie de sacudida en el estómago. No era el sentimiento habitual, pero estaba tan emocionado por la enorme cantidad que pretendía ganar que lo tomó como una señal de "adelante". Diferente, pero siempre un signo: tenía un cólico intestinal, leve, pero imperioso: tenía que ir rápidamente al baño. Cuando regresó, razonó: "era la señal, solo pudo ser…".

Hizo una gran apuesta en el tablero, todo al once, rojo. Perdió.

Es habitual en el juego de ruleta que el apostador insista en un número y un color. Con Élcio fue diferente: fue a por los dados e insistió hasta que se le acabó el peso. Ni dónde buscarlo. Buscó a Sofía, pero no la vio. "Seguramente está distrayendo a algún jugador feliz, como lo hizo conmigo" –imaginó. Desilusionado, solo le quedó ir al hotel.

Salió del casino y caminó hasta la playa, donde las palmeras parecían centinelas mudos que filtraban la luz de la luna dibujando arabescos en la arena.

Se sentó junto a la espuma y permaneció allí un rato, escuchando las olas que incansablemente venían a darle las "buenas noches." Sin embargo, estaba tan perturbado que ni siquiera agradeció a Dios por la bendición de la sublime energía del mar que lo consolaba. Ni siquiera se le pasó por la cabeza que ese aire sabía a "vida", muy diferente al aire del casino, que sabía a juego…

Se preguntó: "¿Por qué no seguí la inspiración? pero parece que he recibido la señal; nunca más me arriesgaré cuando la señal sea correr al baño..."

– Ey.

Se sobresaltó: "No era posible: ¿Sofía, aquí? ¿Cómo me encontraste? ¿Y quién es ese hombre que está con ella?

Ella misma respondió a las preguntas que Élcio formulaba mentalmente:

– Me alegro que hayas venido aquí. Mi pareja quiere conocerte desde hace algún tiempo.

– Buenas noches, señor. Joaquim. ¿Usted?

El hombre parecía tener cuarenta años.

–Élcio. Un placer.

– Representamos un grupo fuerte que administra casinos y queríamos hacer negocios con usted y este lugar es muy adecuado ya que nadie nos escucha.

¿Lo será...?[5]

_____

[5] La pregunta, del autor espiritual, nos lleva a la pregunta n° 459 de "*El Libro de los Espíritus*", en la que los espíritus que apoyaron a Allan Kardec en la Codificación del Espiritismo fueron enfáticos al declarar que

El hombre, que al principio pensó que era extranjero, ahora se expresaba muy bien, en portugués, sin acento. Élcio se puso a la defensiva:

– No tengo nada que ver contigo. Por cierto, Sofía, siguiendo tu consejo, acabo de perder mucho.

– ¡Oh! ¡Estimado! No fue mi culpa.

– ¿De quién entonces?

– Suerte, cariño, suerte. Puede que no lo creas, pero cuando alguien es un ganador nato en el juego, como tú, el casino solo recibe dados encantados...

– ¿Qué? ¿Esto es una broma?

– ¡No te burles de las tramas de la suerte!

– ¡Pero no me estoy burlando! Eso de los dados encantados es una broma, y de mal gusto, por cierto.

– ¿Ah, sí? ¿Por qué no ganaste entonces?

– Como dices, que mala suerte...

– No, mi amor, no fue mala suerte. Le explicaré el motivo de sus pérdidas: los casinos aquí y en algunas partes del mundo "saben" cuándo alguien puede romperlos. En todos ellos existe un límite de ingresos. Al llegar a ese límite interrumpen el juego, para bien o para mal, como te expliqué.

– Y. Las llamadas "paradas técnicas."

– Eso mismo. Siempre hay una manera. Para siempre: hay personas con poderes ocultos que hechizan los dados, por encargo del casino. Ganan bien por hacer esto. El hechizo de estos dados es romper algún hechizo de suerte... Si eso no funciona, el equipo "se rompe" o el *croupier* "se siente mal" y necesita ser reemplazado,

---

"Los espíritus influyen en nuestros pensamientos y en nuestras acciones mucho más de lo que imaginamos." Agregaron: "Influyen hasta tal punto que, normalmente, son ellos quienes te dirigen". Nota del médium.

medicado, según lo diagnostica un médico "providencialmente de paso…"

Bajando la voz, como si los observaran testigos, añadió: "Por cierto: entran en juego operaciones combinadas; es decir, "alguien" provoca una pelea cerca y el jugador ganador se involucra, ya sea físicamente, porque "sin querer" los pendencieros van tras él, o la policía, que pronto aparece un policía y lo declara testigo. En este momento, el jugador hace todo lo posible para "ser despedido." Y puedes… siempre y cuando no vuelva más allí. ¿Lo entiendes, querido?"

Ese "querido" no sonó como "bien", sino más bien como "mi tonto."

Élcio quedó atónito por lo que acababa de oír. Otros dos datos lo sorprendieron aun más:

– Cuando estas medidas fracasan, o si por alguna razón no se pueden poner en práctica, entonces la última opción soy yo.

Esta es la primera información…

– ¡¿Tú?!

– Nosotros, por cierto. Yo con los hombres y Joaquim con las mujeres.

– Pero conmigo no hubo peleas por ahí…

– Sí, pero hubo la "parada técnica", ¿recuerdas? Me ordenaron involucrarte, pero después de nuestra reunión me agradaste. Y no me refiero a lo que pasó en nuestra cita en el motel, sino a algo más fuerte. Desde que te conocí sentí una compulsión, como si alguien me estuviera diciendo constantemente que dejara este país y volviera a Brasil para trabajar allí. Como solo sé de casinos, invité a Joaquim a convertirse en socio.

– Pero es ilegal, te lo dije.

– Bueno, para eso encontraremos la manera, solo necesitamos que alguien, desconocido para las autoridades, gestione nuestra representación en Brasil. Pensamos en ti.

– Gracias por la confianza – Élcio empezó a interesarse...

– Hay una cosa: tendrás que cubrir todos los gastos, nunca ir a la sede, aquí en el Caribe. Y lo más importante: deposita el "beneficio" en 24 horas.

– ¿Y qué obtengo?

– ¡Diez por ciento!

– Solo una curiosidad: ¿por qué nunca lo vi allí en el otro casino?

– Soy el gerente. Los clientes que son hermosos y ricos, o aquellos que están perdiendo dinero, los veo en mi oficina, y solo se permite la entrada a unos pocos.

Este es el segundo...

Comprendió de un vistazo que había actuado de manera infantil, al haber sido manipulado por Sofía y Joaquim y que, a pesar de su tremenda suerte, había perdido mucho dinero por ellos.

Era irrefutable: ¡tendría que vengarse! declarado:

– ¡Aceptado!

Si no me hubieran devuelto el billete de avión, habría tenido problemas. Al día siguiente regresó.

En cuanto pudo, se dirigió a la ciudad donde estaba en venta la casa que había estado en Santos, ahora suya, para ver si alguien ya la había comprado y, en caso afirmativo, recibir el dinero. Era urgente conseguir que el capital volviera a jugar.

– Tenemos algunos pretendientes – le informó el corredor, añadiendo: "tuvimos un pequeño problema, cuando la venta estaba casi consolidada..."

– ¿Qué tipo de problema?

– El ex propietario Santos no sacó de allí algunos muebles y enseres y la Justicia no nos autorizó a hacerlo. Santos está hospitalizado, recibió un disparo del contador Jordan y está entre la vida y la muerte. Jordan está en la cárcel, ya que fue sorprendido en el acto, con el arma todavía en la mano.

Élcio se sintió incómodo. En cierto modo, fue partícipe de esa tragedia. Decidió ser lo más cauteloso posible para no meterse en problemas. Si bien la venta de Tele–Radar se había realizado dentro de la ley, era probable que salieran a la luz todos los hechos que culminaron en la pelea entre el ex director financiero y el contador. Sucediendo eso, siempre le quedarían disgustos...

Lo mejor era alejarse de esa ciudad.

Juntó algunos ahorros y decidió ir a Las Vegas, simplemente pasar el fin de semana.

Fin de los recuerdos: ahora estaba allí, a bordo de ese avión "lento."

Un impulso muy fuerte lo atrajo a los Estados Unidos, donde, como él imaginaba, no había tanta tontería sobre los datos encantados... con un pueblo tan culto, del "primer mundo..."

Mientras el avión seguía la ruta, todos esos recuerdos se repitieron en su mente.

Como si tuviera el pasado a su lado, sintiendo la necesidad de exorcizarlo, lo expulsó de su compañía:

– No más recuerdos. ¡Es el momento de actuar!

Se quedó dormido y soñó con las figuras folclóricas de la baraja de cartas y palos, transformadas en personas en el sueño. Todos lo halagaron.

Solo se despertó cuando llegó a su destino. Aunque no conocía a nadie en esa ciudad, no se molestó y pronto eligió el casino donde esperaba que su suerte estuviera de guardia. La imagen de mucho dinero estaba muy fuerte en su cerebro. En sueños, incluso pensaba que la suerte era un personaje que le hablaba.

"Lucky y yo somos amigos: solo necesito entender bien tus mensajes", pensó, recordando cuánto había perdido. "Ese descarado y ese gringo falso: me pagan, no pierden esperando. ¡Me vengaré!"

Ahora miraba a la gente con otros ojos: sin dificultad, pronto identificó las "armas secretas", disfrazadas de funcionarios y bellezas.

Siguió el consejo de Sofía: si recibía la "señal" de "su suerte", inmediatamente jugaría un premio mayor. De lo contrario, no perdería el tiempo haciendo apuestas pequeñas.

Ni siquiera lo pensó y de manera inequívoca "su suerte" le envió un telegrama, en forma de una leve corriente eléctrica que recorrió su brazo derecho, hormigueando más en la palma de su mano.

Fue a un banco de datos y en menos de una hora ya tenía una cantidad considerable. Podría haber arriesgado más; sin embargo, recordando la información recibida de futuros "socios", interrumpió el juego. Pero eso no interrumpió la noche de juego. Fue a otros dos casinos y así, cuando ya eran las nueve de la mañana siguiente, estaba en posesión de una pequeña fortuna, la suma de lo que había ganado en los tres.

Regresó a Brasil y solo estuvo en contacto con la inmobiliaria por teléfono para saber si la casa ya había sido vendida.

Siempre imaginando grandes ganancias, decidió invertir en su "competencia": suerte en el juego. Así, planificó meticulosamente cómo llevar a la práctica la propuesta de Sofía y Joaquim, para sacar provecho allí mismo, en su ciudad, sin tener que viajar al extranjero.

He aquí la solución que se le ocurrió: instalaría una casa de turismo, con un socio, para despejar cualquier sospecha policial. Al tener un socio que se ocupaba del negocio, podía viajar cuando quisiera. Era la coartada perfecta para ir a los casinos del Caribe, Miami o Las Vegas: como propietario de una agencia de turismo, acompañando excursiones.

Pensó mucho y optó por su compañero: ¡Jordan!

Sí. ¿No era el ex contador de Tele–Radar un hombre inteligente, jugador, con posesiones, que en la venta de esa empresa lo había conectado con hilos poderosos, principalmente por el problema con Santos? ¡Claro! ¡Era la persona ideal!

Incluso estando en prisión, Élcio logró entrevistarlo y explicarle detalladamente el plan mediante el cual representarían a Joaquim y Sofía. Jordan ni siquiera lo pensó dos veces: aceptó de inmediato. Incluso lo refirió a una agencia de turismo, en otra ciudad cercana a aquella. Era contador en esa agencia, sabiendo que ésta atravesaba algunas dificultades financieras. Armado con esta falta de confianza, Élcio buscó a Jonás, el propietario, y negoció sin dificultad la compra, a bajo precio.

Otro pagaré moral desafortunado firmado por él, de cara al futuro...

– Señor Élcio... – era el cartero.

– Soy yo.

– Tengo un paquete para usted, procedente de los Estados Unidos de América.

Incluso antes de abrir el paquete sabía quién lo había enviado. Al abrirlo, confirmó: ¡era de ella! Además y por cierto, el perfume era inconfundible, ¡inolvidable! Leyó:

"Querido: te extraño mil. Estaremos en el bautismo. Entonces J y yo esperaremos a que tus familiares pasen unos días en nuestra casita en la playa. Besos. S y J."

S (Sofía) y J (Joaquim) enviaron la carta desde Estados Unidos, bajo seudónimos, ocultando sus identidades. El envío, procedente de Miami, perdió la dirección en el Caribe, que era el destino. Acordó recibir a los "familiares" (turistas) que Élcio enviaba. La "casita en la playa" era el casino, en el Caribe.

De hecho, un código primario. Sencillo, directo y eficaz.

Sofía y Joaquim cumplieron su promesa: acudieron al "bautizo"; es decir, a la inauguración de la nueva dirección de la agencia de turismo. Al cóctel asistieron numerosos periodistas, numerosos políticos y algunas autoridades.

Sofía estaba deslumbrante: su escultural cuerpo estaba dentro de un vestido de seda verde, que resaltaba generosamente su silueta. Los hombres no pudieron resistir tanta sensualidad. Dirigidas a ella, sin pudor alguno, se multiplicaban las miradas codiciosas.

Ella lo sabía. Ella era consciente de su belleza.

En un impulso inevitable, propio de almas femeninas vanidosas, decidió divertirse a costa de Élcio:

– Hola amor, te extrañé... te extraño mucho. Y tú, ¿no me extrañaste?

– No te imaginas cuánto.

– Ya ni siquiera me buscaste...

Esa fue una promesa abrasadora.

– No me juzgues. No puedo esperar a que termine este cóctel para que podamos estar solos...

Sofía lo besó levemente en la boca.

Para los asistentes, y para casi todos los hombres y mujeres que la miraron, fue una demostración que eran compatibles. Con ello, el desánimo envolvía a cualquier candidato masculino a mantener una aventura con aquella mujer, cuyo cuerpo despertaba en ellos la promesa de deliciosos pecados…

En ese momento, Sofía comenzó el juego de la seducción: coqueteaba con uno, hablaba con otro, aceptaba un "trago" de otro… De vez en cuando, de manera "accidental", hacía tocar su cuerpo con quien charlaba, encendiendo ideas y deseos.

Élcio no tardó mucho en darse cuenta.

– ¿Qué estás haciendo? – Le preguntó, con un sentido de propiedad.

– ¿Yo amor? Nada. Solo me estoy divirtiendo…

– Pero… No me conviene que coquetees con los demás.

– ¿Yo? ¿Coquetear? Cariño, ¿qué es esto? ¿Celos?

– Absolutamente. No me gusta.

– Pero cariño, ni siquiera eres mi perrito…

La agarró del brazo, brutalmente, y la arrastró a un rincón, amenazándola:

– ¡No permitiré que me hagas el ridículo!

– Pero ¿cómo podría hacerlo, si no eres mi marido, mi prometido, ni mi novio?

– ¿No ves que estoy loco por ti? Vayamos a otro lugar ahora mismo, así seremos solo nosotros dos…

– Incluso puedo ir, pero solo después que termine la pequeña fiesta. Si nos vamos ahora, Joaquim me matará…

– ¿Qué es tuyo?

– ¡Oh! No, celos otra vez…

– ¡¿Qué es tuyo?!

– Nada. Solo gerente.

Cuando se fue el último invitado, Joaquim, a solas con Élcio y Sofía, preguntó:

– Entonces, ¿cuántos clientes tienes registrados?

– Prácticamente todos…

– Excelente. Mañana regresaremos al Caribe y esperaremos las visitas de estos "ahijados."

– Joaquim, Élcio me invitó a conocer a sus padres.

Puedes irte, ya que llegaré más tarde al hotel.

Élcio se alegró de la mentira de Sofía: había puesto en sus manos un regalo que había deseado ardientemente: ¡ella misma! Al día siguiente, pensó que había encontrado "la mujer de su vida", recordando los momentos vividos en las últimas horas ardientes. A partir de entonces, nunca más habría lugar en él para otra pasión. Eso es lo que me imaginaba… Tal y como estaba previsto, la agencia de viajes avanzó. Los clientes fueron cortésmente invitados a visitar la "Mina D'Oro", casino regentado por Joaquim, quien los recibió fielmente.

El plan funcionó sin problemas: cuando los primeros "familiares" fueron a visitar la "casita en la playa", Élcio empezó a recibir encargos. Además de las comisiones, siempre llegaban cartas perfumadas de S y J, informando sobre el consumo de los familiares, para que Élcio contabilizara las ganancias.

En todas las cartas había una orden expresa: ¡quémalas después de leerlas! "Servirán de incienso", concluyó el auto.

Élcio, ni siquiera a la ligera, pensó en obedecer. Él guardaba cuidadosamente esas cartas. "Algún día podrían resultar útiles."

Unos tres meses después de enviar "familiares" al Caribe, recibió la orden de organizar una pequeña fiesta en Brasil. Por entonces le había estallado una migraña insoportable. Todos los exámenes médicos mostraron un estado de salud normal. Pero le dolía cada vez más la cabeza.

Pensó que se estaba volviendo loco con la crisis que no daba tregua.

Al no cumplir la condición mínima para gestionar la pequeña fiesta, que sería la primera, recibió una carta de S:

"Bebé: un millón de besos. Estaremos en el cumpleaños.

J envía un mensaje: si tu tío no ha mejorado del dolor de cabeza, dile que inciense la casa, lo cual debería haber hecho desde la primera carta... Afectos. S."

¡Élcio no tenía tío! Pronto lo entendió: él era el "tío."

"¿Pero cómo supieron Sofía y Joaquim que tenía migraña?" Tenía miedo de algo sobrenatural. Mucho miedo.

Decidió internarse en un hospital, ya que sentía que su cabeza iba a explotar de tanto dolor. Antes tomó todas las cartas de S y J, las cuales guardó con sumo cuidado, esperando poder utilizarlas en el momento oportuno de la venganza que pretendía contra ellos. Fue a un terreno baldío a quemarlos. Allí, pensando en Sofía y Joaquim, lo invadió un miedo inexplicable: aquellas cartas eran sus enemigas, pues con solo tocarlas lo asaltó un gran malestar, con náuseas y mareos. Y migraña...

Al recordar los "dados embrujados", según información de Sofía, imaginó que esas cartas también estaban magnetizadas por el mal.

El pavor aumentó cuando imaginó ver a un hechicero pasando veneno sobre las cartas. Cerró los ojos y continuó viendo al "llamado hechicero..."

Temblando ante el increíble fenómeno, no sabía cómo explicar lo que estaba pasando. Pensó: "¿cómo puedo ver con otros ojos dentro de mi cabeza?"

Entonces, recordó la recomendación: "inciensa tu casa, con las cartas…." Regresó a la oficina, puso las cartas en una lata y las quemó. Todo el edificio olía a incienso, liberado del perfume que aun conservaban las cartas.

"¿Cómo supiste que al tío le dolía la cabeza? – les escribió a "S" y "J", preguntando.

"Es porque estaba siendo desobediente", recibió en una lacónica respuesta, esta vez sin firma.

El miedo aumentó.

5.– PRIMEROS AUXILIOS

Asombrado y cada vez más asustado, al intuir que en realidad se encontraba bajo ojos invisibles, vinculados a una magia, que solo podía ser maligna, decidió consultar a alguien que pudiera librarlo de eso.

Buscó a Luiz, un librero que siempre visitaba su agencia de viajes, ya jubilado, pero que trabajaba en ese empleo para reforzar el magro salario de la seguridad social. Luiz siempre le ofreció pequeños mensajes espíritas. Nunca los leas.

– ¿Puedes explicarme algunas cosas raras que me están pasando?

– Si está en mis manos, hijo mío, estaré encantado. En ese momento, el espíritu Julio, protector de Élcio, se acercó, empezando a intuir a Luiz.

– ¿Crees en los espíritus? – Preguntó Élcio.

– Por supuesto que creo. Aquí, al menos, hay dos...

– ¡Dios! ¿Dónde? ¿Dónde? Líbrame Dios del diablo.

Blanco como la nieve, sin aliento y aterrorizado, sintió un ligero mareo.

– Hijo mío, hijo mío: ¡los dos somos tú y yo!

– ¡No es posible, no lo entiendo! Imaginé que estabas viendo dos almas del otro mundo.

– Por supuesto que estoy viendo dos almas que viven, en este momento, en este mundo.

– ¡Oh! Sr. Luiz, usted me asustó...

– Pero aquí también hay dos espíritus.

–¡¿ ?!

– También nosotros dos: somos espíritus, por tanto, del otro mundo, pero actualmente vivimos en éste.

– Deja de asustarme. Lo digo en serio...

– Oye, yo también. Pero, ¿qué era lo que querías saber?

– No sé cómo explicarlo, pero ¿existen fuerzas ocultas que alguien puede pasar de sí mismo a los objetos?

– Es posible, hijo mío. He visto cosas espeluznantes de este tipo.

– ¿Quién hizo estas cosas?

– Un hombre, mi conocido, cuando yo aun era joven. Tenía poderes increíbles. La gente le llevaba algún objeto para descubrir secretos sobre sus dueños. Generalmente eran mujeres jóvenes que querían saber cosas sobre sus novios.

– ¿Dónde está él ahora? ¿Puedo hablar con él?

– Él murió. Cuando empezó a hacerse famoso, empezaron a llamarlo "mago" y a cobrarle por las consultas. Esa fue su perdición, pobrecito. Ganó ríos de dinero en poco tiempo. Compró una casa lujosa, tenía tres coches, muchos empleados y vestía la ropa más cara. Qué pena para él...

– ¡¿Y eso es lo que llamas "malo para él"?!

– ¡Y cuánto! Tomó amantes, su esposa lo abandonó, llevándose a los niños con ella. Una noche, cuando estaba celebrando una fiesta de lujo, uno de los invitados lo mató. La Policía investigó el crimen y todos descubrieron que el mago había engañado a la prometida del criminal, para arrebatársela y convertirla en su amante.

– Engañado, ¿cómo?

– Le dijo a la novia que no la amaba y que solo le interesaba su herencia, un hijo único.

– Pero, ¿qué hizo con los objetos? ¿Magia?

– Hoy sé, por estudios doctrinales espíritas, que fue un médium, podría decirse de "efectos físicos", teniendo una mediumnidad rara: la psicometría.

– ¿Médium de efectos físicos? ¿Y qué es esto de la psicometría?

– No es de la psicometría, es psicometría. Ocurre cuando un médium toma un objeto en su mano y con cierta concentración logra ver hechos relacionados con las personas que fueron o son dueños de ese objeto. Por ejemplo: la corona de un rey o de una reina, en manos de un médium psicómetro, o psicometrista, le muestra los grandes momentos vividos por ellos, felices o infelices.

– Pero, ¿, cómo es posible?

– Los fundamentos de la psicometría no se conocen del todo, pero lo que sí se sabe es que una persona, al emitir un pensamiento varias veces, crea lo que se puede llamar una "forma–pensamiento." Cuanto más repite la persona el pensamiento, más duración, más "vida" tendrá la "forma de pensamiento." El médium psicómetro es quien tiene la capacidad de ver estas "formas pensamiento."

– Pero entonces, ¿esta corona sigue viva?

– No viva, pero magnetizado por ese magnetismo. Y si alguien se sintoniza con el mismo rango vibratorio que esta magnetización, entonces sí, la corona prácticamente cobrará vida. Puede suceder, en este caso, que la persona quiera utilizarlo y cada vez que lo hace tenga un tremendo dolor de cabeza. O, en otro caso, cada vez que toma la corona, inmediatamente se siente mal, o, en otra hipótesis, le suceden cosas desagradables. Éste es el mecanismo de los objetos en general, sobre los cuales uno ha ejercido una acción mental continua, ya sea para bien o para mal.

¡En un caso rarísimo, se tiene noticia en el Espiritismo de un médium que, cogiendo una piedra, habría logrado retroceder en el tiempo la visión espiritual y ver cuándo se formó, estimando la edad de ese trozo de mineral en millones de años!

Élcio dedujo que su dolor de cabeza provenía de las letras S y J, las cuales debían tener poderes malignos, ya que solo después de quemarlas se libró de la migraña.

Al verlo reflexionar, Luiz preguntó:

– ¿Nunca has oído hablar de apariciones, fantasmas?

– Ya... Todo el mundo ha oído hablar de estas cosas.

– Así es: no siempre son espíritus; pueden ser "formas pensamiento"; es decir, proyecciones de alguien cuya mente está fijada en estas personas, que pueden estar encarnadas o desencarnadas.

– Entonces, ¿cada fantasma es una forma pensamiento? ¿Cómo saber cuándo es uno u otro?

– Las formas–pensamiento son fijas, no se mueven ni se comunican con quienes las ven. Los espíritus, que muchos llaman fantasmas, tienen vida propia, hablan y caminan.

Élcio, asustado, permaneció en silencio, meditando. No había asimilado del todo las explicaciones, pero sí las suficientes para asegurarse que fuerzas invisibles actúan sobre los hombres.

– ¿Qué te hizo preguntarme estas cosas, hijo mío?

– Tengo miedo que me llamen loco...

– No lo tengas. Soy espírita y sé muy bien que hay aun más vida y "más gente" en el plano espiritual que aquí, en el plano terrenal.

– ¿Realmente crees eso?

– No solo lo creo, tengo pruebas.

– ¿Qué pruebas?

– Tú mismo eres uno de ellos. Algo te preocupa y está vinculado al mundo de los espíritus.

– ¡Santa Virgen! – Señor" Luiz, gira la boca... – Ya sabes, señor Luiz, ¿crees que alguien puede darle vida a un objeto, para que ese objeto empiece a obedecerlo?

– No sé si entendí bien...

– ¿Puede un jugador hacer dados obedecerle?

– Puede, puede. Pero esto, además de ser extremadamente raro, es fundamentalmente peligroso. Solo espíritus desencarnados y atrasados, con bajos intereses, participan en este tipo de fenómenos, respondiendo a peticiones.

– ¡¿Peticiones?!

– Sí, solicitudes, evocación, trato o cualquier otro nombre que se le dé cuando alguien hace un contrato con otro. En este caso se trata de una persona encarnada que quiere magnetizar un objeto para luego aprovecharlo. Mentaliza esto y los espíritus infelices casi siempre te ayudarán, asociando las energías de esa persona con las de ellos. Sin embargo, después... exigen el pago, convirtiéndose en acompañante permanente de quien ordenó y fue atendido.

– ¿Estás bromeando? ¿Cómo puede un muerto exigir algo a uno vivo?

– ¿Quién dice que los muertos no viven?

–¡¿ ?!

– El espíritu es inmortal, hijo mío. Después de perder el cuerpo físico, el alma sigue viviendo, con aun más realidad, solo ubicada en la dimensión astral; es decir, en el plano espiritual, más adecuado para la continuidad de su evolución, para su aprendizaje. Pero hay una cosa: en el plano terrestre vemos personas divididas en clases sociales, según sus posesiones materiales o si detentan el poder; en el plano espiritual las cosas cambian completamente, ya que los espíritus solo pueden permanecer en el rango vibratorio acorde con sus intereses e ideales. Les daré un ejemplo: cuando un alcohólico desencarna, el espíritu sigue sintiendo la necesidad del alcohol. Como allí no hay bebida alcohólica… y el vicio no lo ha abandonado, como es una tendencia fuertemente arraigada, intentará satisfacer esa necesidad; allí, por sintonía fluidica, sentirá una fuerte atracción por los alcohólicos encarnados, ya sea en los bares o incluso en sus hogares.

– Lo siento, Señor Luiz, pero es difícil de creer…

– Con o sin tu crédito seguirán existiendo dichas ocurrencias, las cuales se procesan según la ley de atracción.

– ¡Pero señor Luiz, un alma no puede beber!

– ¿Quién dijo? Es que, hijo mío, ese hombre solo cree lo que ven los ojos.

– ¡Claro, claro! ¿Qué puede haber más allá de lo que los ojos no ven?

– Te pondré un ejemplo: cuando ves un cable eléctrico, nunca sabes si por él pasa electricidad, pero si hay una luz encendida al final, sabes que sí; o, incluso con los ojos cerrados, si sientes un aroma, un perfume o un olor delicioso de algún alimento, identifica de qué se trata; yendo más allá: hay casos extraordinarios de telepatía, en los que dos personas, muy alejadas, mantienen un diálogo precario… Entonces, ¿dime si no hay hechos y cosas reales, pero invisibles, en este mundo mismo?

– Y…

– En el caso de las bebidas alcohólicas, el encarnado, al beber, libera de su organismo una especie de "vapor de etilo", invisible, pero energizado por el alcohol; este aliento energético, saturado de vibraciones propias de la adicción, es aspirado con avidez por el "alma del otro mundo", como dices, que está satisfecha con él.

– Pero, ¿cómo puede un alma, o un espíritu, beber algo?

– Sabes, hijo mío, todo es tan sencillo, pero las personas son tan misteriosas… Cada uno de nosotros es un espíritu, esencia de Dios, inmortal e individual, como una llama diáfana, sin forma conocida. Llevamos latente, desde nuestra creación, todas las potencialidades para el ejercicio del bien, en la práctica de las virtudes, siendo la principal el amor al prójimo. Pues bien. Este espíritu, para evolucionar, necesita de experiencias multiplicadas, de innumerables lecciones, para perseguir un aprendizaje que llega hasta el infinito. Comienza este camino evolutivo quizás allí con los minerales, luego con los vegetales, luego ingresa al reino animal, luego de lo cual es ascendido a la humanidad, de donde pasará a la angelitud. Por supuesto, esto lleva miles de milenios, y todas las lecciones se brindan en varias escuelas; es decir, en varios mundos universales, cada uno de ellos adecuado a nuestra educación espiritual.

Luiz respiró hondo, como dándole tiempo a Élcio para asimilar sus palabras. Luego continuó:

– Para poder manifestarse, el espíritu toma otro elemento, la matriz de la forma humana, llamado periespíritu. El periespíritu está formado por una cantidad de fluidos astrales tomados del mundo en el que vivirá el espíritu[6]. Así, el espíritu, al encarnarse, tiene el periespíritu y el organismo físico.

– Pero, ¿no son el padre y la madre quienes proporcionan el cuerpo al niño, cuando hay fecundación?

– Aportan, al principio, una célula cada uno, que se unen formando el cigoto, u óvulo fecundado. La multiplicación celular obedece desde entonces a la ingeniería de la vida, creación sublime de Dios. ¡Y este proceso es el mismo en los animales que en los hombres!

---

[6] El periespíritu es formado y nutrido por el fluido universal o cósmico (*"Obras Póstumas"*, Allan Kardec, Cap. "Manifestaciones de los Espíritus", § 1, n° 9). Nota del médium.

Después de otra pausa, Luiz explicó:

– Volviendo al periespíritu: así como el cuerpo físico se mantiene vivo ingiriendo aire, agua y alimentos, el periespíritu también se mantiene vivo absorbiendo energías cósmicas, etéreas, invisibles. Tiene en su estructura, que sigue siendo material, pero tan sutil que nos resulta invisible, centros vitales, también llamados centros de fuerza, que son aberturas por donde entran esas energías. Todo de la misma manera que el cuerpo tiene la boca y el sistema digestivo. La diferencia es que en cada existencia terrena el espíritu utiliza un cuerpo físico, en muchas de ellas con el mismo periespíritu, que es casi inmortal, sirviendo de matriz a los diversos otros cuerpos físicos, de diferentes y sucesivas reencarnaciones. El periespíritu, por tanto, en realidad solo pierde su actividad cuando el espíritu es transferido a otros mundos, ya sea por mérito (mundos más felices), o por rescates en mundos más atrasados que el nuestro. En estos dos últimos casos, el espíritu se apropiará de la materia cósmica de la psicósfera del mundo respectivo.

– ¡¿Cómo sabes todo esto?!

– Bueno, bueno, por los libros espíritas, por los estudios grupales, por las reuniones mediúmnicas a las que asisto. El Espiritismo es un vasto campo de aprendizaje, siempre y cuando se quiera estudiar.

– Siempre me intrigó una tragedia, que ocurrió dos veces en mi familia: antes que yo naciera, mi madre tuvo dos hijos que nacieron muertos. ¿Se puede considerar esto bondad divina?

Luiz lo rodeó con el brazo, paternalmente. Lo consoló:

– De manera simplista, para un tema de tan amplio alcance, es necesario meditar, en primer lugar, que Dios es el Padre de la Justicia y de la Bondad. Si alguno de Sus hijos presenta un problema como el que mencionas, es porque en algún momento de su trayectoria evolutiva se habrá alejado de las Leyes Divinas. Por ejemplo: cuando una mujer practica un aborto criminal, se aleja de la Ley Divina de la Vida y se convierte en deudora de ella. Tarde o temprano tendrá que redimir esa deuda. A través de vidas sucesivas, por la Ley de la Reencarnación, llegará el momento en que estará suficientemente preparada para esta dolorosa descarga. Nacerá muerto, pero solo de forma episódica, porque con el tiempo reencarnará de nuevo y vivirá varios viajes terrenales.

– Pero... Y el hermano y especialmente los padres del niño muerto, que tanto sufren...

– Quizás podamos conjeturar que son exactamente los mismos cómplices o partícipes de esa deudora, de otras vidas, que la indujeron o ayudaron a la grave falta de respeto a Dios. Sufren ahora, la misma angustia que causaron, ya sea en el que iba a nacer, ya en sus padres, de aquella o de otras vidas.

– ¡¿Padres de otras vidas?!

– ¿Cómo no? Nacemos y renacemos innumerables veces. No siempre en las mismas familias. Así, es natural que en el largo camino de las reencarnaciones tengamos varios padres, varios hermanos, varios familiares. Dios nos da, al encarnarnos, la bendición de olvidar el pasado, para que siempre podamos progresar, generalmente con aquellos que fueron nuestros amigos... O, en la mayoría de los casos, enemigos...

– Sobre los dados...

– ¡Oh! eso sí: si un jugador tiene una facultad especial de trasladar determinados fluidos a la densidad material de los dados, lanzarlos y pensar en un número, es muy probable que con un toque ocasional de las manos, pero siempre mediante el poder del pensamiento, los dados le obedecerán. No obedecerán siempre, pero sí lo suficiente como para demostrar esta habilidad asombrosa y aun inexplicable. La ciencia ha tratado este fenómeno, hoy catalogado por la Parapsicología, como psicoquinesis (capacidad paranormal de ejercer una acción directa del pensamiento sobre la materia, o, dicho de otro modo: acción de la mente sobre los objetos físicos). ¿Qué hace que sea difícil para la comprensión plena de esta facultad por parte de los científicos es que, en ella, la causa es posterior al efecto; es decir, el efecto deseado nace primero, pasando después a transformarse en la causa que lo motivó.

– ¿Efecto que precede a la causa? ¡¿Cómo así?!

– Intentaré simplificar: cuando alguien (que tiene la facultad psicoquinética) piensa firmemente en los dados lanzados, por él o por otra persona, y fija el pensamiento en determinados números, interfiere en los movimientos, hasta entonces aleatorios, de esos dados. Cuando los dados se congelan, ¡aparecen los números deseados! Innumerables experimentos parapsicológicos realizados en laboratorios han confirmado estos hechos. Así, el efecto (interferencia psicocinética en los datos, cuyo movimiento el agente no puede necesitar ni seguir), precedió a la causa (aquí, el objetivo buscado; es decir, los números en los que pensó). En definitiva: la persona piensa en números, pero, sin control, ese pensamiento influye en los movimientos de los dados. El margen de precisión, en las pruebas de laboratorio, osciló entre siete y ocho, en cada diez experimentos.

– Otra pregunta, también complicada: ¿cómo llega un jugador, de póquer por ejemplo, a conocer las cartas de sus compañeros en plena partida?

– En Parapsicología esto se atribuye a una "percepción extrasensorial" (PES) de personas que registran estímulos externos, sin el uso de los sentidos.

Luiz respiró hondo y añadió:

– Con toda naturalidad, el Espiritismo desde hace más de ciento treinta años se ajusta al primer fenómeno como acción directa del médium sobre la materia; en cuanto al segundo, lo registra como un despliegue. Esta increíble posibilidad parece demostrar que tal médium, de hecho, en estas ocasiones, actúa a través del periespíritu, que de alguna manera se proyecta fuera del cuerpo físico, pudiendo así "ver" las cartas de los socios.

– Disculpe señor Luiz, pero solo una pregunta más: y en el caso de la ruleta, ¿hay alguna explicación para que alguien pueda enviar la bola a donde quiere?

– Vaya, Élcio: parece que decidiste interrogarme sobre el juego. A pesar que no soy jugador, lo que estás hablando, desde el punto de vista científico, incluso desde la Parapsicología, se llama telequinesis; es decir, movimiento de objetos producido sin contacto físico, solo por el poder del pensamiento.

– Me hiciste un gran favor explicándome estas cosas. Ahora – mintió –, entiendo muchos hechos de los que "escuché."

– Solo debo agregar que el Espiritismo se ajusta a estos y otros hechos considerados sobrenaturales como producto de leyes aun desconocidas por los hombres. Los engloba, en general, en la fenomenología mediúmnica de los efectos físicos. La parapsicología, en cambio, con gran prudencia y humildad, no radicaliza opiniones, simplemente mantiene una postura imparcial, a la espera de mejores evidencias para explicar en términos científicos los fenómenos psíquicos trascendentales en la Tierra.

Élcio salió de aquel insólito encuentro con certezas y dudas. Una cosa era segura: con o sin ayuda invisible, intentaría magnetizar dados y naipes, para verificar si los poderes realmente le pertenecían a él o a los espíritus. En el campo de las dudas, muchas: ¿Hay espíritus? ¿Hay vida después de la muerte? ¿Cómo obtener respuestas, más bien pruebas?

Se sentó tranquilamente con dos dados, uno en cada mano.

Cerró los ojos y pensó en el número cuatro del dado que tenía en la mano izquierda y en el número cinco de la derecha. Apretó los dados durante un minuto, los recogió en su mano derecha y los arrojó. ¡Nueve!

Repitió el experimento diez veces. ¡Acertó seis! Emocionado, abrió una nueva baraja y barajó las cartas. Tomó un nueve de oro y lo apretó entre el pulgar y el índice durante unos diez segundos. Volvió a barajar las cartas, con el nueve de oro dentro. Con los ojos cerrados, los tomó uno por uno. ¡En un momento la atrapó! Estaba seguro, sin verlo, que era "nueve de oro."

¡Fue!

Volvió a barajar las cartas y luego colocó la baraja boca abajo. Con los ojos cerrados, escogió cinco y los separó, siempre con las figuras mirando hacia abajo. Se concentró, tratando de "verlos." ¡Los vio! Repitió el experimento varias veces. En promedio, de cada diez intentos de adivinar, ¡acertó entre siete y ocho veces!

Coincidencia: ¡definitivamente lo fuera!

Siempre que era posible, "saltaba" a tierras caribeñas, para encontrarse con Sofía. Fue en uno de esos viajes relámpago que la decepción implosionó su vida: al llegar, sorprendida, vio a Sofía dejar la "Mina D'Oro" aferrada a Joaquim. Apenas invirtió en ellos.

"Qué ingenuo he sido – reflexionó –, ella nunca me amó, siempre fue suya... Son traidores."

Antes de entrar al casino, ofreció una generosa cantidad al recepcionista, preguntándole:

– Dime, Juanito: ¿Sofía sale todas las noches?

– Señor, perdón, no compriendo...

– Con clientes...

– Sí. Sí.

– ¿Y con Joaquim?

Solo con otro consejo llegó la respuesta, en buen portugués:

– No digas que te lo dije, sino ni siquiera sé qué me pasará: son amantes desde hace mucho tiempo.

Élcio ni siquiera entró. Redobló las propinas y exigió el secreto de su visita. Buscó otro casino donde permaneció poco tiempo, regresando a Brasil al día siguiente.

Continuó con las actividades turísticas, pero en el fondo quería rendirse. Lo rodeaba una especie de presentimiento, que algo no iba bien… El miedo era su constante compañero.

Se sacudió el presentimiento y continuó.

No dejó que Sofía y Joaquim se dieran cuenta que él sabía la verdad sobre su unión.

No pasó mucho tiempo antes que se le acercara un representante de otro propietario de varios casinos en "Grande–Terre", una de las dos islas francesas que forman Guadalupe, en las Antillas Menores, en el Mar Caribe. De él recibió una fabulosa propuesta para dirigir a los turistas a "Grande–Terre." Entonces aceptó: empezó a sugerir Guadalupe, el departamento francés de ultramar, a los clientes de su agencia de viajes.

– ¿Qué pasa con Sofía? Algunos preguntaron descaradamente.

– Ese avión ya perdió su garantía – respondió cínicamente, añadiendo: "tenemos aviones mucho mejores en el nuevo destino."

Él mismo fue al encuentro de "Grande–Terre." Acababa de llegar y encontró a Juanito.

– Hola, señor Élcio.

– ¡¿Juanito, aquí?! Y…

– ¿Joaquim y Sofía? Están bien. ¿Te gustó mi actuación a tu favor?

–¡¿ ?!

– ¿Entonces no lo sabes? Yo fui quien lo señaló. Le dije que estabas un poco descontento con la "Mina D'Oro" y que ciertamente no te negarías a trasladarte aquí.

– ¡¿Tú?! ¿Quién le autorizó a hablar en mi nombre?

– Bueno, bueno, nadie. Excepto que ya soy mayor y noté tu decepción con doña Sofía. Cuando le di el consejo a la gente de aquí, no tuve dificultad en convencerlos de invertir en ti... y en mí...

– Empiezo a entender. ¿Cuál es tu reclamo?

– Misma función, doble salario. ¿No crees que lo merezco?

Era difícil de creer: hasta un simple portero se encargaba de ello.

– ¡Por supuesto, aquí está!

Élcio le dio un puñetazo a Juanito en la cara. Varias personas intervinieron.

Juanito, aun con la boca sangrando profusamente, logró apuñalar a Élcio, quien en un gesto instintivo se protegió con el brazo, donde recibió un profundo corte.

Dos guardias de seguridad, que aparecieron repentinamente, dominaron a los dos, llevándolos a urgencias, ya que estaban perdiendo mucha sangre. Interrogado por la autoridad de turno, Élcio declaró que se había lastimado con una botella de vino. En cuanto a Juanito, inventó otra mentira. Ninguno de los dos se quejó del otro, evitando involucrarse con la policía.

Con la esperanza de mejorar de su herida, Élcio aprovechó para conocer los maravillosos paisajes de la Isla. Admiró el contraste entre la moderna urbanización junto al mar, con fabulosos hoteles, casinos y clubes náuticos, y el interior, intercalado con paisajes vírgenes. Vio, en su interior, el mayor encanto: el choque entre el azul del cielo y el verde de los mangos y del árbol del pan, estos, los majestuosos árboles de gran tamaño, cuyos frutos, con su aroma característico, se pueden consumir crudos o tostados.

Acordó con el dueño de los casinos que el esquema sería el que ya utiliza.

Cuando regresó a Brasil, su alma estaba vacía de decepciones y su mente llena de ideas vengativas.

Quería vengarse de casi todos.

El odio nubló su razón y no podía pensar en otra cosa que no fuera la venganza.

Después de dirigir varios grupos de clientes a "Grande–Terre", pronto se dio cuenta que quienes gustaban del juego querían nuevos aires, nuevos entornos, nuevos casinos. Aun sin tener conexiones con otros itinerarios en el extranjero, Élcio empezó a perder clientes.

Así que, como siempre asistido por socios invisibles, "enchufados" como él en acciones de bajo nivel, siempre que esto les proporcionara algún tipo de beneficio, pronto encontró la solución: no enviar a sus clientes al Caribe, tan lejos. ...Haría la fiesta allí, incluso en esa ciudad.

Alquiló una residencia de lujo y en fechas que no coincidían empezó a pagar él mismo el partido. Joaquim lo visitó para averiguar la causa de la deserción.

– "Todo se acabó entre nosotros – le dijo Élcio, a quemarropa, mintiendo –. Ten cuidado de no venir por aquí muy a menudo, ya que tengo un amigo en las autoridades que me ha informado que tu nombre está en la mira."

Ni siquiera dio satisfacción al pueblo caribeño francés, abandonándolo para siempre.

Pasaron cinco meses y el casino clandestino de Élcio prosperó cada vez más. Hasta que, por sorpresa, varios equipos policiales para reprimir el juego allanaron y detuvieron a todos los presentes, incluido Élcio, como responsable.

Todo el material de juego fue incautado.

En la celda, con criminales indignados por las malas condiciones carcelarias, Élcio sufrió todo tipo de humillaciones por ser el "recluta." La única razón por la que no fue brutalizado fue que con su dinero compró la protección del jefe de la célula.

Al ser liberado, quedando *sub judice*, su odio aumentó, pues fue informado por un carcelero que fueron dos extranjeros quienes lo denunciaron: Joaquim y Juanito. "Así que ese Juanito traidor se unió al otro traidor… ¡tengo que vengarme de ellos!"

En esta postura mental, Élcio era presa fácil de las entidades desencarnadas que lo acompañaban desde hacía algún tiempo, pasando a ser utilizado por ellos como una herramienta muy útil en sus siniestros planes.

6.– NO HAY BIEN QUE DURE PARA SIEMPRE

Conectándose al turismo y viajando en él, en la siempre grata implicación de las personas que viajan por ocio, cumpliendo sueños, Élcio pasó a vivir en un mundo que podría ser de felicidad. Directamente, ésta era una oportunidad más que la vida eternamente generosa le concedía para construir, reconstruir, retribuir, asentarse y aprovecharse de ella, todo ello, en y por los caminos del bien, que es el objetivo sublime de vivir. ¡Para todos!

Desafortunadamente, su irresistible inclinación por el juego lo cegó, invirtiendo paisajes, subvirtiendo valores existenciales, convirtiendo bendiciones en problemas.

Llegó a conocer gente con recursos. Con educación, en las entrevistas siempre lograba captar clientes a los que les gustaba apostar. Al llevar la conversación a este ámbito, se dio cuenta que en el fondo muchos seres humanos sueñan con una rápida prosperidad que, excluyendo la delincuencia, solo el juego puede ofrecer. Otro "descubrimiento": cuanto más hay, más ser humano codicia.

Tiempo después fue buscado por un funcionario de Justicia, con una citación para presentarse en la Comisaría de la ciudad donde vivía Santos, para rendir declaraciones en la investigación policial que investigaba su intento de homicidio.

Cuando se presentó en la entrada de la Comisaría, respondiendo a la citación, lo invitaron a esperar, pues el jefe policial aun no había concluido la audiencia con otro testigo en ese mismo caso.

"¿Quién será el otro testigo?", pensó Élcio.

Se sentó en un rústico banco de madera junto a una joven.

Tan pronto como se sentó, sintió una sensación extraña, agradable y continuo, como si ondas vibratorias estuvieran masajeando suavemente tu pecho.

Un repentino y delicioso calor invadió todo su cuerpo. Nunca sentí eso. "¿Qué sería"?

Miró a su alrededor ese ambiente policial, siempre incómodo, por la propia naturaleza de los hechos contradictorios que llevan allí a los personajes involucrados. Buscó algo para leer y distraerse, pero no había nada. Entonces sucedió: cuando miró a su alrededor, vio dos destellos encendidos mirándolo intensamente. La joven que estaba a su lado, precisamente ella, la dueña de los ojos luminosos, recién ahora dándose cuenta, y él se dio cuenta al instante, era muy, muy hermosa.

Y ella lo estaba mirando... Casi dejó de respirar.

"¿Qué significa esa mirada?"

Antes de imaginar cualquier respuesta, la chica giró esa –en sentido figurado – un verdadero "haz de rayos láser"[7] que había estado dirigiendo hacia él hasta entonces, salvo que, en este caso, la luz intensa no era del color de un rubí, sino de una esmeralda: sí, los ojos que paradójicamente e hiperbólicamente todavía "casi lo ciegan..."

_____

[7] Rayo láser = amplificación de la luz por emisión estimulada de radiación visible, monocromática y coherente. El primer rayo láser, el sólido, utilizaba rubí y emitía luz roja. El láser (dispositivo que opera el fenómeno) configura emisiones de alta frecuencia y alta potencia, alcanzando grandes distancias, sin dispersión. Nota del médium.

No podía salir del verdadero trance hipnótico que lo había golpeado...

Consideró que la figura física de la joven era la más hermosa que había visto en su vida. Pero lo que más le fascinó fue su sensualidad, que brotaba por cada poro. Calculó que debía tener como máximo veinte años.

"¿Estaría soltera, comprometida, casada? Dios mío: ¿sería víctima, testigo, cómplice o delincuente si estuviera allí?"

Bajo el hechizo que lo había envuelto, no sabía qué hacer. Pero necesitaba hacer algo. ¡Tan hermosa! Tenía que ser suya... Incluso si tuviera que ir al fin del mundo.

La joven también vivió momentos mágicos: había ido allí para hacer compañía a su madre y desde que llegó estaba distraída. Pero cuando llegó ese joven, sintió que algo maravilloso le estaba sucediendo. El corazón, sin motivo aparente, empezó a latir con fuerza, acelerándose cada vez más.

"¿Qué me está pasando?", pensó. "Nunca había sentido esta sensación, este calor y al mismo tiempo este frío, corriendo por mis venas... Y, ¿cómo puedo justificar este impulso de acercarme a este joven?"

Ella no podía quitarle los ojos de encima.

Se volvió a preguntar: "Pero, ¿cómo? Ni siquiera sé quién es, si soltero, comprometido, casado o viudo. Viudo, no lo creo, porque es demasiado joven para eso…."

Al darse cuenta que había estado mirándolo más tiempo de lo habitual, desvió la mirada. Se reprochó: "Dios mío, ¿qué pensará de mí mirándolo tanto tiempo? Quizás se imagine que soy una de esas mujeres... necesito aire. Necesito alejarme de él."

Efectivamente, se levantó y salió al patio interior, donde un pequeño parterre daba la noticia que, alguna vez, allí había habido plantas y tal vez flores.

Cuando Élcio estaba a punto de seguirla buscando un acceso, se abrió la puerta del Delegado y salió una señora que se acercó a la joven y le dijo:

– Vamos, hija mía.

La niña acarició a su madre y se fueron juntas. Al pasar junto a Élcio, sintió como si hubiera recibido una ducha caliente. El sencillo acercamiento de la joven despertó en él un intenso ardor sensual, seguido de un deseo sexual, casi incontenible.

– ¡Señor Élcio Mantovani! Llegó su turno de declarar.

Ingresó a la oficina, donde fue recibido con extrema impersonalidad, pues la autoridad policial ni siquiera pestañeó, mirándolo fijamente y sin responder a su saludo.

Luego de ser calificado por el Registrador, el Comisario le preguntó:

– ¿Cuál es su relación con el ex director financiero de la firma Tele–Radar?

Un rayo no habría causado mayor susto: "¡Santos! Esa joven con su madre… ¡Su esposa y su hija!"

– Desde hace algún tiempo – razonó rápidamente, mintiendo – le venía haciendo sucesivos préstamos, porque me dijo que uno de sus hijos tenía graves problemas de salud…

Sin querer, acertó: Santos sí tenía un hijo menor, que siempre estaba enfermo.

– ¿Desde cuándo lo conoces? – Intervino bruscamente el comisario.

– Hace mucho tiempo…

– ¿Cuánto tiempo exactamente?

– Como trabajo en una empresa, SOM Gran ingenio, citando el valor de los cheques ganados en el juego más el valor de la casa…

– ¿Y cómo te pertenece su casa?

– ¡Oh! ¡Entonces es eso! Fui intermediario para la compra y venta de Tele–Radar y en esa ocasión supe que Santos le debía unos "vales" a la firma, habiendo ofrecido su casa para pagarlos...

Eso era cierto. Sabiéndose de "excelente juego", al darse cuenta que el comisario estaba tanteando, continuó, como el jugador habilidoso que siempre fue:

– ... como Tele–Radar aceptó la casa como pago de sus deudas, que eran altas, yo a mi vez le compré la misma casa a esa firma, como parte de mi comisión...

Estrictamente oficial, pero no estrictamente moral.

– ¿Conoce al señor Jordan?

– ¿Jordan de qué? – Otra obra de teatro, de engaño.

– Jordan F. Matos, contador de Tele–Radar.

– Oh sí. Actualmente somos socios: tenemos una agencia de turismo. Lo conocí cuando estaba lidiando con la venta de Tele–Radar. De hecho, una noche Santos me invitó a tomar una cerveza en un lindo lugar y me llevó a casa de Jordan...

– ¿Y qué pasó allí?

– Parece que… no sé si debería decir…

Siempre jugando, ahora con lo que mejor sabía: el farol, induciendo a su compañero a avanzar en la jugada...

– Di la verdad. Será mejor para ti...

– Creo que los dos pelearon por el juego, porque cuando fuimos allí jugamos algunas partidas.

Media verdad, media mentira, sí.

– Quiero saber qué pasó – insistió el jefe, impaciente.

– Me invitaron a una partida de póker y el perdedor pagaba las cervezas...

– ¿Solo cervezas?

Había ironía en el comisario... Cambió la pregunta:

– ¿Hasta qué hora estuviste allí?

– Pronto me fui, porque perdí dos o tres veces y necesitaba dormir temprano, para a la mañana siguiente poder cerrar la venta de Tele–Radar. Se quedaron allí. Al día siguiente, Santos me suplicó que le prestara dinero, confesándome que había tomado dinero de la firma para su hijo enfermo. Aunque me debía treinta y cinco mil reales, en los tres cheques le di otros veinticinco mil reales y le pedí una escritura provisional de la casa, como garantía. No estoy seguro, pero creo que el dinero se perdió en apuestas, quizás en otros lugares, ya que Santos me parecía un jugador profesional. Hoy me imagino que perdió ese dinero. Compré la casa en Tele–Radar, para ayudar a Santos, porque, en realidad, la casa ya era mía.

Le mostró al comisario la escritura, la que había sido entregada la noche de la partida, en casa de Jordan.

Otra verdad parcial. Pronto, con pedazo de mentira.

– Interesante: estás *sub judice* por el juego también...

– Fui ingenuo: unos clientes me pidieron que organizara una pequeña fiesta para celebrar el regreso de una excursión y me catalogaron injustamente como responsable del juego.

– Hmm... "en la compra de la casa", ¿con qué cheque le entregó los veinticinco mil reales al señor Santos?

– Ninguno: Di en efectivo...

– ¿Sueles llevar tanto dinero?

– Fui a mi ciudad y la busqué, porque ese precio de la casa era muy bueno. Siempre guardo dinero en casa.

El comisario no creía en casi nada, pero no pudo hacer que Élcio se contradijera y lo despidió:

– Puedes retirarte. Y gracias.

– Doctor, una pregunta, si me lo permite... Esa señora que estaba aquí con su hija... ¿Era la esposa del señor Santos?

– Sí. Hace meses presentó una demanda contra Tele–Radar para recuperar la casa y, además, el abogado que contrató le reclamó una cuantiosa indemnización laboral por daños y perjuicios, físicos y morales, alegando que su cliente fue despedido sin causa. Estas dos demandas se prolongan en los tribunales.

– Pero... Lo despidieron porque malversó, que se pagaban con la casa...

– Pero su esposa enumeró varios nombres de antiguos compañeros que, junto con su marido, tienen muchas quejas que presentar ante la Oficina Regional de Trabajo.

– Bueno, no sé nada sobre eso...

– Por eso no le pregunté.

– Solo una cosa más, por favor: ¿cuándo será juzgado mi socio, el hombre que disparó contra el señor Santos?

– No puedo seguir adelante. Está atascado, pero tendré que soltarlo. Dos testigos declararon esta mañana que disparó en defensa propia, ya que Santos acudió a altas horas de la noche para atacarlo. Realmente parece que eran jugadores como dijiste. No pudimos probar que tocaron en la casa de tu pareja. Santos afirma que Jordan tuvo que devolverle el dinero. Se pelearon porque el contador era el garante de un desfalco en la firma, cometido por el gerente, quien lo buscó esa noche para exigirle la devolución de parte de ese desfalco, perdido en el juego, al propio garante, según su denuncia.

Élcio, saliendo de la defensiva, se atrevió:

– ¿Y por qué me alistaron como testigo?

– Porque su nombre fue citado por todos: por Tele–Radar, por el señor Jordan, por el señor Santos e incluso por su esposa, que acaba de salir de aquí.

[95]

– ¡¿Por la esposa?!

– Dijo que su marido le dijo que había perdido treinta y cinco mil reales jugando con usted.

– Sí... – suspiró Élcio – eso es lo que nos hace buenos... aun así termino convirtiéndome en el malo de esa historia, aunque solo pensaba en ayudar a la familia...El Jefe no disimuló una mirada irónica. El testimonio de Élcio fue contundente, pero la intuición policial, fruto de una larga experiencia, le dijo a la autoridad que el testigo tenía mucho más que ver en todo eso.

Cuando Élcio salió de la comisaría, se quedó estupefacto: ¡allí estaba ella! Casi no lo creía. ¡Sintió al instante que ella lo estaba esperando! ¡Gloria! Una sensación agradable visitó su íntimo.

– Sr. Élcio: mi nombre es Débora, soy hija de Santos, necesito hablar con usted.

– Mucho gusto. No me llame señor.

– Mi padre... Es muy malo. Quizás solo... tú puedas solucionar la terrible situación en la que estamos mamá, mi hermano de ocho años y yo.

– ¿Situación terrible?

– Terrible: después que papá perdió su trabajo, perdimos nuestra casa, el banco cerró su cuenta y todavía amenaza con protestar los cheques... Mamá lo abandonó y nos llevó a mi hermano y a mí a casa de nuestros abuelos.

– ¿Y qué esperas que haga?

– Tanto nuestra casa como estos cheques están en tu poder... Y se perdieron en el juego...

– ¿Eso es lo que le declaró tu madre al Jefe?

– Pienso que sí. Mi padre hizo esta denuncia hace meses, cuando fue escuchado en la investigación iniciada para investigar la primera agresión cometida por el señor Jordan.

– ¡Oh! ¡entonces es eso! Los cheques que recibí corresponden al dinero que le presto desde hace algún tiempo para los gastos de la enfermedad de su hermano. En cuanto a los juegos de azar, solo jugué con él por el valor de dos o tres cervezas. Quien le quitó dinero fue Jordan, con quien siempre jugaba su padre. Para pagarle a Jordan, su padre contrajo grandes deudas en la empresa donde trabajaba y, para no ser arrestado, entregó la casa en pago. La empresa me ofreció la casa y la compré.

– No puedo creer que papá hiciera tal cosa… ¡No es un ladrón!

– Eso es cierto: no es un ladrón. Solo un jugador empedernido, que perdió mucho dinero y por lo tanto también perdió la cabeza…

– Sr. Élcio: saque los cheques de papá del Banco, dándole un plazo para pagarlos…

– No me llame señor.

– Muy bien: ¡Élcio! Por el amor de Dios, retire los cheques del banco.

Testigos invisibles, hasta entonces esperando una oportunidad para actuar, aprovecharon la apertura. Eran espíritus infelices, enemigos de Santos, creyendo que había llegado el momento de la gran venganza (él, en el hospital, con complicaciones posquirúrgicas; su esposa e hijos, indefensos; si su hija "se perdía", el cuadro sería completo).

Intoxicaron a Élcio, los malos espíritus. Pensamientos inspiradores sobre el sexo en él.

Dos de ellos concentraban fluidos sensuales en el centro de poder genético[8], situado entre la base de la columna cervical y el

---

[8] Centros de Fuerza (siete, los principales): ubicados en el periespíritu, íntimamente conjugados con las ramificaciones de los plexos orgánicos. Vibran en sintonía con la mente y tal es la adicción del

perineo. Imaginaron locas escenas de sexo entre él, Élcio y la chica que estaba a su lado.

El efecto fue devastador: Élcio se sobreexcitó.

Conteniéndose para no agredir a Débora, allí mismo en la calle, propuso directamente:

– Podemos resolver esto pronto. Depende de usted...

La insinuación tomó por sorpresa a la joven. En su cerebro, innumerables consecuencias iban y venían en segundos. Lo que aquel hombre se proponía era la compra de su honor, al precio de un reajuste familiar. "¿Valdría la pena sacrificar tu moral, tus ideales de mujer, su creencia en el sexo responsable, todo por la paz de la familia?", reflexionó.

Indecisa, ella no respondió. Simplemente miró hacia abajo.

Los compañeros espirituales de Élcio, en perfecta armonía con él, inculcaron en la mente de Débora las mismas imágenes de sexo desequilibrado.

Élcio, desbordante de erotismo, tomó las manos de Débora transfiriéndole una intensa carga magnética negativa.

Las entidades del plano invisible redoblaron las inducciones a la lujuria, en los dos jóvenes.

Conmovida por la infelicidad de sus padres y de su hermano, Débora no impidió, en su conciencia, el triste matrimonio con los vengadores de su padre. No respondió ni sí ni no.

– Hablemos más tarde esta noche...

– ¿Por qué no, ahora mismo?

– ¿Qué pasa con los cheques?

– Atrapados en el banco.

---

pensamiento, tal será la falta de armonía en el centro de poder, con idéntico reflejo en el cuerpo físico. Nota del médium.

– Todo bien. Por la noche, nos vemos allí en la plaza.

Élcio fue al banco y recogió los cheques, que escondió en su coche, en distintos puntos. Su intención era utilizarlos no para una cita con Débora, sino para varias. Luego visitó a Jordan, que acababa de ser liberado, y estuvo de acuerdo con él:

– Usted regresa mañana a la comisaría y dice que usted sabe desde hace tiempo que Santos me pidió dinero prestado, alegando que eran para las medicinas de su hijo; cuando dejé de prestar, como el monto ya era grande, alrededor de treinta y cinco mil reales, se desesperó, por lo que aprobó los retiros, por lástima, aunque sabía que eran indebidos... Testimonio de que, recientemente, le presté a Santos otros veinticinco mil reales, en efectivo, con su casa como garantía, que finalmente fueron entregados a Tele–Radar para pagar los "vales."

– De acuerdo. Está bien. Por otro lado, usted también declara que vio a Santos amenazarme de muerte, cuando declaré que informaría a Tele–Radar de los "préstamos" que hacía.

El testimonio de los dos sería fatal para Santos, liberándolos de cualquier vergüenza.

Exultante con su arreglo, Élcio "sufrió" momentos angustiosos, hasta el anochecer, experimentando anticipadamente la noche de placer que le esperaba, con Débora.

7.– INMERSIÓN

Allí estuvo Débora, según lo acordado.

Al ver su porte noble y su belleza helénica, Élcio pensó que tenía el mundo a sus pies, llevándose una sobrecarga de adrenalina en la sangre, inyectada ante lo que consideraba una "visión del paraíso", en la que él era el rey.

No sabía que, como todo "rey" de estos paraísos descarriados, toda una corte le estaba aconsejando: ellos eran los vengadores espirituales, mucho más entusiasmados que él mismo.

Sin decir palabra, Débora subió al auto y no mostró ninguna reacción cuando fue acariciada sensualmente, incluso antes que el auto se moviera. Élcio había investigado y elegido un motel lejano...

La joven sabía lo que se avecinaba, pero se sentía hipnotizada, sin querer resistir, también con extraños sentimientos visitando su alma, en franco duelo con las sensaciones que su joven cuerpo adivinaba pronto llegarían.

Al mirar hacia afuera, mientras el auto avanzaba, la joven se engañó: "Lo que estoy haciendo es por una causa noble: salvar a mi familia."

✳ ✳ ✳

Cuando alguien se considera víctima de designios insondables, sintiendo en su alma que el cielo es más oscuro, la noche más oscura y las grandes tormentas ofrecen al ambiente psíquico nubes más cargadas de infelicidad, solo hay una solución: la oración dirigida al Amor de Dios.

El Amor del Padre se refleja en la presencia en la Tierra del Evangelio de Jesús, con la inolvidable invitación del Maestro llamando a sí a los afligidos, prometiéndoles alivio.

Dios nombró a Jesús para gobernarnos. El Cristo, haciendo esto con amor permanente, coordina a innumerables benefactores que ya caminan en la luz, para velar por todos los seres vivientes. Principalmente en medio de la oscuridad de la crisis más grande, del problema más grande, del minuto más desafortunado.

En las noches de tormenta, el amanecer del día siguiente trae el sol brillando. En los problemas humanos, la solución no espera el amanecer del día, ni la extensión de la hora: la oración trae, en el acto, la luz celestial que ilumina al espíritu sufriente.

✳ ✳ ✳

Débora, mirando el paisaje de pocas casas, camino al remoto motel, llamó su atención un cartel gastado, pero aun legible: "Centro Espírita Sagrada Familia."

¡Pensamiento en Jesús!

Sintió, a través de una extraña simbiosis que anulaba el tiempo, la angustia de los padres de Jesús, al saberlo condenado a un infame martirio.

Comenzó a rezar mentalmente el "Padre Nuestro."

Cuando terminó la oración, experimentó una calma absoluta. Estaba convencida que esa no era la forma correcta de solucionar el problema de su familia. No dudó de la fe emergente. Pensó con firmeza: "¡Jesús está al mando!"

Esa frase siempre la había impresionado, desde que la escuchó en las clases de evangelización de niños, en el Centro Espírita al que frecuentaba y que había abandonado hacía tantos años...

Decidió renunciar a esa irresponsable aventura, pero admitió: "Aunque sea doloroso confesarme a mí misma, deseo a este hombre como una mujer y me ilusiono imaginándome salvar a mi padre, a mi madre y a mi hermano."

Definió claramente que había accedido más por deseo y menos por virtud.

Atrapada por fuerzas invisibles, dispensadas por el plano mayor, para su rescate, se sintió como atrapada en el extremo de un cable de acero que una grúa gigantesca levantaba del suelo, elevándola en alto...

La invadió un entumecimiento invencible.

Ante el letargo, irresistible, su cuerpo se inclinó hacia el costado de Élcio. Los espíritus obsesores que la acompañaban, bajo la acción de la benéfica energía fluidica que la envolvía, fueron catapultados a distancia, ocurriendo lo mismo con los que, en extraña unión, estaban acoplados a Élcio.

Cuando repentinamente fue liberado de los asesores que lo acosaban, más el cuerpo de Débora que cayó encima de él, Élcio perdió el rumbo por un segundo. Pero lo suficiente para que el vehículo se saliera de control y volcara de forma espectacular. Antes que los cuerpos de ambos fueran expulsados del auto, el cuerpo de Élcio recibió el impacto de varios golpes, amortiguando sin embargo el impacto sobre Débora.

Centésimas de segundo antes de perder el rumbo, Élcio se sobresaltó por un espectáculo extraño: como saliendo del interior del vehículo, del lado de Débora, tres hombres pasaron el parabrisas, sin romperlo, se balancearon tambaleándose sobre el capó del motor y luego fueron arrojados violentamente a un lado del camino; antes que pasara un segundo de la visión fantástica, vio a otros dos hombres alejarse de su lado y correr la misma suerte que los demás: una caída espectacular, al costado del camino.

Cuando el auto volcó, debido al gran susto que se llevó, antes de recibir el primer golpe en la cabeza, Élcio se preguntó: "¿Cómo es que estos hombres estaban haciendo autostop aquí y yo no los había visto? ¿Cómo salieron sin romper el cristal? ¿Y por qué se desmayó Débora?

Él también se desmayó.

– Disfrutemos... disfrutemos...

– Así es, antes que corra hacia adentro...

– Ojo: por el momento no te acerques a ellos, ¿no ves a los "guardaespaldas del Cordero"?

Élcio se despertó a tiempo de escuchar esas frases.

– "Me pregunto a quién se refieren", pensó. Cuando vio a los "autoestopistas", los maldijo:

– Miserables: hicieron volcar el auto. Los mataré.

Fue suficiente para impedir la llegada de la bendita ayuda.

– ¡Eh! Miren al "casinero": se despertó y nos está amenazando a nosotros, los estúpidos.

– Arréstenlo.

Tres hombres fuertes se le saltaron encima y no hubo forma de escapar.

– ¡Cuidado con la cuerda!

– Lo es: choca.

Sin entender absolutamente nada de lo que estaba pasando, Élcio, todavía mareado, solo pudo preguntar:

– ¿Quiénes son ustedes? ¿Qué quieren de mí?

– ¡Cállate! Si vuelves a hablar, te golpearán.

– Pero, ¿qué quieren de mí?

El puñetazo que recibió en la espalda fue suficiente respuesta para comprender que se encontraba entre personas crueles, de las cuales era prisionero.

Incluso abajo, uno de los malos le dio una patada en el estómago. Pero en lugar de golpearlo, resultó herido.

– Oh, oh, oh... la cuerda está puesta... oh, oh... lo olvidé... ¡maldita sea!

– ¡Te lo advertí, tonto!

– Lo olvidé, Nabuco. Siempre me olvido de esa maldita cuerda de fuego.

Cada vez Élcio entendía menos.

Allí, la mayor sorpresa, ante lo que vio, que casi lo lleva a locura: su cuerpo, a unos diez metros de distancia, todo ensangrentado, yacía al lado del vehículo. El auto que tanto "amaba" estaba en llamas...

– ¿Cómo puedo ser dos? ¿Cómo me veo tirado ahí, sangrando y estoy aquí, siendo atacado por ti?

La respuesta fue una risa generalizada de aquellos hombres, que ahora identificó, eran los mismos que habían viajado, invisibles, haciendo autostop en su auto...

De repente, tuvo un recuerdo: ¡Débora! "¿Dónde estarás? ¿Está en el auto?" Gritó desesperadamente: ¡Oh! ¡No! ¡No!

Intentó liberarse del yugo de los malhechores, pero no podía ni moverse. Gritó aun más: "¡Débora! ¿Dónde estás? ¡Débora!"

Estalló en lágrimas dolorosas.

Un hombre lo agarró con fuerza por los pies y otro por los brazos, intentando arrastrarlo.

– ¡Déjame ir! ¡Déjame ir! ¡Policía! Ayuda...

Nuevos golpes le hicieron comprender que no recibiría ayuda y que seguramente le esperaban cosas peores.

– ¡Cuidado con la cuerda! ¡No te apoyes en ella!

Quien daba las órdenes era aquel joven al que un asistente había llamado Nabuco. No más de veinte años. ¡Y era el jefe! Cuando Élcio lo miró, tuvo la impresión que de sus ojos salían chispas, que venían hacia él, golpeándolo en los ojos.

Gritó de dolor. Sus ojos ardían... "Ayuda, ayuda", sus palabras resonaron en el vacío.

Apenas podía abrir los ojos y cuando se lo llevaron, vio a Débora. El corazón alivió la angustia que le dolía más que a los opresores.

"¡Gracias a Dios está viva!"

Cuando dijo eso, los hombres lo soltaron, como si hubieran recibido un shock de su cuerpo. Aunque lo soltaron, se quedaron a su alrededor, esperando, como si fueran a abalanzarse sobre él en cualquier momento. Todos escucharon:

– Parece que no tiene heridas graves.

– Y. Ella acaba de desmayarse. Vamos a buscar la camilla.

Fueron dos enfermeras que la ayudaron y que luego se dirigieron a la ambulancia estacionada cerca, con la luz roja del techo encendida y girando… girando…

Una sorpresa nueva y aun mayor: ¡otras dos enfermeras, ambas iluminadas desde dentro, apoyaron a Débora y la ayudaron cuidadosamente a acercarse a sí misma! Las dos primeras enfermeras no notaron la presencia de estas otras dos compañeras, como si fueran invisibles, aunque brillaran con luz... Las "brillantes" enfermeras la animaron:

– ¡Confía en Jesús, hermana mía!

– ¡Piensa en el Amor del Padre!

– Sí – respondió Débora tímidamente – ¡Dios es Padre!
Estaba pensando en la Sagrada Familia...

Ante el asombro de Élcio y sus perseguidores, Débora se acercó con cierta dificultad a su duplicado, que yacía tendido sobre el asfalto. Débora, que caminaba (en realidad su periespíritu, momentáneamente separado de su cuerpo desmayado), miró a su alrededor y vio a Élcio.

Los dos se miraron con intensa ternura, con una felicidad indescriptible envolviendo sus corazones.

En esa mirada, también de una fracción de segundo, ambos expresaron todo un vasto universo de reflexiones:

– Élcio, Élcio, no quería que las cosas estuvieran así entre nosotros.

– Lo sé, Débora… lo sé.

– Entonces ¿por qué actúas así?

– Ni siquiera lo sé, veo que estaba muy equivocado.

– ¿Qué sientes por mí? ¿Solo deseo?

– ¡Oh! Débora! Es deseo, sí, es pasión, es un fuego que me consume... Pero mi corazón grita fuerte, en este momento, que es mucho más: ¡amor!

– Por la Sagrada Familia, Élcio, nunca te olvidaré.

– Ahora dime: ¿qué sientes por mí, o mejor dicho, qué sentiste cuando me viste?

– ¡Fue amor! ¡Mucho amor!

– Débora, Débora, ¡te amaré por la eternidad!

– Yo también, yo también. ¡Te amo, por siempre!

Cuando las iluminadas enfermeras la condujeron al "interior" del cuerpo, él entendió a qué se referían sus verdugos cuando mencionaron "la cuerda": de Débora, de pie, salió un rayo de luz, ligeramente plateado, que se conectó con su cuerpo, caído; este rayo de luz era redondo como una cuerda, brillando con colores, no muy intensos. A medida que se acercaba al cuerpo tendido en el suelo, este cordón comenzó a encogerse, como si fuera goma que se estiraba, uniendo a las "dos Déboras."

Élcio pudo ver que el cordón, al acercarse al cuerpo desplomado, lo penetraba subdividiéndose en miles de hilos, cada uno de los cuales parecía entrar por cada poro[9].

Dos mensajeros espirituales salvadores ayudaron al periespíritu de Débora a yuxtaponerse exactamente en el cuerpo físico.

Pronto, las dos Déboras eran ahora una sola...

Una vez completada la conexión, llegaron las dos enfermeras con la camilla. Ante esto, los "iluminados" se alejaron rezando un "Padre Nuestro."

Después de poner a la niña en la camilla, la llevaron a la ambulancia y pronto regresaron:

– Traigamos al chico...

¡El chico era él!

– ¡Cuidado¡ ¡Tiene muchas fracturas! ¿Todavía está vivo?

Élcio quiso gritar:

– ¿Fracturas? Pero, ¿cómo es que no siento nada?

¡Sí, estoy vivo! ¡Ayuda!

---

[9] Es el cordón fluidico–magnético, que conecta el periespíritu con el cuerpo físico, impartiéndole vida. En la muerte natural, los innumerables hilos que la constituyen son poco a poco desatados por espíritus especialistas y caritativos. Es a través de este vínculo que durante el sueño el espíritu, parcialmente liberado, aunque involucrado por el periespíritu, es capaz de alejarse del cuerpo físico y, según el objeto de interés, recorrer grandes o pequeñas distancias, en lugares terrestres o incluso visitar el plano espiritual. (Ver *"El Libro de los Médiums"*, de Allan Kardec, Capítulo VII, n° 118.) Nota del Médium.

En cuanto pensó eso empezó a sentir, sí, las fracturas. Dolor, mucho dolor.

Las enfermeras estaban entablillando su cuerpo, el tendido en el suelo y cada gesto de ellos resonaba en él, de pie a varios metros de distancia...

Sintió un tirón en el estómago, como si estuviera bajo el efecto de una aspiradora, dirigida a su ombligo. Fueron los ladrones los que intentaron romper esa "cuerda" que también unía a los "dos" Élcios.

De nuevo, la "cuerda..."

Lo entendió: de él también, allí en el suelo, igual que el de Débora, innumerables hebras, mucho más oscuras que las de Débora, salían de varias partes de su cuerpo, principalmente de la región del ombligo, la que sentía ser jalado. Esta extraña "cuerda" tenía hilos que salían de su pecho, garganta y frente, formando un haz y llegando... hacia él, conectándose también en las mismas partes.

"Parece – pensó angustiado – que me he convertido en chicle y que alguien me ha pisado, porque estos hilos viscosos salen de todas partes de mi cuerpo...."

¡La explosión fue formidable!

¡Tu coche simplemente dejó de existir!

La mirada casi lo cegó, que ya tenía los ojos muy abiertos.

El desplazamiento del aire lo arrojó a él y a sus verdugos a gran distancia. Mientras caía, lejos, sin lastimarse, comprendió, completamente, que la "cuerda", tan extraña, era una especie de tubo elástico, que lo conectaba al cuerpo en el suelo. También vio que su cuerpo, en el suelo, no se había movido y que la cuerda se había estirado manteniéndolo junto a sí mismo. Recordó los tres cheques de Santos: ¡quemados! Maldijo y profirió repetidas maldiciones.

Pensó que se volvería loco cuando vio que cargaban su cuerpo en la ambulancia, que el vehículo arrancaba... y él se quedaba.

La "esa cuerda" se estiró, se estiró, se estiró... y no se rompió. A partir de cierto momento, cuando dejó de ver la ambulancia, tampoco vio más la cuerda, sintiéndose; sin embargo, atado al cuerpo que fue trasladado.

– Maldición: la cuerda no se rompió – rugió uno de los hombres malos, realmente, infeliz, malos espíritus.

Élcio no tuvo fuerzas para reaccionar cuando fue brutalmente tomado por ellos.

– ¿Para donde?

Sin entender lo que estaba pasando, empezó a perder la noción de todo, con sus pensamientos fuera de control.

– ¿A dónde me llevan? – Logró gritar.

– Al diablo – respondieron a coro sus verdugos, riendo.

8.– AMOR–ILUSIÓN

Débora, en el momento del accidente, tuvo un acto mental que reflejaba su formación moral: íntimamente exclamó: "¡Jesús!"

Sin embargo, este pensamiento relámpago, mucho más rápido que el propio rayo, resultó ser suficiente para proporcionarle una ayuda aun más rápida: fue atendida por dos rescatadores espirituales, que ayudaron a su periespíritu a mantenerse ligeramente alejado de su cuerpo por un momento. Durante este distanciamiento providencial, que funcionó como anestesia, evitando dolores insoportables por las heridas causadas, Débora pudo mantener un diálogo con Élcio, también en el periespíritu.

Pronto devuelta al cuerpo físico, por la llegada de las enfermeras terrenales, ésta no registró en el consciente lo sucedido en aquellos momentos extracorpóreos. Estaba segura que Dios la había protegido. En cuanto a Élcio, su opinión fue que "no fue tan malo como había pensado inicialmente..."

Aun inmovilizada y sin poder hablar, aunque ya había recuperado el conocimiento, vio llegar la ambulancia de "rescate" y dos bomberos comentan:

– Parece que murieron...

– Vamos con cuidado... con mucho cuidado...

– La niña está en shock, con fuertes latidos del corazón.

– El muchacho... no lo sé... el pulso es "invisible", pero el corazón, aunque casi se detiene, sigue latiendo.

– ¡Gracias a Dios!

– Así es: ¡gracias a Dios!

Al ser retirada de los herrajes retorcidos, donde comenzaron a brotar pequeñas llamas, Débora sintió dolor en el pie, que sangraba mucho. Después, todavía en la camilla, vio cómo también sacaban a Élcio de aquel montón de hierros retorcidos, inconsciente... o muerto. Luego la explosión. Se desmayó, tan asustada por el ruido formidable y el desplazamiento de aire que la alcanzó, hasta el punto de derribar a las enfermeras, que preparaban la camilla para Élcio.

✳ ✳ ✳

– ¡Alabado sea Dios, que te salvó!

– Mamá... ¿Dónde estoy?

– Débora, hija mía, estás en el hospital... ¿No te acuerdas...?

– Sí, mamá: y él... ¿Élcio?

– Escuché al médico que te atendió hablar con otro y decirle que está en coma, con pocas esperanzas de salvarlo.

– ¿Cuándo...? ¿Cuánto tiempo llevo aquí?

– Desde ayer...

– Qué curioso, mamá: solo sentí dolor cuando los bomberos me sacaron del auto.

– Fue Dios quien te protegió, porque "solo" te rompiste el pie. La cirugía volvió a colocar los huesos rotos en su lugar.

– Mamá, cuéntame de él...

– ¿Él, quién?

– De Élcio.

– No nos gusta, ni a mí ni a tu padre. Robó en el juego, robó nuestra casa, hizo que tu padre perdiera su trabajo y ahora... Casi te mata.

– ¿Cuáles son sus posibilidades de vivir?

– Pequeñas. Eso es mejor, de lo contrario haremos todo lo posible para meterlo en la cárcel y obligarlo a devolver lo que nos robó.

– ¿Sabes qué estaba haciendo en el auto con él?

– ¡Por Dios que no! Me imagino que te habrá engañado, te habrá ofrecido llevarte, algo así...

– Nada de eso: me invitó a ir a un motel...

– ¡Dios mío! ¿Y aceptaste?

– Al principio pensé en negarme, pero luego...

– ¡Bribón! ¡Te iba a perder!

– Tampoco. Propuso devolverme los cheques de mi padre a cambio de...

– ¡¿A cambio de qué?!

– Unos momentos junto a mí...

– No puedo creer que lo hayas aceptado. ¡No puedo creer! Después de todo lo que hemos pasado en esta vida y después de tantos consejos...

– Necesito decirte la verdad: mi corazón se llena de una dulce y cálida alegría cuando pienso en él. Muy grato.

Tan pronto lo vi sentí algo muy fuerte dentro de mi pecho, como si una fuerza irresistible me arrojara a sus brazos. Cuando acepté la invitación para ir al motel, sabía exactamente lo que estaba haciendo. Sé que no es así como tú y papá piensan, pero yo realmente quería eso...

– ¡Ni muerta! ¡Nunca más debes acercarte a esa criatura malvada! ¡Prefiero morir antes que ver ese día!

La entrada del médico rompió providencialmente la tensión entre ellas. Se dirigió a Débora afectuosamente:

– Entonces, ¿esta hermosa niña, con tanto sueño, se despertó? Mi nombre es Ribeiro, te arreglé el pie de cenicienta.

– ¡Oh! Dr. Ribeiro, ¡Dios le pague! – Dijo Vilma.

– Eso es bueno, porque el patrón y el Gobierno... – Los tres se rieron.

– Doctor... ¿Cómo está?

– ¡¿ ?!

– El chico que estaba conmigo en el auto...

– Inicialmente fue traído aquí, pero la gravedad de las heridas obligó a trasladarlo a otro hospital, al no tener un TAC indicado para este caso. Hicimos esto cuando descubrimos que el golpe en la cabeza era responsable de una conmoción cerebral grave.

– Él... ¿Se salvará?

– Dios puede salvarlo. En cuanto a la Medicina, habrá que esperar a más pruebas y sus reacciones. Actualmente está siendo sometido a un consejo médico compuesto por dos neurólogos, un ortopedista y un anestesiólogo. El Dr. Dantas, neurólogo jefe, es amigo mío y quería informarme sobre el estado del paciente.

Justo en ese momento sonó el móvil de Ribeiro. Contestó. Fue el doctor Dantas quien le dio información sobre Élcio. Ribeiro agradeció:

– Está bien, Dantas. Dios bendiga al muchacho y dirija sus manos. No sé si puedo ir. De todos modos, gracias por la invitación.

Al colgar, con aire sumamente preocupado, informó:

– La Junta decidió ponerlo en funcionamiento. Mi amigo realizará la cirugía, asistido por dos asistentes, además de un cardiólogo y un anestesiólogo. Me invitó a presenciar la operación y, si era posible, incluso a participar en ella.

Lágrimas incontrolables estallaron en el pecho de Débora. Vilma y Ribeiro se acercaron a ella y la consolaron.

– Mi pie... – disimuló, usando la eterna competencia femenina del disimulo, cuando las cosas del corazón pasan a primer plano.

– Me duele el pie...

Vilma, también entre lágrimas, se calmó en parte. Se dio cuenta enseguida que no era su pie lo que lastimaba a su hija, incluso podría ser un poco. Lo que dolía era el corazón.

– Hija, él no merece tus lágrimas...

– ¿El pie? – Bromeó Ribeiro, perspicaz e intuitivo.

– No, Élcio – balbuceó Débora.

– Parece que necesitamos un cardiólogo aquí, porque estoy diagnosticando el corazoncito de nuestra Cenicienta, más lastimado que el piecito.

Al ver un nuevo torrente de lágrimas en la paciente, Ribeiro se acercó un poco más a Débora, transmitiéndole buen ánimo y confianza en el futuro con una mirada dulce.

La joven, herida, angustiada, pensando "que su infeliz amor – Élcio – se estaba muriendo." Incluso le pareció que los pájaros habían entrado en la habitación y cantaban alegremente, cantando una dulce canción.

"¿Sueño? ¿Imaginación? ¿O la realidad?

Nunca pude definirlo. Débora solo supo que todo eso había pasado, en menos de un segundo."

Ribeiro, joven y delicado, con su traje blanco, barba muy cuidada, cabello negro, cejas que parecían el marco superior de las estrellas negras y brillantes que eran sus ojos, también debió sentir algo. Como presa de un ligero letargo, puso su mano derecha sobre la frente de Débora y no dijo una sola palabra. Ni siquiera era necesario.

¿Cuánto tiempo tomó? ¿Un segundo, un minuto, más?

Ninguno de los tres podía necesitarlo, pues Vilma también se sentía involucrada. "Momento extraño, pero prometedor", gritaba el corazón de su madre al alma femenina, llena de intuición... Feliz por lo que acababa de presenciar.

No pudo ocultarlo: miró las manos de Ribeiro y con alegría indescriptible vio allí los dedos anulares... ¡ningún anillo de boda!

Algo perturbado, Ribeiro sintió un impulso irresistible: aceptar la invitación de su amigo Dantas para acompañar la operación del muchacho.

Eso conmovió el corazón de su paciente. Inquieto, parlamentándose a sí mismo, se preguntó: "¿Cómo es posible que recién ahora haya visto lo hermosa que es? ¿Ama a ese chico Élcio? ¿Tengo derecho a robárselo? ¿Estoy haciendo lo correcto al ir a presenciar la cirugía? ¿En el fondo realmente quiero ayudar? ¿Y que sobreviva...?"

Élcio, politraumatizado, fue inmovilizado con correas en la mesa de operaciones, en decúbito dorsal. Alrededor del cuello, tira gruesa de piel, forrada de goma. En los momentos que precedieron a la cirugía, Ribeiro se acercó a Dantas y le pronunció palabras aureoladas de sublime sinceridad:

– Dios te ayude a salvarlo.

Estas fueron las palabras del médico responsable, el hombre de carácter, el buen cristiano.

– Que Dios nos ayude – respondió Dantas, justificándose – no renunciaré a su cooperación.

Cinco horas más tarde concluyó la delicadísima intervención, en la que se extrajeron fragmentos de huesos craneales de la duramadre meníngea (la más externa y resistente de las capas que rodean el cerebro). De menor gravedad, se redujo una fractura en el brazo derecho. Antes de la cirugía ya se habían cosido algunos cortes en el cuerpo y se habían detenido las pequeñas hemorragias.

Élcio ahora tenía "un mundo de puntos." Todavía en coma...

– ¿Ves lo bueno que fue para ti estar aquí?

– Sí, Dantas. Dios sabe lo que hace y solo Él puede explicar por qué acepté tu invitación.

– Ribeiro, somos amigos desde hace mucho tiempo. Creo que hay algo en este caso que te conmovió. No lo digas si no quieres. Pero sepan que si puedo hacer algo, lo haré con mucho gusto.

– ¡Tienes razón! ¡Hay algo que sí! Una de estas veces hablaremos, ¿vale?

Estaban a punto de despedirse cuando Dantas tuvo un arrebato:

– Y la chica que estaba con él, ¿cómo está?

– Bueno, es la criatura más hermosa que he visto en mi vida.

– Oh, lo he visto todo: le dio al corazón en el corazón...

– No lo sé... Si ella estuvo junto a nuestro paciente, debe estar involucrada con él. Al referirse a él, hay que ver cómo llora.

– Otro triángulo que dibuja la señora vida...

– ¡¿Qué?!

– Nada nada.

Dantas, en efecto, había definido con incalculable precisión, según postulados de la geometría sentimental inmaterial, la triple implicación.

Élcio, al principio, con la intención de placer y lujuria, había atrapado a Débora en su equivocado propósito.

Débora, pensando en su familia, acabó sucumbiendo a una pasión inexplicable por Élcio.

Ribeiro, al atender a Débora, transitó por su mundo íntimo, quedando atrapado en un inesperado torbellino de dulces sensaciones, cuyo epicentro fue el corazón de la bella paciente.

Y más:

Élcio, sometido a la dolorosa operación, había recibido una considerable ayuda de Ribeiro y una oportunidad de salvarse. De no haber sido por la intervención personal de Ribeiro, apelando a su amistad con Dantas, jefe de neurología, a Élcio le habría resultado complicado conseguir una plaza en el hospital. Y su salvación; es decir, ganarse la vida, quizá representó para Ribeiro la pérdida de la esperanza con Débora.

Débora, cuyo corazón había sido inflamado por Élcio, sentía ahora un fuerte resentimiento hacia el joven y apuesto médico.

Ribeiro, cumpliendo al pie de la letra con su deber, no forzó ni una sola luz en el futuro, junto a Débora. Sintió la ausencia de esperanza de algún día vivir plenamente con Débora los matices del cariño y la paz, de ese amor absolutamente inesperado que lo había asaltado.

Aquel horizonte nublado, en el que hilos del "destino" habían tejido la red que los capturó a los tres, de un solo tiro.

Un factor más que complica esa trama: de hecho, todavía, ninguno de los tres estaba seguro de lo que estaba pasando en su corazón, en el de ellos y en el de los demás. Élcio, en coma, era quien, en estos momentos, estaba más alejado de ese intrincado vínculo, aunque era su cautivo.

Débora, cinco días después del accidente, recibió el alta.

El doctor Ribeiro, siempre que era posible, estaba con ella. Entre los dos, como una poderosa barrera, la figura de Élcio... todavía en coma. El hecho que Élcio no estuviera al tanto llevó a

Ribeiro a un procedimiento ético que le impidió dar rienda suelta a los sentimientos que le atraían hacia la joven.

A su vez, Débora, victimizándose, vio a Élcio desmayarse y, por tanto, consideró que olvidarlo sería una cobardía imperdonable y una traición suprema. Se creó el callejón sin salida. Estancamiento doloroso.

La vida; sin embargo, en la fuerza divina que la creó, libre de las ilusiones de las almas inflamadas por la pasión o de los ideales de los corazones vigilantes, siguió su curso, para ajustar los hechos de ese escenario triangular: Élcio–Débora–Ribeiro.

9.– NADANDO EN LAVA

Esa cuerda... "¿Qué será exactamente?", fue el primer pensamiento de Élcio al despertar. Poco iluminado, algo sólido, pero se sentía elástico.

La banda liderada por Nabuco estaba en confabulaciones con otros espíritus, igualmente de mal aspecto, refiriéndose a él. Al cabo de unos momentos oyó aterrorizado:

– Royal, aquí está el chico. Lo devolvemos entero. Por el momento no nos sirve de nada, ya que el "gatito" está bajo la protección de la patrulla ligera. Intentamos todo para que él "se preparara" con ella, pero esta vez no fue posible. Sin embargo, ya estamos parcialmente satisfechos, porque su padre, a quien queríamos bombardear, está en la peor situación.

– Está bien. Fue amable de tu parte mostrarnos dónde estaba este tonto que encontraste y ofrecernos sus servicios. Cumplieron con su parte del trato; es decir, prestárnoslo por un tiempo. "Sin sacar provecho" le hicimos ganar las rondas con el padre del gatito y los dados, y luego perder en la ruleta, para ir a conocerla y que te sobrara.

– No importa que no obtuviéramos nada de la chica, porque ella apeló y el accidente impidió que disfrutemos del placer... por el momento. El padre ya está juzgado.

– Por nuestra parte, nos gusta el juego, sacaremos provecho de ahora en adelante, porque nos pertenece, hasta que podamos manejarlo, aunque la cuerda no se rompa. Estamos a mano. Cuando necesites ese tonto, dímelo y te lo prestaremos nuevamente.

Élcio fue el objeto de este lenguaje grosero. Aunque lo que dijeron fue algo confuso, entendió que esos dos grupos espirituales habían participado en los últimos acontecimientos de su vida.

En primer lugar, por lo que había oído, el equipo de Royal había "descubierto" su potencial en los juegos y negoció su cesión con el equipo de Nabuco.

Eso es porque Nabuco era enemigo de Santos.

De hecho, para favorecer a la banda de Nabuco, en la venganza que querían, Royal y sus ayudantes habían participado en sus juegos con el padre de Débora y en los casinos. Usándolo, devastaron a Santos. Nabuco y sus compañeros, para perjudicar aun más a Santos, lo habían inducido a aprovecharse de Débora.

Ahora tenían la intención de utilizarlo, ciertamente como esclavo, hasta que él y la cuerda resistieran... ¿Qué podría ser esa cuerda?

¡Fue increíble! Increíble, por cierto.

Si no lo hubiera oído, nunca habría creído que existieran tales servicios de asesoramiento. Pero allí mismo, frente a él, en una dimensión que nunca había sospechado, la vida era quizás incluso más vigorosa, aunque turbulenta, que en el reino de los vivos.

Royal se acercó a él. Fue el espíritu quien dirigió a la otra pandilla. Lo agarró por el cuello:

– Entonces, gran campeón, volvamos a jugar a los dados, ¿o quieres ir a probar la ruleta?

– ¿Quién eres tú?

– ¡Divertido! ¿Realmente no lo recuerdas?

– ¡Por Dios! ¡No me acuerdo!

El joven chasqueó los dedos y pronto apareció en la puerta un bruto secuaz. Ordenado informado:

– Está rompiendo las reglas...

Ni siquiera necesitaba decir nada más. El hombre se acercó a Élcio y, apretándole la barbilla con extraordinaria fuerza, decretó:

– ¿No vuelvas a decir esa palabra por aquí?

– ¿Que palabra? – Tartamudeó Élcio, con las mandíbulas a punto de romperse bajo la brutal presión.

– Ya sabes... Ya sabes... Élcio pensó rápidamente: "Dios."

– ¿Dios? El golpe en su estómago lo envió a estrellarse contra la pared, causándole dolor en todo el cuerpo.

– Mira, listillo: cada vez que desobedezcas, te daremos un masaje en la barriga...

– ¡¿ ?!

– Así es: la cuerda no se rompió y te vamos a utilizar de la misma manera. Será aun más fácil hacerle obedecer. Si la clase de Nabuco no recibió nada de ti, con nosotros estoy seguro que ganaremos mucho dinero.

– ¿Cuerda?

– Sí. Lo que te mantiene vivo es esta cuerda. Para los tontos del hospital, estás en coma.

– ¿En coma?

– Hemos hablado demasiado. ¡Vamos a jugar!

Jugar era lo que más le gustaba hacer a Élcio. De alguna manera, sintió alivio: "Es mejor no decir nada por ahora. Con el tiempo descubriré estos misterios."

– ¿Dónde están los dados? – Se aventuró.

– Payaso, en el único lugar donde han estado, en la casa de juego "número cinco."

Tenía una sensación de pavor. Gambling House No. 5 era otro casino de lujo del Caribe donde se prefería el juego de dados. Allí se reunían los mejores jugadores de dados del mundo, "dadistas", como los llamaban. Élcio respetó el lugar y admiró la técnica desplegada por aquellos profesionales. En ese momento, recordó, ganó mucho dinero en una noche y superó a esos campeones, incluso invencibles. Llegó al punto que las victorias pusieron en riesgo su vida, pues "casualmente" lo invitaron a no volver nunca más por ese camino, ya que había causado daños al banco, lo que lo motivó a ir a Las Vegas.

Recordó cómo había ganado: cada vez que sentía esa extraña electricidad recorrer su mano derecha, tomaba los dados, los calentaba en su mano cerrada y luego simplemente los lanzaba, habiendo mentalizado previamente un número, sobre el cual depositaba una gran cantidad de chips de alto valor.

Ni siquiera podía perder, tanto que gané... Los intercambios de dados, innumerables, no le impidieron ganar, mucho más de lo que perdió: cuando no sentía ese sentimiento, arriesgaba poco. Era infalible: en ese caso perdió. De lo contrario, ganó. Por eso había elegido Las Vegas para sus aventuras de juego, porque en esa ciudad no había ese patrullaje y ese riesgo de vida...

Pero en Las Vegas a veces no le fue muy bien y tuvo que regresar rápidamente a Brasil para reunir más capital. Llegó el punto en que lo único que tenía que hacer era vender la casa de Santos, que había ganado como comisión de Tele–Radar.

– Vamos, se ha hablado demasiado por aquí – ordenó el jefe. Y añadió: "¡el collar"!

– Ahora mismo, jefe.

Una de las criaturas, sin el menor respeto, con una brutalidad sin precedentes se acercó a Élcio y, dominándolo, le colocó una extraña correa alrededor del cuello.

– No... no... quítamelo del cuello, huele mal y me está asfixiando...

– Pero te ves tan linda con el collar...

– ¡Quítamelo!

Angustiado, en sus pensamientos oró a Dios: "¿Qué me pasa?" Por favor, Dios mío: ¡ayúdame! ¡Te lo imploro!

Un extraño zumbido cortó el aire, como si un rayo hubiera caído desde las alturas directamente sobre el grupo. Una luz fuerte se estacionó en el sitio de esa siniestra región.

– ¡Oh! ¡No! Los cañoneros... ¡Huyan!

Élcio no entendía lo que estaba pasando. Los obsesores lo soltaron y huyeron en una corrida desesperada. Alguien le dio unas palmaditas suaves en el hombro.

– ¡Alabado sea Dios! Quédate en paz, hermano mío.

– ¿Quiénes son ustedes?

– Somos tus hermanos, respondiendo a tu llamado de socorro.

– ¿Llamado de auxilio? ¿El orador?

– Sí. Al pronunciar el nombre de Dios, con fe y sinceridad, pediste ayuda al Padre, que nunca deja de responder, como dijo el Maestro Jesús, cuando mencionó que el Buen Pastor deja a todo el rebaño en seguridad y va a salvar a la oveja descarriada [10]. ¿Recuerdas ese pasaje del Evangelio?

Sus recuerdos estaban fragmentados en materia religiosa. Pero se acordó de esta parábola cristiana, y bien, porque le había causado una gran impresión desde que era niño.

Luego de esta rápida identificación, el socorrista, cuya silueta emitía permanentes chispas de luz, masajeó la cabeza de Élcio, donde había recibido un fuerte golpe en el accidente automovilístico.

– ¡Pensemos en la Bondad Divina! – Invitó.

_____

[10] Mateo, 18:12,13 – Nota del Médium.

Élcio tuvo una visión que duró una fracción de segundo: se vio como un niño, estudiante del centro de evangelización infantil del Centro Espírita al que asistían sus padres. Perdió el conocimiento.

Cuando recuperó el conocimiento se encontró en una cama sencilla, en un ambiente agradable, muy limpio y con mucha luz proporcionada por el Sol.

"¿Quiénes fueron esos hombres que lo ayudaron? ¿Por qué se les llamó 'hombres cañoneros'? ¿Dónde estaba ahora? ¿Dónde estaban todos?" Miró a su alrededor y vio un cañón, solo transparente como el cristal y todo iluminado.

– Gracias a Dios te recuperaste.

Fue el socorrista quien le había dado un masaje al entrar. Sorprendido, Élcio empezó a temblar de miedo.

– No te agites hermano mío, estamos aquí para ayudarte. Esos desafortunados hermanos te están presionando debido a tu mentalidad de juego.

¡Juego! Ésa fue la palabra que más conmovió la mente de Élcio. Sin pensarlo, "empezó a jugar" con el mensajero espiritual:

– ¿Quién eres tú en realidad?

– Ya hemos respondido a esta pregunta: somos salvadores, humildes servidores de Cristo.

– ¡¿Y ese cañón?! ¿Es Cristo también?

– Es nuestra defensa ante eventuales ataques sorpresa, porque en los lugares donde vamos en una tarea de ayuda no siempre somos recibidos en paz. Tú, por ejemplo, fuiste rescatado de una región triste, donde la bendición del Sol no aparece, porque allí aguas tranquilas formaban un pantano, rodeado de vegetación de aspecto triste. Los espíritus muy infelices solo pueden acampar en esos lugares, porque su patrón vibratorio es consistente con ese ambiente.

– ¿Entonces son guerreros?

– No necesariamente. No participamos en combates como las guerras del mundo. Buscamos, en la medida de nuestras limitadas fuerzas, defender a los necesitados que nos piden ayuda, que merecen esa ayuda.

– ¿El cañón... mata?

– De alguna forma. Solo deja inconscientes a los atacantes. Cuando utilizamos el cañón, y esto lo hacemos como último recurso, también les ayudamos, siempre que lo acepten.

– No entiendo: ¿les disparan y luego ayudan?

– Así es: el cañón emite ondas de muy alta vibración, por encima de la posibilidad de percepción espiritual, cambiando por unos instantes, de forma expresiva, el equilibrio vibratorio del entorno o incluso de un determinado lugar. Como resultado, quien no está en sintonía con la justicia y el amor de Dios es incapaz de reaccionar, e incluso es incapaz de proceder con cualquier acción maliciosa que esté practicando. Esto, por sí solo, altera el metabolismo mental negativo, lo que resulta en una pérdida momentánea del conocimiento en estos individuos.

– ¿Y después?

– Como decíamos, ayudamos a todos, agresores y agredidos.

– ¿Cómo llamas ayuda?

– Contamos con una delegación de nuestros superiores para ofrecerles una estadía de refrigerio en una sala de emergencia espiritual. Ocurre, casi siempre, que tanto unos como otros rechazan esta ayuda, prefiriendo volver a la situación equivocada. Pocos, lamentablemente, aceptan la tarea de cambiarse a sí mismos, abandonando adicciones y malas tendencias, única forma de reconstruir sus vidas.

Élcio recordó el accidente. Al mismo tiempo, empezó a dolerle la cabeza. Un dolor casi insoportable...

– No te concentres en el accidente, hermano mío, de lo contrario no podrás ayudarte.

Pero fue demasiado tarde. Élcio, tratando de sofocar el dolor, se acordó de Débora y, sin poder controlarse, una ola de calor recorrió todo su organismo. Con la región genital "en llamas", un deseo sexual compulsivo invadió su cerebro, que comenzó a formular escenas ardientes con Débora.

El tormento abrasador duró unos segundos: como un misil, viajó por el espacio y en un segundo dejó la luz para el crepúsculo. Literalmente aterrizó en una región fangosa. Le dolía la cabeza. De hecho, le dolía mucho todo el cuerpo. Un poco antes de perder el conocimiento, tratando de recomponer los hechos, de entender lo que estaba pasando, tuvo tres pensamientos, en ese orden:

1º – Débora: sexo

2º – Accidente: ¿mortal?

3° – Enemigos del "collar", Royal, Nabuco y los secuaces: ¿dónde estarían?

Se despertó sin saber cuánto tiempo después. Miró a su alrededor y no entendió. Estaba solo.

"¿Dónde estoy? Creo que estoy loco... o muerto", pensó.

Tuvo una respuesta inmediata a la tercera pregunta que acababa de hacer. Él escuchó:

– ¿Buscarnos?

Ellos eran los obsesores "dadistas."

Quería huir. Pero, ¿dónde? ¿Cómo eran solo allá?

– Mira – gritó Royal –, ha vuelto. ¡Ahí está el fugitivo! Tratemos con él.

Intentó escapar, intentó correr, intentó reaccionar. Esto no hizo más que redoblar los castigos. El "collar" volvió al cuello y recibió una paliza como nunca se imaginó.

– ¡Golpeen! ¡Golpeen más! Y recibe un golpe.

El jefe miró a un asistente y éste comprendió de inmediato. Colocó a Élcio acostado, boca abajo, y se puso de espaldas. De vez en cuando le pisaba la nuca, haciendo que su cara se hundiera en el barro...

Sí: fue en la región de los pantanos...

Después de haber sido sometido repetidamente a esta brutalidad, la resistencia de Élcio estaba agotada. Perdió por completo la noción de dónde estaba, quién era, qué había hecho, estaba haciendo o haría...

Fue arrastrado en un doloroso desplazamiento y, en su mente, Débora fue arrojada "fuera del sistema solar."

¡El tiempo es el guardián de la vida y el progreso!

Cuenta la leyenda árabe que un sultán, sabio, lloraba todos los días por las numerosas joyas que estaba perdiendo... Su tesorero, no comprendiendo el motivo de tanto llanto, preguntó respetuosamente:

– Luz de súbditos, dile a mi espíritu en la oscuridad, ¿qué joyas has ido perdiendo tanto, cada día?

– Cada minuto sin obras en bien...

Sin entender cómo lograba viajar, al sentir que se movía, Élcio imaginó que estaba viviendo una pesadilla. No es posible que estas cosas estén sucediendo. Pero la soga alrededor del cuello, tirada por malvados carceleros, demostró todo lo contrario: era un prisionero, al que le dolía, que se asfixiaba.

Sentir que nos movemos al azar es una de las sensaciones humanas más incómodas.

– ¿A dónde vamos? ¿A dónde vamos? – Logró gritar, desesperado, bajo un miedo aterrador. Bofetadas y risas crueles, las respuestas.

Pronto, la aproximación de las luces anunció la llegada, causando gran alivio al prisionero. Sintió un olor que exhaló al detenerse: ¡juego! Ese olor era inconfundible, he aquí, el tabaco y el alcohol templan el aliento de quienes frecuentan estos ambientes y, como consecuencia de sus exhalaciones, se forma una verdadera nube venenosa, que envuelve el lugar y sus alrededores.

La codicia de todos es la encargada de dar el tono oscuro que forma el marco espiritual en los casinos.

En eso, escuchó un sonido inconfundible: ruedas de ruleta girando... "¡¿Es posible?!" Lo era. Estaba frente a un casino. Energizado en parte por la sintonía con el entorno, un verdadero "hábitat" para su adicción – la compulsión de jugar –, se armó de valor y actuó como un jugador:

– ¿Por qué yo? ¿Qué quieres realmente de mí?

– Eres especial, camarada. Tienes el ungüento, la sustancia... Y por eso nos volvimos a encontrar. Es una simple cuestión de sintonía, amiguito.

– Ese es tu problema: siempre me abordas con acertijos. ¿Qué es esto que ahora llaman "ungüento" y "sintonía"?

– Sí... esa cosa que marca las cartas, los dados, las fichas... y que sale de tus manos...

– ¿De qué estás hablando?

– Y ese es tu problema: hacerte el ingenuo. ¿Por qué crees que siempre ganas en el juego? ¿Por qué? ¿Eh?

– Me imagino que es porque soy un buen jugador.

El tono, más que las palabras, mostraba vanidad, superioridad..., orgullo al menos.

– ¡Mal, idiota! No eres un buen jugador. Eres como unos alicates o un martillo.

– ¡¿ ?!

– Eres solo una herramienta en nuestras manos. De hecho, incluso te han prestado para ser utilizado por otro equipo, pero desde entonces que se acercó a esa "cosita bonita", estábamos esperando tu regreso.

– ¿Equipo? "Cosita linda"? ¿Quién me usó? - Pidió preguntar. Conocía las tristes respuestas.

– Oh, oh, oh... ¡como pidas! Te acompañamos cuando solo pensabas en jugar. Luego te pidieron prestado. Te hicimos ganar y perder el juego con el padre del gatito, como un favor a Nabuco y su gente. Cuando saliste con la chica, en el coche, parece que perdieron la oportunidad de aprovechar sus sensaciones.

Élcio confirmó: Débora era la "cosita bonita" a la que se referían aquellos delincuentes. Sus sentimientos por ella, que sabía correspondían de algún modo, le habían hecho cambiar de opinión. "¡Oh! así que al cambiar de pensamiento me desconecté de otros "enemigos", siendo aprisionado por estos…."

"Débora…" pensó.

"Si vuelves a insistir en la desobediencia" - amenazó Real – démosle una dosis más fuerte de medicamento.

Élcio tembló. Recordó el abrumador sabor del limo entrando por su boca y fosas nasales, llegando a sus pulmones y estómago. Sintió náuseas en ese momento.

– "Masajista", presta atención: cuando lleguemos obedece amablemente y te daremos una comisión.

"¿Por qué me llaman masajista? ¿Y qué comisión me darán? - Pensó Élcio.

– Obedecerás nuestras órdenes y tal vez ya no te golpeen más. ¡Bobo, te ofrecemos placer y tú nos devuelves la ingratitud!

– ¿Placer? ¿Es un placer golpear?

– Claro que no. Solo te golpean porque eres desobediente. Obedece y serás feliz. Muy feliz...

– ¿Feliz? ¿Aquí contigo?

– ¿Ves lo testarudo e ingrato que eres? Creo que necesitas una nueva dosis de medicamento...

– ¿Qué medicina? - Nuevamente preguntó solo por preguntar, porque sabía la respuesta.

Las intensas luces casi lo cegaron. Poco a poco se fue acostumbrando a la luz. Al crecer, sintió escalofríos, de la cabeza a los pies. La magia de ese entorno lo envolvió rápidamente. Pero, ¡vaya! tristeza: ¡no tenía entrada para jugar! Ni sus esclavizadores. Sin embargo, allí no se sintió esclavo, sino superior a los demás.

– ¡Jueguen su juego, caballeros! – Invitó el *croupier*.

– ¡Lo haremos! – respondieron los espíritus, excepto Élcio, en estado de shock, pero ya involucrándose.

– Negro, treinta y dos...

– Rojo, doce...

– Negro, veintiuno...

– Negro, cuatro...

Y la ruleta gira, gira...

Cigarrillos, bebidas alcohólicas y drogas ilegales: estos inseparables y desafortunados compañeros, ¡juntos no tienen ni la mitad del potencial esclavizante del juego!

Por encima de la esclavitud del juego, solo el sexo salvaje.

Élcio lo olvidó todo. Lo dominaba una ansiedad incontenible: tenía que jugar cueste lo que cueste. Pero, ¿de dónde sacarías el dinero?

– ¿Cómo así? ¿Cómo jugar sin fichas? ¿Estás loco? Nadie nos ve... Nadie nos ve...

Las bofetadas, en dosis altas, quitaron la histeria de Élcio.

– ¡Estúpido! ¡Estúpido! Solo tienes que obedecer. Sabemos lo que hacemos. Tienes un "ungüento" en tu cuerpo y vas a jugar con él, o mejor dicho, se lo vas a aplicar a los jugadores, para que ganen...

– Pero, ¿cómo es posible?

– ¡¿Como es posible?! ¡Eres muy desagradecido! ¿Llevamos tiempo aconsejándote así y todavía lo dudas?

– ¿Hace tiempo? No estoy entendiendo...

– Qué ingenuo eres. ¿Por qué crees que casi siempre ganas? ¿Eh? ¿Eh? Es porque te ponemos tu ungüento a las cartas o a los dados...

La información fue fantástica, ¡increíble de hecho!

Los obsesores se referían a la mediumnidad de efectos físicos, como la de Élcio, mediante la cual los médiums donan una sustancia extraordinaria llamada ectoplasma [11]. Los obsesores llamaron a esta sustancia ungüento, de ahí el apodo de masajista.

– Se ha hablado mucho de ello. Actuemos. ¡A los datos!

La orden sonó como una dulce melodía para los oídos de todos. Incluso para Élcio, que al mismo tiempo se atrevió:

– Pero... ¿Qué pasa con el dinero?

– ¿Dinero? – se rieron los "dadistas", dirigiéndose a una de las mesas de dados, todas cubiertas con tela satinada de color verde, con cuadrados en la mitad de su extensión, de variados colores, con

---

[11] Ectoplasma: término utilizado por primera vez por Charles Richet (1850–1935), fisiólogo francés, Premio Nobel de Medicina en 1913, en su *Traité de Métapsychique*" – "Tratado sobre la metapsíquica" –, investigando las facultades paranormales. En este caso, los médiums que tengan la condición de emanar esta sustancia (ectoplasma) para una variedad de fenómenos mediúmnicos, siendo el principal el de "materialización." Nota del médium.

números del 2 al 12, repetidos varias veces, sin ningún orden secuencial.

Varios jugadores se reunieron en un extremo de la mesa, desde donde lanzaban los dados, tras colocar sus fichas en las casillas que habían elegido para la apuesta. Hace tiempo que nadie gana.

Un mismo jugador a veces colocaba fichas en varias casillas, pero aun así los números de los dos dados lanzados no coincidían con sus intenciones.

El juego fue el más rápido de todo el casino. Y ese banco es sin duda el más rentable.

– ¡Juégalo! - Dijo Royal, jefe dadista. Élcio no entendió la orden que se le dirigió.

– Recoge y tira, imbécil: pasa el número cinco en los dos dados.

Incluso esta vez Élcio no sabía qué hacer.

A pasos agigantados, sus perseguidores le obligaron a coger fichas y dados. Resulta que obedeció la orden, pero su mano la atravesó, sin moverlas. Aun así, intentó fijar sus pensamientos en el número cinco de los dos dados. Incrédulo, vio los rostros con ese número cubrirse de un extraño vapor.

– Arriésgate al diez, amigo – uno de los asistentes de Royal sopló cerca de la oreja del jugador rojo, repitiendo estas palabras hasta el cansancio. El hombre, aunque no escuchó nada, registró el "consejo" en su subconsciente. Jugó en diez. ¡Ganó!

Al mismo tiempo, Royal casi puso su boca en la del jugador, de donde exhalaba una especie de humo, que le fue transferido al mismo tiempo.

Siguieron varios movimientos más y el hombre ganó más de lo que perdió, siempre en números elevados: ahora nueve, ahora once, ahora diez, ahora doce... Cada compañero de Royal tomó su turno para recibir esa fantástica transfusión.

Élcio fue el último.

Luego otro orden:

- Hoy vas a probar suerte en el póquer - le ordenó Royal.

Por orden, Élcio fue empujado violentamente cerca de una mesa de póquer. Cuatro jugadores estaban concentrados, con cartas en mano. Ninguno captó el acercamiento de los siniestros jugadores de lo invisible.

- Miren el juego de pamoñas - ordenó el jefe a Élcio, quien, con cierta desgana, pero al mismo tiempo con placer, examinó las cartas en las manos de los hombres.

– ¿Quién ganará?

– ¿Cómo sabré?

– Mira la baraja de cartas.

Élcio miró. ¡Las vio! Vio las cartas, una por una, ¡aunque estaban boca abajo! Estaba embelesado.

– ¿Entonces? Ahora todo lo que tienes que hacer es ver quién pedirá cartas y descubrir si las cartas ganarán. Cuando lleguen las cartas correctas al juego correcto, masajea las cartas: ¡una o ambas!

Y así pasaron tres rondas.

Al cuarto, Élcio exclamó orgulloso:

– ¡Aquél! Las siguientes dos cartas le darán un juego espectacular.

– Luego pasa tu mano sobre las cartas que están sobre la mesa y abrázalo.

- ¿Abrázalo? ¿Para qué?

De un tirón, Élcio cayó encima del hombre.

– ¡Abrázalo!

Temiendo una mayor agresión, pasó la mano por dos cartas de la baraja y abrazó al jugador por detrás.

- "Es sorprendente cómo mis manos logran atravesar las cartas", pensó Élcio. Los espíritus se dieron cuenta que las dos cartas sobre las que Élcio había puesto sus manos estaban ligeramente empapadas de humo, casi vapor. Se acercaron al hombre y le dijeron a coro: "¡Compra dos!"¡Al mismo tiempo, el hombre sintió una indefinida sensación de victoria! Pidió dos cartas.

Luego, los espíritus rodearon la mesa e instaron a los otros tres jugadores a aumentar las apuestas, mientras les decían a cada uno que él sería el ganador y que los demás estaban mintiendo.

Las apuestas subieron extraordinariamente y el resultado fue el que esperaban los jugadores que lideraban la ronda: ganó el hombre que Élcio aun abrazaba y saltó llevándolo alto sobre su espalda, tal era el agarre que los unía, o mejor, la sintonía psíquica que se magnetizaba mutuamente: jugar, jugar, jugar; ganar, ganar, ganar.

* * *

Muy pocos mantendrían el equilibrio si pudieran ver cómo se desarrolla la desafortunada simbiosis entre los espíritus obsesivos (desencarnados), Élcio (encarnado, pero allí actuando a través del periespíritu) y el jugador vencedor. En efecto, de este último, del pecho a la cabeza, una especie de niebla que los obsesores bebían en éxtasis: ¡el sabor de la victoria, de ganar en el juego! Era aquel un espectáculo triste y siniestro, en el que una persona encarnada suministraba energías deletéreas a espíritus desencarnados, ávidos de sensaciones groseras; Más triste aun era el hecho que este tenebroso intercambio fuera realizado por una persona encarnada, obligada a actuar por el mal, como si fuera un esclavo. Pero disfrutándolo.

Esta condición de moverse en el periespíritu y actuar conscientemente era una herramienta sublime que los protectores espirituales le habían prestado en esta existencia terrena, para realizar tareas salvadoras. Con ello podría redimir deudas ardientes, inscritas en su conciencia y consignadas durante mucho tiempo en páginas anteriores del libro de sus vidas pasadas.

✳ ✳ ✳

Así pasaron la noche Élcio, los obsesores y los hombres. Curiosamente los que perdieron fueron precisamente los que más querían seguir jugando...

En cada partido, debidamente asistido por Élcio, el jugador ganador exhalaba esa misma "nube energética", que era aspirada por los espíritus vampirizadores, en la expresión adecuada del notable espíritu André Luiz, en varias obras psicografiadas. Como prometieron, cuando se hartaron, dejaron que Élcio sorbiera una porción de esa niebla. Mientras sorbía su porción, tuvo la extraña sensación que al inhalar ese tipo de aliento, de alguna manera se vigorizaba.

Después de muchas jugadas, sucedió algo extraordinario:

– ¡Muy bien! ¡Muy bien! Se han servido y ahora es nuestro turno.

Fue un espíritu el que habló así, acompañado por un robusto "guardia de seguridad", de unos diez espíritus más.

– ¿Quiénes son ustedes? - Preguntó Real.

–Tito. Dueño de este "punto." Les permitimos usarlo y siempre lo haremos, a través de un acuerdo de seis por uno.

– ¡¿Que es eso?!

– Usas nuestra casa seis veces y pedimos prestado al masajista una vez...

– ¿Pedir prestado al masajista? ¿Para qué?

– Nuestro problema.

Royal no entendió, pero debido a las circunstancias, más concretamente a la truculencia estampada en los asistentes de Tito, accedió. "Por cierto", razonó, "¿qué tenía que perder?"

Así, en los días siguientes, Royal, siempre al frente de su equipo y de Élcio, volvió al casino cinco veces más, tras lo cual el "masajista" fue "traspasado, en calidad de préstamo", al grupo de Tito.

– Mañana lo recuperarás.

Élcio se sintió como un objeto. Nada más que un objeto. Se mudó de aquí para allá, se usó, se cambió, se alquiló y se devolvió.

– ¡Mira aquí! - Le dijo Tito a Élcio, mientras salían del casino.

– Si cooperas, estarás bien, de lo contrario...

Al salir, Élcio tuvo un shock tremendo: afuera del casino, sintiéndose mal y siendo atendido por algunas personas, estaba el hombre al que había ayudado a ganar a los dados. Al poco tiempo desencarnó.

– ¿No lo reconoces, muchacho? Este es ese dadista que tú y tu equipo chuparon sin fin...

Han llegado. ¿A dónde?

En una fila.

– ¡Dios mío! – se lamentó Élcio.

– Detén estas ideas. Si intentas huir de nuevo, acabaremos contigo.

– Pero no intenté huir...

– Sí, lo hiciste. No tienes que pensar en estas cosas. Ni siquiera te pongas sensible. Para aprender, tómate este aperitivo.

Expresándose así, Tito hizo una señal a dos asistentes, quienes al mismo tiempo atacaron a Élcio.

Incluso cuando lo golpeaban, comprendía, vagamente, que desaprobar eso (las peleas de gallos), incluso en el pensamiento, era visto como un "intento de fuga"; o, aun así, cuando estaba un poco arrepentido, un poco emocionado, los agresores – había pasado lo mismo con Nabuco y Royal – se ponían nerviosos, imaginando que quería escapar.

– Vamos: ¿qué animal es el campeón?

– ¿Cómo sabré...?

– Fíjate bien en cada uno y mira cuál es el más fuerte.

Sin entender absolutamente nada de eso, Élcio miró los gallos: todos eran fuertes, sanos y atentos, con espuelas poderosas. Algunos tenían cicatrices que delataban peleas anteriores.

Se sabe que una pelea de gallos termina cuando muere uno de los combatientes, o ambos, lo que suele suceder. Si hay un empate, pobres pájaros, tan lisiados están, solo les queda la muerte. Dependiendo de las lesiones, en casos raros, el animal es tratado y después de dos o tres meses regresa al ruedo. Sin embargo, lo que más sucede es que ellos, con grandes heridas, son llevados a un ambiente, en la parte de atrás, llamado "rebolo", donde los dejan seguir peleando, hasta la muerte, como castigo, por no haber hecho la pelea interesante." Algo parecido al castigo de los rarísimos gladiadores que intentaban perdonar al enemigo. Estos torneos son ilegales. En ellos se reúnen decenas, y a veces incluso cientos, de apostadores, normalmente los fines de semana. Casi siempre, en los torneos hay primera y segunda división – en eso, los gallos son de gente rica, con seguimiento veterinario y super alimentos (avena, huevos, leche, zanahoria, pipas y maíz); ya en esto, están los más débiles, de pobres propietarios. En la primera división se dan premios incluso para los coches nuevos, en la segunda, pequeñas sumas de dinero, a veces incluso cabras o bicicletas.

Allí fue una pelea de primera división. Por lo general, las peleas de gallos duran de 40 a 60 minutos. Los distintos combates programados tendrían una duración de 55 minutos cada uno, divididos en tres periodos: uno de 15 minutos y dos de 20.

Los gallos llevaban objetos de aluminio yuxtapuestos a sus picos y espuelas, proporcionándoles condiciones para herir más a sus oponentes.

* * *

¡Asombroso!

Incluso desde la Espiritualidad, no hay manera de describir el horror que en el futuro se reflejará en los espíritus de quienes aprecien las escenas que transcurren en tales ambientes. Los peldaños más bajos de la iniquidad son la base de las personas que promueven estos espectáculos, equiparándolos a quienes los contemplan emocionados. Estos combates existieron en la antigua China, Grecia y Roma, entonces "máximos exponentes de la civilización, la cultura, el progreso..." ¡Oh! ¡Infeliz Humanidad! Ni siquiera los siglos han logrado quitar del planeta Tierra estas manchas traídas de los sótanos del mal humano. Por el contrario, las conciencias pétreas los hacían más sofisticados.

Ninguna criatura humana debería sorprenderse ante cuadros de gran dolor en el escenario terrestre. Es la ley que lo que se siembra, se cosechará. Entonces...

* * *

Élcio sintió pena por los gallos. Ése era el absurdo de los absurdos: ¿cómo puede un ser humano...?

Recibió golpes muy fuertes, que le dolieron mucho.

– ¡Deja de intentar escapar! ¡Te lo advertí! Dime ahora ¿cuál es el más fuerte? La pelea está por comenzar...

Élcio no supo qué decir. Los dueños de los gallos y más de doscientos asistentes realizaron apuestas millonarias.

Miró a los dos pobres animales. Llamó la atención correctamente.

Nunca pudo explicar por qué los animales se inquietaban ante su aproximación, ya que se sabía que era invisible. Casi todos los seres humanos ignoramos que los animales, aunque no tengan atributos mediúmnicos, no por ello dejan de capturar vibraciones espirituales adyacentes. Algo así como la ligera sensación de frío o calor que siente el bañista cuando se adentra en el mar y lo atraviesa por pequeñas corrientes marinas.

— No sé cuál ganará...

— Tienes que saberlo: ponles tu "ungüento" y mira a cuál le sale menos. Éste será el más débil, por lo que el otro ganará.

Él obedeció, temiendo nuevas agresiones. Comenzó a acariciar a los dos gallos; al mismo tiempo, lo que parecía una raza "india" recibió más "ungüento." En el mismo momento, el aura del pájaro comenzó a presentar un tono rojo oscuro muy fuerte. Tito se acercó al dueño del gallo y le susurró insistentemente al oído:

— ¡Apuesta en grande! ¡Apuesta en grande! ¡Apuesta en grande!

Inmediatamente, el hombre decidió arriesgar una fortuna. Ofreciendo una gran ventaja en las apuestas, sobre la base de tres por uno, estaba en juego una suma elevada. Como lo que estaba en juego iba mucho más allá de lo que había previsto, tuvo que "acumular" una cantidad que, en caso de derrota, lo arruinaría. Pero no podía ver nada más: solo pensaba en apostar, ya que algo le decía que ganaría.

Ese "algo" seguía incitando: "¡disfruta! apuesta más! No tengas miedo, vamos a ganar."

Élcio quedó perplejo por lo que vio y escuchó y más aun por el "vamos", indicando que Tito también ganaría. Pero, ¿qué?

La pelea literalmente estalló. La expectativa era asombrosa cuando el árbitro autorizó el inicio de la pelea.

Tito se pegó al dueño del gallo y sus secuaces también se sumaron a los apostadores que también se arriesgaban a ganar ese gallo.

Más que los encarnados, los espíritus se regocijaron. Élcio no entendía lo que estaba pasando. Pocas veces ha habido una pelea así.

Es inútil describir hasta qué punto el hombre degrada y ataca la moral cristiana, como en ese escenario. Consignar detalles de esto sería una falta de respeto imperdonable al papel, que tantas sublimidades ha registrado desde que reemplazó a la piedra, la madera o el papiro.

Al ver a los dos gallos luchando entre sí en un combate mortal, Élcio empezó a sentirse mal. Le vino a la mente una clase olvidadiza, en la escuela primaria, donde los gallos se mostraban poéticamente como los "despertadores del mundo", con su tradicional buenos días de "có–có–ró–có–có..."

Las lágrimas le quemaban las mejillas, eran tan calientes, tan dolorosas, tan amargas.

Cuando el gallo "indio" realmente ganó, los obsesores practicaron respiración boca a boca con los apostadores ganadores, de los cuales el "aliento de victoria" fue expulsado y aspirado al mismo tiempo.

– ¡Dios mío! – Exclamó Élcio, profundamente arrepentido de haber hecho lo que había hecho.

Sin que Tito ni sus secuaces pudieran detenerlo, también porque disfrutaban de las energías dañinas que emanaban de los ganadores, Élcio se lanzó a la pelea. Tal fue su decisión que el gallo ganador saltó hacia atrás, en un movimiento inusual para los ganadores. Una vez más, hubo evidencia de percepción espiritual en los animales. Al ver al perdedor tendido, retorciéndose en convulsiones que denunciaban un dolor atroz, Élcio tuvo un acto de piedad: miró al cielo y pensó: "Dios, Padre mío y Padre de esta pobre ave, no la dejes sufrir." Afectuosamente pasó sus manos por el pobre animal. Al mismo tiempo, incluso él quedó asombrado por lo sucedido: una sustancia realmente parecida a un ungüento comenzó a salir de sus manos y envolvió al animal hasta la muerte, proporcionándole un alivio inmediato, debido a la desencarnación.

Su asombro se debió a que el ungüento parecía estar iluminado…

En ese mismo momento se encontró en otra parte, en un jardín.

10.- AYUDA A LA VISTA

– ¡Gracias a Dios! - Dijo un hombre de mirada fraternal, vestido de blanco.

– ¿Dónde estoy? ¿Eres un doctor?

– No, hijo mío. Solo soy el enfermero encargado de este Puesto Espiritual. Por aquí me llaman Jules. Estás en la "Posada de los Afligidos."

– Estoy volviéndome loco. Hace un rato estuve en una pelea. Creo que me desmayé cuando vi esas horribles escenas.

– De hecho, no hubo ningún desmayo, sino más bien un traslado, a petición de tu espíritu protector, quien intenta guiarlo y ayudarlo. Fue por mérito que llegaste a este, que es un puesto intermedio entre lo que podríamos decir "Tierra y Cielo." Aquí, los espíritus que aun realizaban tareas terrenales, bajo la supervisión de otros, ya desconectados de sus vestiduras físicas, pasaron algún tiempo aquí. Tú estás en el primer caso y yo en el segundo. Divido mi tiempo entre actividades en este puesto y en la "Siembra de los Espíritus"[12], que supervisa varios otros puestos como este.

– No sé cómo no me he vuelto loco todavía... ¿O ya lo estoy? Tú... tú... dime que yo no morí y que eres un "alma del otro mundo", ¿verdad?

– Puedes llamarme Jules o simplemente llamarme tú. Soy responsable de tu evolución espiritual y trato de ayudarte, lo cual

---

[12] Ciudad espiritual, descrita en el libro *"El Prisma de las Mil Caras"* del mismo autor espiritual de esta obra. Nota del médium.

hago con gran alegría. Estamos vivos, los dos, solo que en diferentes dimensiones. Nada que admirar. El Amor de Dios te trajo aquí tan pronto como tu corazón hizo una oración sincera. Allí en el hoyo, tu conciencia te mostró el error de aquello y tu corazón despertó a la compasión por los humildes e infelices animales, víctimas de la ignorancia y del mal humano. Eso era bueno. Fue una oración.

– ¿Cómo es que Dios deja sufrir tanto a esos pobres gallos?

– El dolor, por mucho que nos duela el alma verlo en los seres vivos, es uno de los mecanismos de aprendizaje más eficientes. Todo dolor es episódico y solo el amor dura para siempre. En los hombres funciona como freno a comportamientos incorrectos, ya que tienen inteligencia y opción de elegir entre el bien y el mal. Si no hubiera dolor que detuviera el error, muchos hombres estarían condenados al castigo eterno, al que erróneamente se refieren varias religiones, porque quienes practican el mal ininterrumpidamente, también sin interrupción, tendrían que estar rescatándolo.

– Jules, sin querer ser impertinente, no puedo entender cómo Dios, siendo Padre de todos los seres vivientes, como me enseñaron en la evangelización, cuando era niño, deja sufrir a millones de animales. Es justo que el hombre, siendo responsable de sus acciones, siendo inteligente y libre de elegir cómo actuar, sea igualmente responsable de lo que hace. Pero en cuanto a los animales, ¿cómo podemos entender que algunos sufran tanto, mientras otros disfruten del cariño de sus dueños?

– Esta duda no es solo tuya, muchas personas piensan como tú, encontrando más difícil aceptar la Justicia Divina en el caso de los animales que sufren, siendo todos inocentes. Pero no hay razón para dudarlo. Dios, siendo la Inteligencia Suprema y Creador de todo lo que existe, no cometería un error tan singular. Sobre Dios, dicho sea de paso, conviene que el hombre nunca, pero nunca, dude de Su Perfección.

– Ésa es exactamente la dificultad: tanta injusticia en este mundo…

– El sufrimiento humano es la cosecha resultante de una mala siembra. En el animal, en cambio, otra debe ser la comprensión: el dolor que lo visita tiene una función pedagógica; es decir, para que registre en su memoria espiritual, individualizada y eterna como la de los hombres, que no es agradable sufrir, de lo contrario; con este conocimiento impreso en él, vivirá diversas experiencias en el reino animal, a través de vidas sucesivas, hacia la evolución, que es inexorable, como es Ley Divina. Evolucionando, el principio inteligente existente en el animal evolucionará hasta llegar al espíritu racional, así como los hombres que se perfeccionan en el bien llegan a la condición de ángeles.

– ¡¿Los animales se convierten en hombres?!

– Los seres vivos inician su trayectoria evolutiva desde los reinos inferiores de la naturaleza, siendo este uno de los más elaborados en cuanto al ciclo de la evolución. El hombre aun no conserva suficientes conocimientos para juzgar cómo se procesa ese progreso. Sin embargo, no contradice el sentido común la idea que diferentes animales evolucionan dentro de su especie, hasta volverse mansos y reunir condiciones para alcanzar la posesión de una inteligencia a un nivel que les permita promover el reino humano[13].

Jules hizo una pausa y continuó:

– Te pongo un pequeño ejemplo: esos gallos que viste pelear, probablemente sean un paso evolutivo por delante de las aves

---

[13] En *"El Libro de los Espíritus"*, de Allan Kardec, el lector encontrará una comprensión más profunda de esta cuestión –el progreso de los animales–, hasta las preguntas 601 a 610. Nota del Médium.

rapaces y un paso previo a las aves dóciles, esquivas y aterradoras, como la polla de agua, la angola enana que, a su vez, serán las dulces palomitas que comen maíz de manos de extraños. Otro ejemplo: el dócil gatito que no se levanta del regazo de su dueño, todo ronroneando, habrá sido la temible pantera de ayer, así como el pacífico perro mestizo, ejemplo de lealtad, habrá sido educado como una hiena, como un lobo, como un perro, etcétera.

– ¿Y los bueyes que son cruelmente sacrificados en los mataderos?

– A modo de reflexión, podemos juzgar que a nivel evolutivo de nuestro planeta, el sufrimiento del ganado en los mataderos, al mismo tiempo que se convierte en alimento del que el hombre aun no puede prescindir, debido a su atraso moral, les proporciona una notable lección de dolor. Y lo más probable es que no sea necesario repetir esta lección en el mismo animal. Al haber muchos mundos en el universo, estos estudiantes que sufren pueden ser trasladados a uno de ellos, donde serán objetos de respeto y amor. Los animales que son invitados obligatorios de los zoológicos valoran la libertad, ¿no es así? En cuanto a todos los demás animales que sufren crueldad, no tenemos ningún inconveniente en asumir que no hay necesidad de esto, que podemos llamar dolor–maestro, los guardianes espirituales que cuidan de la especie les proporcionan anestesia en el momento en que son heridos.

– ¿Dios creó el dolor?

– El Padre, Bondad Absoluta, no crearía dolor. Sin embargo, siendo Justicia Suprema, engendró mecanismos para que el equilibrio universal nunca se rozara siquiera. Por tanto, no podemos decir que el dolor fue una creación, ni de Dios ni de los hombres.

Hasta donde podamos hacer suposiciones, es un maravilloso mecanismo de advertencia para todos y cada uno de los procedimientos que van en contra de la Ley del Amor. Amor que incluso entre las bestias se manifiesta, ya sea en los rudimentos maternos con los cachorros. En cualquier caso, es un consecuente, nunca un antecedente.

Después de tres días en la "Posada de los Afligidos", Élcio se sintió parcialmente recuperado de los problemas que había experimentado en los últimos tiempos, desde el accidente. Podía ordenar sus pensamientos, pero no podía comprender cómo se estaban procesando tantos hechos en su vida. Buscó al asistente y le preguntó:

– Jules, hay una serie de cosas que no entiendo: Recuerdo que tuve un accidente automovilístico, vi cómo se llevaban mi cuerpo en una ambulancia y luego fui encarcelado por delincuentes que me obligaron a obedecer. Si mi cuerpo está en un hospital, ¿cómo voy a llegar de aquí para allá, así sin más? Por favor dime la verdad: ¿es esto... la muerte?

– No, Élcio, esto no es la muerte. Es la vida, en otra dimensión, que ofrece una pausa a quienes viajan por caminos peligrosos, a veces a gran velocidad...

– Pero no estaba corriendo...

– No me refiero al accidente de coche: me refiero a tu conducta. No soy juez y no podría serlo si quisiera, porque cometí errores y sigo cometiendo muchos errores. Pero lo que sé de las Leyes de Dios me da la certeza que lo que la Medicina terrena llama "coma", en casi todos los casos es una oportunidad que Jesús ofrece a alguien, para revalorizar compromisos…

– ¡¿Compromisos?!

– Sí, compromisos adquiridos poco antes de cada reencarnación, destinados principalmente a progresar espiritualmente, al mismo tiempo que redimir las deudas, casi siempre acumuladas en existencias anteriores.

– Me parece complicada esta cuestión de las deudas asumidas en otras existencias...

– Intentaré explicar mejor, mostrando algunos conceptos sobre la vida, todos ellos fruto de reflexiones, nunca de certezas: cada ser humano es un espíritu, creado por Dios, yendo desde el principio hasta los reinos inferiores de la creación. Largas etapas... Inicialmente, en el reino mineral, donde el principio inteligente, que es la creación inicial del ser, adquiere la propiedad que lo acompañará para siempre: la agregación atómica; es decir, en formación corpórea. Entonces, sin ningún bagaje espiritual, está equipado con instintos: supervivencia y procreación. Progresando, pasa del vegetal al animal y de allí al hombre.

Élcio no pudo resistir su curiosidad:

– ¿Quién se encarga de todas estas etapas, como dices, además de los ascensos a reinos superiores?

– Son los Siervos del Señor, espíritus muy elevados, sabios, que transitan en esferas sumamente más sutiles que las de la psicósfera terrestre. Son verdaderos ingenieros de la vida, cumpliendo estrictamente las prescripciones de las Leyes de Dios, con infinito amor, alto sentido de la justicia y la celestial compañía de la caridad de Jesús, quien es nuestro gobernador planetario, por delegación del Supremo Creador – ¡Dios!

Al pronunciar esta reflexión, Jules no pudo evitar que las lágrimas corrieran por sus mejillas, tal era su emoción al referirse a Dios y a Jesús.

Ofreciendo una pausa a Élcio para asimilar sus reflexiones, Jules pronto siguió:

– Al entrar en el reino de la razón, el ser queda ahora dotado, además del instinto, atenuado, de inteligencia, libre albedrío y conciencia. Este espíritu también está, como en el reino animal, recubierto de un cuerpo fluidico semi material, llamado periespíritu, solo que entonces más sutil y mejor elaborado. Es a través del periespíritu que el espíritu transita por los mundos – escuela donde aprenderá cada vez más. Nacer, vivir, crecer, actuar, morir, renacer y repetir este ciclo, tal es el sistema sublime creado por Dios para que cada uno desarrolle potencialidades y dones, hacia la eternidad. Siempre aprendiendo, siempre evolucionando. El Espiritismo, muy clara y lógicamente, explica todo esto cuando se trata de las leyes de la reencarnación. Enseña la Doctrina de los Espíritus que nacemos y morimos muchas veces...

– ¿Por qué no nacemos una vez y aprendemos todo?

– Sería imposible, en el corto espacio de una sola existencia terrena, aunque durara mil años, aprender y practicar, en su totalidad, la Ley del Amor, que es la meta de todos nosotros. Para comprender mejor la dimensión del tiempo, sin mencionar la inimaginable dimensión de la inmortalidad, considere que si alguien quiere hacer una "pequeña visita" a un amigo que se encuentra en otro mundo de nuestro sistema, la energía solar tardará algún tiempo hasta que, por mérito moral evolutivo, pueda recubrir su periespíritu con los fluidos de ese mundo, para poder aterrizar allí y permanecer.

– Pero, ¿no tiene este mundo todo lo que necesitamos saber?

– Solo la expresión geográfica del planeta Tierra ya demuestra que, en el concepto astronómico, no es más que un simple grano de arena cósmico – grano sublime –, con una edad aproximada de 4.500 millones de años. Y sus inquilinos más evolucionados – nosotros – todavía no hemos aprendido a vivir juntos en paz. El Maestro Sublime nos visitó hace dos mil años y, a través de la incomparable pedagogía del ejemplo, iluminó el panorama espiritual terrenal con lecciones de Amor. Yo pregunto: ¿hemos aprendido estas lecciones?

– No estoy lastimando a nadie...

– Esto es muy relativo. Repito que no soy juez. Pero reflexiona: quien no hace daño, pero tampoco hace bien, está en inacción moral. Y la inacción, que impide la dinámica de la vida, ya es un mal...

– Jules: la chica que estaba conmigo… Débora… ¿murió?

– No. No murió. Pero ella está devastada por lo sucedido. Se entregó a una profunda melancolía. Los padres y el hermano están sufriendo porque, además de las dificultades económicas, Débora ha estado evitando todo, habiendo perdido su trabajo y abandonado la escuela...

– ¡Santo Dios! ¿Todo por mi culpa?

– Solo tu conciencia puede responderte.

– Por mi culpa, sí.

– ¡Reconstruir! Ésta es la lección de la naturaleza, en todo, siempre y en todas partes, donde aparece el desequilibrio. Reconstruye tus acciones, renueva las esperanzas que has robado.

– ¿Cómo? ¿Cómo?

– Ora a Jesús y pide fortaleza, pide comprensión del sentido mayor de la vida, utiliza tus dones...

– ¡¿Dones?!

– ¿Sí, por qué no? Ellos son tu conquista.

– Pero solo sé jugar.

– ¿Ves? Ya eres adulto y me dices que solo sabes jugar. ¿Te diste cuenta de lo pequeña que es una existencia para que aprendamos todo?

– Ya veo...

– Hagamos lo siguiente: te quedarás aquí unos días más, estudiando con nosotros y reflexionando sobre la responsabilidad.

– ¿Estudiar qué?

– Las enseñanzas morales de Jesús, registradas en los Evangelios. Un excelente resumen de la moral cristiana se puede encontrar en "*El Evangelio según el Espiritismo*", obra sublime preparada por Allan Kardec, en 1864, como tercer pilar principal, de los cinco que componen los inquebrantables cimientos y primeros pisos del edificio del Espiritismo. Así es: Kardec codificó el Espiritismo en cinco libros, con el apoyo de los espíritus iluminados, representantes de Jesús. Dicho esto, Jules abrió una carpeta y sacó un ejemplar de "*El Evangelio según el Espiritismo*", de Allan Kardec, que pasó a manos de Élcio.

Extasiado, Élcio notó que el libro irradiaba luz. Lo hojeó al azar y leyó una frase del Capítulo XXVIII, Punto I, Oraciones Generales – Oración Dominical, 3/VI:

Danos, Señor, la fuerza para resistir las sugestiones de los espíritus malignos, que intentan desviarnos del camino del bien, inspirándonos con malos pensamientos.

El entusiasmo religioso duró poco: dos días.

Cansado de sus conversaciones con Jules, aturdido mentalmente por el hecho que no estaba muerto, sino tampoco vivo, Élcio se dio cuenta que quedarse allí no resolvería ni una ni otra situación.

Al anochecer, cuando estaba solo y contemplando el reflejo del sol en un lago en calma, escenario que Jules le había recomendado para la reflexión, se acordó de Débora: "¿Es amor lo que siento por ella? ¿Ella piensa en mí? No me arrepiento de haberla invitado a un encuentro íntimo."

En eso… recordó a los malhechores.

Tan pronto como pensó en ellos sintió una especie de electrificación, indefinida, calentando de nuevo su región genética… "Si puedo, los acabaré. ¡Con todo!" Entonces, un calor extraño invadió su cabeza y empezó a sentirse mareado. Aun así logró pensar, antes de perder el conocimiento: "Solo recordar a esos bandidos me hace hervir la cabeza. Necesito venganza. Tengo que encontrarlos y vengar las humillaciones que me impusieron."

No pudo evitar la dificultad para respirar que de repente lo invadió. Vibrando de odio, comenzó a viajar... de esa manera... sin saber a dónde iba ni qué lo impulsaba.

Pronto, inexplicablemente, se encontró en medio de un bosque. Reunidos en un claro, estaban Royal y sus ayudantes. Había un hombre con ellos, sometido por un collar... Varios hilos de colores tenues salían del cuerpo del prisionero.

"¿Será? – Pensó – ¿Quién es otro encarnado, en coma, esclavizado como yo?"

– Enhorabuena te apareces ante nosotros – le dijo Royal, acercándose y pronto dándole un puñetazo.

Pero esta vez Élcio estaba preparado. Sabía lo que estaba pasando, dónde estaba y cuál era su situación. Lo esquivó y, a su vez, atacó a Royal, quien de hecho no pudo defenderse. Los asistentes vieron la pelea y no hicieron nada. Ganó Élcio. Manteniendo a Royal en el suelo, pisándolo, asumió:

– ¿Más alguien? ¡Era el nuevo jefe!

Los compañeros de Royal llevaban mucho tiempo conspirando para abandonarlo, pero no tenían el corazón. Ahora que Élcio lo había subyugado, con la mayor naturalidad cayeron a su lado, aceptando pacíficamente su liderazgo.

Élcio captó el ambiente. Le gustaba mucho ser jefe, ser respetado, temido.

– ¿Quién es ese? - Preguntó, refiriéndose al encarnado subyugado.

– Es un tonto, un millonario, que se desmayó de tanto trabajar, sin dormir y sin comer adecuadamente.

– ¿Por qué está aquí? ¿Es un jugador?

– Todavía no. Cuando lo trajimos solo pensaba en trabajar, en ganar más.

Royal decidió traerlo para obligarlo a jugar.

– ¿Obligarlo cómo, si no sabe nada del juego?

– Como tiene mucho dinero y solo piensa en ganar más, calculamos que, si se vuelve adicto al juego, dejará el trabajo y será una fuente rica para nosotros.

– Pero si él pierde lo que tiene, ¿qué "ganaremos" nosotros?

– Si alguien pierde… alguien gana. Estaremos del lado de quienes lo ganen y el éxtasis de la victoria será casi todo nuestro, ya que asesoraremos muy bien a estos futuros ganadores de este lote.

¡Simplemente asombrosa, la astucia del mal!

11.- LA "LEY DEL JEFE"

Élcio, ahora "jefe", continuó en el triste ejercicio del mal, aunque no entendía bien lo que estaba pasando. Sin embargo, se sentía fuerte, inseguro de estar vivo, pero "internándose" en el reino de los muertos. Tampoco pudo explicar una extraña impresión que lo siguió: sintió un extraño casco en la cabeza, un guante largo y duro en el brazo derecho y cuerdas atando sus piernas, como inmovilizándolo. Eran los aparatos ortopédicos de su convalecencia, aplicados en su cuerpo físico, reverberando en el cuerpo periespiritual.

Incluso con cierta vanidad, conjeturó: "Solo yo tengo la capacidad de "ver" a través de las cartas y hacer que los dados me obedezcan; además salgo de aquí, de repente, y aparezco en otro lado, solo quiero..."

Recordando sus habilidades, que habían sido explotadas por grupos de bandidos, decidió que tendría su propia banda. Habiendo sometido a Royal, asumiría el liderazgo. Al principio dio la "buena orden":

– ¡Vamos a jugar! Deja ir a ese tonto...

La orden fue incisiva. El tono imperioso, lejos de despertar temores, animó mucho a sus antiguos esclavos, ahora reducidos a secuaces auxiliares.

Cuando liberaron al rico encarnado, con el periespíritu momentáneamente aprisionado en el plano espiritual, lo obligaron a conducirlos a su casa.

La mansión era fantástica en riqueza y lujo.

Le quitaron el collar a Jeferson, el encarnado, y pronto regresó a su cuerpo físico. Élcio y sus compañeros, incluido Royal, ahora también sumiso, permanecieron en la casa esperando que se acercara la noche. Y con ello, el juego.

Horas más tarde, había tres mesas, en una sala del sótano, junto al sótano, con cuatro jugadores cada una. Hombres y mujeres. Una inocente mesa de ping–pong estaba cubierta de vasos de cristal, bebidas, hielo, snacks.

El pife–pafe se volvió loco.

Élcio y su grupo no tuvieron la menor dificultad para entrar, siendo recibidos por un espíritu que se presentó como Elisa, una anciana:

– Yo soy la dueña aquí. Todo me pertenece. ¿Que quieren ustedes?

– Vinimos a jugar.

– Pero no hay lugar.

– Nuestro juego es diferente. Ellos juegan de su lado y nosotros del nuestro...

– Dejo que esta gente juegue aquí porque con eso ayudo a mi marido a ganar...

– Pero sabemos que él no juega...

– Sí, no juega, o si juega, juega poco y mal. Pero hace amistades importantes... Que luego se asocian con él en grandes negocios... Grandes negocios...

– Hoy le haremos ganar de inmediato, a las cartas.

Elisa se acercó a la mesa donde Jeferson, en compañía de tres socios, mayores como él, empuñaban nueve cartas cada uno y le sopló al oído a su exmarido:

– ¡Aumenta! ¡Aumenta!

– ¿Vamos a diez mil? – Propuso Jeferson, provocando cierta alegría en sus compañeros, pues tenía fama de ser un perdedor.

– Sí, Jefferson. De acuerdo. Nueva ronda. Se repartieron cartas.

Elisa se levantó de un salto, apenas capaz de ocultar su alegría. Se acercó a Jeferson y, analizando sus cartas, vio que tenía cinco cartas del palo dorado y cuatro de otros palos.

Élcio y sus asistentes se limitaron a mirar.

Elisa observó jugar a los demás jugadores y mostró preocupación: las perspectivas de victoria de Jeferson no eran buenas.

Élcio, estático. Solo observando...

Elisa se acercó al jugador que debía ser descartado, para que Jeferson pudiera jugar de inmediato. Puso sus manos sobre la cabeza del jugador y determinó entre dientes:

– ¡Descarta ese ocho dorado! ¡Descarta ese ocho dorado! ¡Cumple! ¡Ya!

El jugador, "a mitad de precio", de hecho descartó el ocho de oro. Jeferson lo compró e hizo dos trillizos de oro. Elisa siguió yendo de jugador en jugador, tratando de interrumpir sus movimientos, en "compras" o descartes, para ayudarle. Pero no pudo. El ex marido, incluso con esa ayuda extra, perdió.

Elicio, solo miraba...

– ¿Cuánto tiempo llevas haciendo esto?

– Mucho tiempo... mucho tiempo...

– ¿Te gustaría que ayudemos al Sr. Jeferson a ganar?

– ¡Oh! ¡Eso sería bueno! A veces me siento cansada, duermo un poco y en esas ocasiones simplemente pierde, el pobre... además juega tan mal... lo bueno es que cierra buenos contratos con los que le ganan...

Nueva ronda. A uno de los jugadores se le presentaron dos tríos ya formados y una pareja, solo le faltaba una carta para formar el tercer trío y "ganar."

Élcio ordenó a los asistentes que pusieran la mano delante de los ojos del afortunado jugador, impidiéndole ver bien. Después de algunos movimientos, la carta ganadora estaba en juego y le tocaba robar. Solo faltaba esa carta, no había manera de dejar de ir a la baraja y no a la mesa. Sin embargo, bajo la nefasta influencia de los jugadores invisibles, el hombre se distrajo y no se lo creyó. Fue a la baraja y la carta no era buena. En la continuación, llamó el siguiente jugador: Jeferson. El distraído afortunado casi sufre un infarto al ver que sobre la mesa estaba "su carta ganadora", que no pudo comprar por falta de atención. Élcio se encargaba de "orientar" al dueño de casa, cuándo comprar y qué descartar, mientras sus asistentes se encargaban de molestar a los demás jugadores.

Así que el millonario ganó y ganó a lo grande esa noche.

El hombre, tan feliz, respiró hondo y lo dejó escapar durante un largo rato. Una bolsa de aire cálido se formó sobre su cabeza. Los espíritus aspiraban ese aliento nocivamente asociado a los fluidos pesados, gozando de él. Élcio recordó la primera vez que experimentó eso, en el casino. Eso le disgustaba. Dado que, según la "ley del jefe", él era el primero en beneficiarse y había declinado, los asistentes empezaron a apreciarlo cada vez más.

"Le van a arruinar la salud a mi marido", protestó Elisa al verlos actuar así.

– Si no te quedas quieta, tu salud se acabará...

– ¡¿Tienes el descaro de amenazarme, en mi casa?!

Élcio ni siquiera necesitó dar ninguna orden. Elisa fue agarrada bruscamente por un espíritu bruto, quien la obligó a sentarse y con un gesto de gran falta de respeto la mantuvo pegada a la silla.

– ¡Suéltame, suéltame! ¡Ayuda, ayuda!

Las fuertes carcajadas de los espíritus fueron la única respuesta a las súplicas de la anciana.

El viudo registró algo malo en el inconsciente. De repente se sintió mal.

Propuso el cierre del juego, pero fue fuertemente amonestado:

– ¿Que es eso? ¿Solo tú ganaste hasta ahora y quieres parar? Nada de eso amigo, sigamos...

– Así es... Danos la oportunidad de recuperarnos. Élcio y sus asistentes se regocijaron.

El juego continuó, con el grupo de espíritus dividiéndose entre los otros grupos de jugadores. Algunos espíritus que vagaban por ahí fueron expulsados sumariamente por la banda de Élcio.

Y así continuó el juego, durante dos días consecutivos, con los espíritus dirigiendo los movimientos y extrayendo la energía espiritual que desprenden los ganadores.

– Ya se han quedado "sin municiones" – dijo Élcio, ordenando - "hagamos una pausa. Tenemos "buenos pastos" por delante.

Los espíritus se retiraron y los jugadores se dirigieron a sus casas, apenas podían caminar de lo débiles que estaban.

Al referirse a "buen pasto", Élcio hizo un juego de palabras que solo se notó cuando la pandilla llegó al hipódromo: la idea, ahora, era una incursión en los juegos colectivos, esta vez junto con las carreras de caballos.

En medio de la turbulencia del jockey, donde se acumulaban cientos, tal vez miles de espíritus, algunos casi encima de otros, se dio cuenta que habría problemas para acomodarse con los habituales, cada uno "asistido" por dos, tres y más desencarnados. Los espíritus, observó, luchaban para decidir quién tenía más derecho a atraerse a los jugadores.

Escuche sus comentarios:

– No importa si éste gana o pierde. Lo molestaremos para que apueste y apueste hasta que lo pierda todo. Después ahogará sus penas en alcohol y luego...

– Ahora los tres estamos actuando en equipo, a instancias de un jefe aquí en nuestro plan: también haremos que este tonto pierda mucho, porque hay gente del otro lado (encarnados) que está pagando bien, queriendo para devastarlo, haciendo bien deliciosos los "despachos", con cigarro, aguardiente y sangre negra de animal. Tendremos nuestra parte si lo logramos.

– Por mi parte, deambulo por aquí porque me divierto mucho viendo a tantos soñadores "caerse del caballo."

Y muchos otros espíritus narraron en broma sus actividades con los jugadores, allí tan emocionados...

Élcio, recordando la pelea de gallos, decidió que allí en las gradas no era su lugar: podría ganar mucho más, si podía "masajear" al caballo que elegiría ganar, después de ver el potencial de cada uno de los animales. "Aquí no hay crueldad con los animales", pensó, "así que puedo ganar mucho."

Su intención era "diagnosticar" al caballo ganador y darle una ración extra de energía, a través de su "ungüento milagroso."

Con dificultad, debido al gran movimiento de los espíritus, todos ávidos de las carreras, logró acercarse a la platea. Sus asistentes lo acompañaron, para "brindar seguridad."

Entonces sucedió lo inesperado: allí se instalaron otros espíritus, en número mucho mayor que el grupo de Élcio.

– ¡Intrusos! ¡Intrusos! – Se escuchó un grito de advertencia, que resonó mal en los oídos de Élcio.

Para su sorpresa y la de los asistentes, fueron rodeados por una veintena o treinta "guardianes":

– ¿Qué estás haciendo aquí? ¿No sabes que esta zona está totalmente prohibida? ¿Qué es un "campo minado"…?

– ¿Quiénes son ustedes?

– Somos de la patrulla imperial, que vela por la seguridad del hipódromo.

– Solo queremos visitar…

– No nos engañes. ¡Arréstenlos!

Incapaces de mostrar reacción alguna, los "intrusos" fueron atados unos a otros y amordazados. Con brutalidad fueron tirados en la calle, frente al club, bajo intenso tránsito de vehículos, con riesgo de ser atropellados. Dicho sea de paso, fueron atropellados por coches que pasaron por encima de ellos, provocándoles un enorme miedo, aunque sin lesionarlos y sin que los respectivos conductores – estos encarnados – lo sospecharan siquiera.

Este fenómeno, donde elementos del plano espiritual están impregnados de materia terrenal densa, se justifica por la diferencia de densidad entre ambos. Lo mismo ocurre en el caso inverso; es decir, la materia densa no constituye obstáculo para la materia astral. El periespíritu, aunque semi material, está formado por materia etérea por excelencia, que escapa a los sentidos humanos. En situaciones especiales - sesiones mediúmnicas de materialización, por ejemplo - puede volverse visible e incluso tangible. Cuando se aleja del cuerpo encarnado, como en esta situación de Élcio, permanece conectado por el cordón fluidico o cordón de plata.

En extrema incomodidad, solo pudieron arrastrarse dolorosamente bajo una frondosa higuera, donde unos adolescentes, encarnados, se estaban entregando a la droga…

Los espíritus que acompañaron a los chicos drogadictos ofrecieron:

– ¿Tú?

Desataron a Élcio y a sus amigos y los llevaron cerca de los jóvenes, donde después de cada calada de su cigarrillo, ciertamente de marihuana, sorbían con avidez el humo calentado por el calor de los pulmones que expulsaban.

Sintiendo un dolor intenso, Élcio respiró hondo. Algo renovado, quería más.

Se ayudó él mismo, porque los jóvenes no paraban. Ni siquiera los espíritus...

– ¡Ahora paga!

– ¡´?!

– Bueno, bueno: ¿entonces pensaban que el "buen bien" era gratis?

– Paga...

- ¿Cómo? ¿Con qué?

– Trabajarán para nosotros y ejecutarán nuestras órdenes. ¿De acuerdo?

– Nada de eso – respondió Élcio con valentía, añadiendo - No obedezco a nadie. Además, soy yo a quien hay que obedecer.

El escenario no era propicio para las peleas y las fuerzas eran superiores a las suyas, pero Élcio se equivocó en su actitud y pronto se arrepentiría.

Fue sometido y golpeado.

Bajo una andanada de puñetazos y patadas, rodó por el suelo y vio innumerables hilos saliendo de sus poros y luego juntándose, formando una especie de cordón grueso.

En ese momento, lo que hasta entonces había sido una impresión, se convirtió en un dolor agudo en sus piernas, su pecho comprimido, así como el dolor en su cabeza que venía sintiendo desde que le pusieron ese extraño casco, el cual nunca logró despegar.

Los golpes, especialmente en la cabeza, aumentaron.

Al sentir el tirón de la cuerda, recordó que estaba vivo (encarnado) y que quienes lo atacaban estaban muertos (desencarnados).

Incluso en la paradoja que la muerte esté viva y la vida esté muerta, apeló:

– Jules, Jules: ¡Por Dios, ayúdame!

Acto continuo sufrió un abrupto desplazamiento, saliendo de ese escenario oscuro en el que se encontraba, donde la droga, cercana al juego de las apuestas, marcaba la pauta.

Sin poder explicarlo, tuvo la clara impresión que una granada había explotado en su interior. No podía creer lo que vio: sus piernas unidas por cuerdas de acero que llegaban hasta el techo. Le dolía el pecho, y cuando lo sintió que allí realmente había una armadura real: un chaleco de acero; el brazo derecho, pegado al hombro; al pasar su mano izquierda, la única libre, sintió que estaba toda vendada.

El olor a medicina, característico de los hospitales, le picaba la nariz. La cama estaba llena de engranajes. Sí, estuvo en un hospital. Gritó:

– ¡Ayuda! ¡Ayuda!

La mujer que limpiaba el piso también gritó:

– ¡Ayuda!

– ¡Ayuda! – A coro, Élcio. Pronto llegaron dos enfermeras:

– ¡Dios mío, ha vuelto en sí!

– ¡No lo puedo creer, es un milagro[14]! Vamos a revisar.

Se acercaron a Élcio y con los ojos muy abiertos le tocaron la frente, muy levemente:

– ¿Estás bien?

– Estoy. ¿Dónde... quién... cuánto tiempo llevo aquí?

– Estabas en coma.

– ¿Cuánto tiempo?

– Mejor llama al médico.

Se fueron. La mujer de la limpieza fue con ellos, todavía con expresión aterrorizada.

- "¿Me pregunto lo que está pasando?"

Recordó el accidente: "¡Débora! Me pregunto si ella... ¿murió?

– Bueno, bueno, por fin... Soy el Doctor Ribeiro.

– Encantado de conocerle, doctor. Soy Élcio.

– ¡Qué nace de nuevo!

– ¿Cómo así?

– Mi broma. Estabas entre la vida y la muerte, con muchos problemas postoperatorios. ¿Recuerdas el accidente?

– Sí. Estaba acompañado...

– Al principio te operó un neurocirujano porque tenías problemas en la cabeza. En el brazo y en muchos cortes profundos fui yo quien lo atendió, ya que soy ortopedista. Después de un tiempo viniste aquí, bajo mi cuidado. Hubo tres crisis y tres veces tuvimos que hacer nuevas cirugías, tanto en la cabeza como en el

_____

14 Milagro: designación de hechos naturales, según las Leyes de Dios, que el hombre, incapaz de explicar, proclama como sobrenaturales. Si me permiten, una reflexión muy popular que me gusta mucho define qué es un milagro como actúa DIOS... – Notas del médium.

brazo, porque de vez en cuando tenías convulsiones, como si estuvieras peleando. A veces parecía que estabas golpeando a alguien, otras veces como si te estuvieran golpeando... Así que tuvimos que inmovilizarte parcialmente. Ahora vemos que estás bien. ¡Gracias a Dios!

– ¿Cuánto tiempo llevo aquí?

– ¿Cuánto tiempo crees?

– No tengo idea, tal vez tres días...

– ¡Dos meses! ¡Has estado en coma durante dos meses!

– ¿Ella... Débora... está...?

– Bueno, se rompió el pie, pero ya se fue a casa, recuperada.

Élcio captó, en un milisegundo, el brillo que iluminaba los ojos del médico.

Un mes después, Élcio fue dado de alta.

Durante esta estancia hospitalaria, solo lo visitó una vez: Jordan, su socio en la agencia de turismo, que permaneció poco tiempo. Él le dijo animándolo:

– Nuestra agencia va viento en popa. Estamos progresando. Ya verás.

El primer lugar al que miró al salir del hospital fue a su agencia de viajes. Sí, el negocio iba bien. Dos nuevos empleados, además de los que ya conocía, estaban haciendo todo lo posible para responder a los clientes y consultas telefónicas.

– ¡Hijo mío! ¡Gracias a Dios! Hemos oído que casi mueres – lo saludó fraternalmente Luiz, el librero.

– Sí, casi me muero...

– Fui a visitarte varias veces, cuando estabas inconsciente. Justo cuando saliste del coma, el señor Jordan dijo que nadie debía ir a verte, ya que los médicos aun no sabían si recuperarías la memoria y no sería prudente que otras personas te entrevistaran.

– ¿Cómo así? ¿Te han prohibido visitarme?

– En cierto modo, sí. El señor Jordan dijo que tal vez le daría una descarga… Que mi presencia podría ser perjudicial para su recuperación…

– No lo creo, debe haber otra razón… ¿será que él… quisiera que no recuperara mi memoria para ser el único dueño de la agencia?

– Deja esa sospecha. Háblame de esos momentos en los que estuviste en coma. ¿Recuerdas algo?

– Lo he intentado mil veces recordar y no puedo. Parece que el tiempo se detuvo y que no pasó nada.

– Sí... Pero debieron pasar muchas cosas.

– ¿Cómo así? ¿Por qué entonces no lo recuerdo?

En ese momento, el espíritu Jules volvió a intuir a Luiz.

– Cuando se produce el coma es porque algo, normalmente muy grave, está por suceder. A veces una persona está muy desequilibrada, haciendo cosas malas, dañando a los demás y a sí misma, y en ese momento la Bondad Divina proporciona una interrupción.

– ¿Estás diciendo que tuve un accidente "por bondad"?

– ¿Y por qué no? El accidente, dadas las circunstancias, lo alejó de algo peligroso. Fue por tu propio bien. No te equivoques al respecto. Solo para confirmar, respóndeme: ¿A dónde ibas con la chica que te acompañaba?

– Creo que tienes razón...

– Y aun más: en estado de coma, no es raro que el espíritu, naturalmente recubierto del periespíritu, que lo mantiene unido al cuerpo físico por el cordón fluidico, sea llevado a lugares de instrucción, para reciclarse y recordar los compromisos olvidados. asumido en el actual programa reencarnatorio.

– ¿Qué es eso del reciclaje y de las compromisos olvidados?

– Antes de reencarnar, casi todos nos comprometemos a nosotros mismos y a los mensajeros siderales encargados de nuestra reencarnación realizar diversas acciones para redimir las faltas que acumulamos en vidas anteriores. El problema es que, cuando el hombre reencarna, se olvida de todo y se pierde en la liana de los arrastres materiales. Antes de precipitarse al abismo, el Padre siempre le advierte, de una forma u otra. El coma es quizás el recurso físico más drástico para esta alerta benéfica.

– ¿Otra vez me dices que mi entrada en coma fue una cosa de caridad?

– ¡Claro! Si no fuera por el accidente y el coma, tal vez los planes que tenía se harían realidad... y entonces alguien sufriría. ¿O me equivoco?

– Alguien sufrió conmigo en el accidente...

– Lo que sea que le pasó a esa persona, fue rescate. Cosas peores se habrán evitado, creo, porque la Ley Divina de Justicia no permite que se coloque una cruz en el hombro equivocado, ni que una carga exceda el peso que debe llevar un deudor.

– ¡Dios mío! Débora...

– Hum... Entonces su nombre es este: Débora, ¿qué bonita?

– Tienes razón. La iba a hacer sufrir.

Élcio quiso buscarla, pero no sabía cómo sería recibido. Su corazón casi se sale del pecho ante la duda, causándole angustia. Se sintió envuelto por una fuerte atracción, una mezcla de pasión, deseo y algo aun más fuerte.

- "Creo que me enamoré. Débora, Débora, ¿a quién pertenece tu corazón? ¿Será... el doctor Ribeiro? ¿Alguna vez me perdonarás?" - se torturó pensando.

Después de días y días de esta agonía, con solo pensar en Débora, que ni un minuto lo había visitado, decidió: ¡iría a verla!

Un millón de veces sería mejor saber que definitivamente lo había olvidado que experimentar esa cruel duda, que crecía segundo a segundo.

Al caer la noche se instaló en una heladería cercana a la casa de Débora, desde donde mantenía un punto de observación privilegiado, vigilando quién entraba y salía.

Llevaba allí casi dos horas, con el estómago casi helado de tanto helado, cuando el fuego de un volcán calentó toda la sangre en sus venas: el propio doctor Ribeiro, todo de blanco, tocó el timbre de su casa. Fue recibido por ella, con un beso prolongado… Luego entraron.

Dejando una nota superior a los gastos, abandonó apresuradamente su puesto y se fue a su casa, completamente desolado, entregándose a la bebida. Borracho, pronto se quedó dormido. Y soñaba con asistentes desencarnados, compañeros de tantos partidos, donde él y los jugadores invisibles siempre ganaban. ¡Pero no ganaron dinero! Asqueado, los vio realizar con los jugadores encarnados algo parecido a la reanimación boca a boca, que hacen los socorristas en persona a personas asfixiadas; si esto es providencial y fraterno, el hecho por los espíritus fue furtivo y repugnante.

A la mañana siguiente, aturdido y con dolores en todo el cuerpo, recordó sus sueños. Tuvo una idea desafortunada: "¿Y si pudiera hacer, despierto, lo que hice en mis sueños?"

La ley de sintonía vibratoria, o ley de atracción fluídica, que regula las uniones y desuniones entre espíritus encarnados o desencarnados, es infalible.

Al mismo tiempo, atrajo a sus compañeros desencarnados: Royal era ahora el jefe adjunto e indujo, con respeto:

- ¡Hurra! ¡Actuemos, jefe! ¡Ya era hora!

Acudió a la Comisaría y se enteró que el coche se había perdido por completo, ya que el fuego lo había destruido. Se lamentó amargamente: "¡Los cheques de Santos!" Volvió a lamentar su pérdida: "maldita sea." Todavía pensaba, cada vez más frustrado: "Yo también perdí a Débora, sin haberla tenido nunca."

En ese momento pensó en huir del mundo, en olvidar aquellas pérdidas irreparables, de lo que nunca había sido realmente suyo. Atrajo a otros espíritus: los adictos, que allí en el hipódromo lo habían torturado. Royal y sus colegas, al verlos, huyeron. Los recién llegados sugirieron a Élcio:

- "¡Tóxico, tóxico, tóxico! No hay nada mejor para viajar a través del éxtasis, escapar de la realidad, olvidar la infelicidad. ¡Ve, hermanito, ve a buscar droga!"

Él reaccionó pensativo: "Nunca. Realmente me gusta el juego. Voy a buscar la manera de ganar dinero, haciendo lo que sé, porque tengo un don que pocos tienen."

Los drogadictos desencarnados se conformaron y sintieron que Élcio era más fuerte que ellos. Lo abandonaron.

Pero Royal volvió con los demás, porque, como si estuviera hablando con un equipo de trabajadores, Élcio pensó: "Vamos al partido, porque ya hemos perdido mucho tiempo."

Enorme, el salón. Decenas de mesas de billar, "nuevas", importadas, eran una invitación tentadora. Esa noche se decidiría oficialmente un campeonato interestatal. Había mucho en juego, y la "casa" se llevaba una comisión del diez por ciento por todos ellos. El campeón sería el jugador que primero consiguiera cinco puntos: ganaría un coche de "cero kilómetros." Cada partido valía un punto.

Precisamente a las 22:00 horas todas las mesas pararon los juegos y los jugadores se posicionaron como espectadores alrededor de la mesa central.

Varias personas empuñaban cámaras de vídeo.

En la oficina del vestíbulo, la caja fuerte guardaba los sobres con las estacas gordas.

Élcio trajo el dinero recibido de la compañía de seguros que había indemnizado por la pérdida total del coche. Guapo, pronto descubrió cómo jugar. Fue a la oficina:

– Tengo diez mil reales aquí...

– Excelente. Tu eres el feliz...

– Quiero doblarlos, si es posible.

– ¿A quién apuestas?

– Quiero conocerlos, por un minuto.

– Se están preparando. La noche será larga...

– Por favor, preséntamelos.

– Pero, ¿para qué?

– Quiero ver qué va a ganar... - Dijo la verdad que ocultaba otra verdad.

– ¿Qué es esto? ¿Eres mágico?

– Soy. Solo apuesto si los veo. Hago magia invisible y sabré quién ganará.

Otra verdad. Solo que, como se dijo, parecía mentira.

Útil.

– Sígueme.

Aunque recordaba lo que Luiz había dicho sobre las facultades mediúmnicas, Élcio solo registró en su subconsciente las experiencias nefastas a las que había sido sometido por los obsesores. Por cierto, estos no lo dejaron, dándole una sensación de victoria. Entonces no sabía si lo que estaba haciendo era correcto; es decir, si realmente ganaría. Pero sentía que estaba en el camino correcto, aunque no podía definir de dónde le venía tal impresión.

Los dos competidores se instalaron plácidamente en un confortable salón. El director los presentó:

– "Capricho", "Zezinho", este chico dice que va a apostar guapo, pero primero quiere conocerlos.

– Hola buena gente, soy Élcio. Solo quería decir hola.

Dicho esto, extendió la mano y los saludó. En el momento en que saludó a Zezinho, sintió un extraño cosquilleo eléctrico. "Zezinho ganará", intuyó.

Cuando empezó el campeonato, Zezinho ganó el primer partido. Capricho ganó el segundo y el tercero. Los camareros no tenían tiempo libre para atender a los clientes, la mayoría de los cuales eran grandes apostadores. Zezinho ganó el cuarto. Empate a dos a dos, hubo un descanso de quince minutos. El movimiento en la barra y en las apuestas se duplicó.

Los jugadores se dirigieron a sus habitaciones, donde se dieron una ducha rápida.

Élcio, con una generosa propina, consiguió que el camarero que atendía a los jugadores lo llevara al apartamento de Zezinho:

– Sr. Zezinho: este hombre quiere hablar con usted.

– Puede entrar.

Élcio entró y, cuando el camarero salió, cerró la puerta.

– ¡Oh! Es usted. ¿Qué quiere?

– Ganar dinero. Para mí y para ti.

El trato informal provocó cierto malestar en Zezinho, que se puso en guardia:

– Estoy escuchando...

– Esta es la cuestión: me gustaría que me dejaras tocar las pelotas antes de jugar...

– ¡¿Para qué?!

– Quiero conseguirlos para "buena suerte." Tú verás. No puedo explicarlo ahora, pero intenta dejarme poner las bolas en su lugar...

– No entiendo: ¿qué tiene esto que ver con que "nosotros" ganemos dinero?

– ¡Todo! Cuando pongo mi mano sobre un objeto y pienso en ganar, ¡siempre gano!

– Pero, ¿qué tiene eso que ver con el billar?

– Lo mismo que jugar a las cartas, a los dados, a las fichas de la ruleta...

– Hmm... Entonces eres un jugador profesional.

– Soy. ¿Lo ves?

– ¿Qué tengo que perder?

– Un coche nuevo. Si me escuchas, el auto es tuyo.

– ¿Y tú?

– Apostaré fuerte por tu bate.

Cayeron y comenzó el quinto juego. Cuando le tocó jugar, como Capricho empezó, pero no pudo "cerrar" el juego, Zezinho espolvoreó su bate con talco, como si no quisiera nada, invitó a uno de los apostadores, Élcio, en este caso. :

– Por favor, coloque las bolas sobre la mesa cuando les toque regresar de la tronera.

– Pero, ¿para qué es eso? ¿Capricho está de acuerdo? – intervino el dueño del bar.

– Necesito concentrarme, porque Capricho juega mucho. No quiero distraerme atrapando bolas... Por cierto, en el billar no existe ninguna ley que prohíba recoger bolas.

– Por mí está bien – asintió Capricho, mirando desafiante a Zezinho y añadiendo: hasta puedes traer un alma del otro mundo para ayudar, porque sabes que voy a ganar de todos modos... De hecho, "ya está en el camino."

Royal y su personal, ofendidos, lo rodearon.

Élcio, inconscientemente, sugirió que la lección a aquel fanfarrón sería en el momento adecuado, que no era el indicado.

Después de reiniciar el juego, Élcio tomó las bolas y, para limpiarlas, las pulió con una franela, quitando pequeñas marcas de tiza dejadas por las puntas de los palos, que los jugadores utilizaron para que los tiros "no estornuden."

Élcio apretó cada bola, imaginando un acierto de Zezinho y un error de Capricho. Royal y sus compañeros aplaudieron al ver que las bolas soltaban un humo extraño, como si estuvieran calentadas.

Zezinho ganó el quinto y sexto partido.

Capricho, un poco desconfiado, pero sin ceder, lo que sería una confesión de debilidad, propuso:

– Ahora, que actúe otro acomodador de baile. No había forma de negarse.

Y Capricho ganó los dos siguientes partidos. Conteo total, cuatro a cuatro.

El partido decisivo, apodado "negro", en casi todos los partidos en los que es necesario el desempate, implicó una suma de apuestas muy elevada.

Los nervios estaban a flor de piel en todos ellos. Nuevo rango.

– ¿Y ahora? - Zezinho le preguntó a Élcio angustiado.

– Ahora decidiremos. "Dejé" que Capricho ganara los dos últimos, pues mi intromisión sería muy evidente. Una vez aclarado esto, ahora podemos ganar en paz, sin que nadie sospeche nada.

– Pero, amigo mío, ¿sospechar qué? ¿Entonces no ves que el juego es duro, que Capricho y yo somos los mejores? Debo confesar la verdad: él tiene más control que yo cuando se trata de tomar una decisión...

– Sí, lo he visto. Pero esta vez ganarás, porque toca definir a qué bolsillo irá el dinero de la apuesta. Y no quiero perder el mío. Imagino que tú también quieres el coche. Capricho abandonará el partido antes del final...

– ¿Como sabes eso? Juega demasiado...

– Quédate conmigo.

Volviendo al salón, Capricho determinó:

– No quiero que nadie arregle las bolas. Lo haremos nosotros mismos.

Zezinho miró a Élcio, que permaneció imperturbable. Bajando de las improvisadas gradas donde se alojaba, Élcio se acercó a los jugadores y los saludó en voz alta:

– ¡Que venza el mejor!

Naturalmente, disimulando sus gestos, rodeó la mesa para regresar a su asiento. A propósito, pasó cerca del bate de Capricho, reposando en una tronera. Lo cogió y, como si fuera un gran experto, juzgó:

– ¡Qué hermoso murciélago! Es bastante digno del dueño...

Solo Royal y sus amigos vieron una escena asombrosa: una sustancia oscura brotó de las manos de Élcio y manchó el murciélago.

La decisión ha comenzado. Capricho se fue. Metió, en secuencia, la bola as, roja; la bola dos, amarilla – dos veces –, bola tres, verde – dos veces –, bola cuatro, marrón – dos veces. En vano, alardeando de superioridad, marcó con tiza su bate y embocó la bola cinco, azul... una vez. Sus puntos: veinticuatro. La bola cinco volvió a jugar. Y la bola blanca, que la impulsaría, estaba bien colocada, "en la recta."

Élcio apostó por Zezinho, que había perdido los dos últimos partidos y estaba lívido, sudando frío y sin poder disimular su nerviosismo. Los que lo sabían se dieron cuenta que Zezinho seguramente perdería. Élcio propuso:

– Apuesto diez mil a Zezinho, si alguien me da una ventaja de cinco a uno.

En ese momento descubrió quién aceptaría la apuesta.

Precisamente allí, Royal y sus amigos actuaron, he aquí, Élcio, como dándoles una contraseña, pensó y entendieron: "si este fanfarrón tiene que perder, será ahora."

Se quedaron detrás de Capricho que, apuntando, daba vueltas alrededor de la mesa, mirando las bolas desde varios ángulos, con muecas insoportables y miradas vanidosísimas a los presentes, moviéndose a cámara lenta. Finalmente, se posicionó. El tiro era primario, elemental, pero quería devastar al oponente: de manera provocativa, hizo avanzar y retroceder su palo, casi tocando la bola blanca, antes del tiro que prácticamente decidiría el partido. Los espíritus recogieron la sustancia oscura que aun no se había desprendido y juntos, mientras golpeaba, empujaron el garrote a un lado. El taco "estornudó" (así dicen en el billar, cuando ocurre este fallo, que les pasa incluso a los mejores jugadores). Pero la penalización es de siete puntos, porque la bola blanca no tocó a la azul. Pero todavía estaba bien posicionado.

Capricho se quedó sin aliento. Casi tuvo un derrame cerebral. Nunca podría entender "cómo pude haber cometido ese error..."Zezinho, que ya se consideraba "a pie", el perdedor de un coche que ni siquiera había ganado, aprovechó y de repente ganó una confianza extrema. Cerró el juego, embocando la bola azul, la seis, rosa, dos veces, y la bola siete, negra, también dos veces. Sus puntos: siete por el error de Capricho, cinco por la bola azul, doce por las dos rosas y catorce por las dos negras: anotó 38 puntos. Para Capricho, humillación suprema.

Puntuación final del campeonato: cinco a cuatro. Ganador y ganador del auto: Zezinho.

Hubo más celebración invisible que la de los jugadores que ganaron: los espíritus se acercaron a Zezinho y literalmente se pegaron a él, cuya aura se desbordaba con una extraña niebla, que "devoraban" con indescriptible alegría.

Zezinho ganó el auto y un tremendo dolor de cabeza que lo postró durante tres días, solo aliviado después que un curandero lo atendió. Le advirtió:

– Vaya, tienes unos socios "del otro lado…"

– ¡¿ ?!

– Espíritus, hijo mío, malos espíritus. ¡Cuidado! Ellos, cuando dan algo, toman otro…

Zezinho estaba perturbado porque realmente había presenciado algo increíble. Es inevitable no asociar los espíritus con tu victoria. Y Élcio…

Era imposible dudar del sanador, porque ¿cómo lo había adivinado? Decidió distanciarse de Élcio para siempre, considerándolo un mensajero del mal. Se santiguó, arrodillándose y haciendo la señal de la cruz, "pidiendo perdón a Dios." De hecho, estuvo dos días santiguándose, y el dolor de cabeza iba aumentando, casi explotando de dolor.

Volvió donde el curandero, quien le aconsejó:

– Solo "romperás" este dolor de cabeza si quitas de tu vida el mal que el mal dio: el coche. No debes aprovecharlo. Este auto necesita brindarle algo bueno a alguien que lo necesita… dáselo a alguien que pueda intercambiar favores con "el más allá…"

Y así, Zezinho vendió el coche y le dio algo de dinero al curandero, pero también empezó a ayudar a una familia pobre. Sus dolores de cabeza se han ido.

Élcio, con cuarenta y cuatro mil reales de ganancia fácil, limpia, en una sola noche, también "ganó" contratiempos: buscar "aventuras en la noche" traspasó el límite en la bebida. Dio un paso en falso y, tratando de sostenerse con la mano, se rompió un hueso de la mano: una fractura abierta.

En otra ocasión, se lastimó gravemente la mano derecha... La lesión le impidió continuar con sus actividades profesionales y también acudir a los lugares donde podía jugar. Cualquier tipo de juego.[15]

Inicialmente fue atendido en urgencias municipales, con la mano inmovilizada hasta que se realizó la cirugía necesaria. Decidió acudir al hospital donde lo habían atendido cuando tuvo un accidente con su coche. Allí fue hospitalizado y tuvo que ser operado al día siguiente.

Horas más tarde, en las primeras horas de la mañana, cuando el dolor se hizo insoportable, Élcio tomó en secreto una dosis excesiva de analgésicos. Pero el dolor no cedía. Solicitó "un medicamento fuerte para detener el dolor" a la enfermera del turno de noche, quien informó del problema al médico de guardia.

Al estar medicado, ya bajo el efecto de una dosis excesiva de analgésicos, sus funciones cerebrales se vieron alteradas. Comenzó a tener momentos confusos, en vigilias breves, seguidas de pesadillas. Después de varios de estos desequilibrios, de cuerpo y

---

[15] No se opone a imaginar y reflexionar que, cuando un determinado procedimiento negativo pone en riesgo un programa de reencarnación, a modo de ayuda, actúan protectores espirituales impidiendo su continuación. Esto, quizás, sucede cuando un determinado agente dedicado a una actividad concreta, negativa y continuada sufre un accidente que impide dicha práctica. Nota del médium.

mente, cayó en un sueño profundo, con el pensamiento fijo en Débora. Era urgente encontrarla...

En todo el universo, la ley de sintonía y atracción tiene un efecto instantáneo.

Así, cuando Élcio–espíritu deambuló en busca de Débora, su pensamiento estableció un puente de conexión fluidica, lanzado en la inmensidad astral. Este puente, con su espejo de popa rígidamente apoyado en él, dejaba deslizarse por el tablero la idea fija de buscar la orilla opuesta, para asentar el otro extremo. Y encontrado. Débora, en cuanto la alcanzaron las primeras vibraciones, les dio cobijo.

Sin darse cuenta que era un sueño, Élcio se encontró cara a cara con Débora:

– ¿Tú aquí? ¿Estás casada con el Dr. Ribeiro?

– No claro que no.

Élcio se acercó y, apretando su cuerpo contra el de ella, moviendo casi solo los labios, la acarició y murmuró sensualmente:

– Te quiero...

La joven aceptó. Se abrazaron con gran emoción. Intensas caricias los llevaron a ambos al éxtasis. Aquella "unión física", que tuvo lugar en el plano astral, mitigó los anhelos de ambos, resultado de un deseo insaciado y no realizado que había prevalecido en ellos desde que se vieron por primera vez.

Temblando, bañado en sudor y excitado, Élcio se despertó en la madrugada que casi terminaba. La mano, ahora, con un dolor aun mayor. Gimiendo y casi delirando, recordó el sueño: "Encontré a Débora... ella me quiere..."Al principio el doctor Ribeiro no pudo disimular su malestar al verlo, pero su deber profesional hablaba más fuerte en él. Examinó la herida y anunció:

– La fractura es grave y será necesaria una cirugía correctiva de soldadura. Además, existe un alto riesgo de infección por daño tisular causado por una fractura abierta.

Posteriormente, sometido a anestesia, el periespíritu de Élcio se alejó del cuerpo y así, parcialmente liberado, fue en busca de Débora. La joven, en efecto, mientras realizaba las tareas domésticas, de repente se vio visitada con ardor por Élcio. Recordó el sueño que tuvo esa noche: "Soñé que iba con él a un motel... y que éramos felices..." Vilma, su madre, vino a hablar con ella, cambiando de opinión. Cambiando la pantalla mental de Débora, Élcio no pudo acercarse.

Cuando Élcio volvió en sí de la anestesia, ya estaba en la sala. La mano, toda vendada. Los dolores habían cesado.

- La cirugía duró mucho tiempo - le informó la enfermera.

La noche, sustituta del Sol hasta la mañana siguiente, que debe ser siempre motivo de agradecimiento a Dios por su función reparadora, pues Élcio fue motivo de iniquidad:

"Débora, Débora, Débora… ¡mi pasión!"

Espíritus desocupados, en busca de aventuras, atraídos por sus pensamientos, se acoplan fácilmente a su mente, eligiendo el mismo proyecto que Élcio: Débora.

La joven, mientras se acostaba, comenzó a orar, como era su costumbre. Pero, apenas comenzó la oración, su pensamiento dio un salto formidable, pasando del Evangelio a las imágenes del encuentro que no ocurrió con Élcio, el día del accidente: "¿Se quedaría conmigo después? ¿Nos casaríamos? ¿Tendríamos hijos? A continuación, repitió mentalmente las escenas del "buen sueño" que había tenido la noche anterior.

Aquellos pensamientos atormentadores constituían la ansiada cabecera donde se alojaba firmemente el otro extremo del puente fluidico entre ella y Élcio.

Y, por ese puente, pasaron las desgracias.

Élcio, dormido, sin darse cuenta de la compañía que había atraído, moviéndose en un panorama brumoso y lleno de humo, caminaba sin saber a dónde se dirigía. Una extraña compulsión lo impulsó en una dirección... ¡No pasó mucho tiempo antes que la viera! Tambaleándose como él, se acercaron con dificultad. Sin decir palabra, iniciaron un frenético intercambio de caricias, ambos sometidos a la formidable presión que el exacerbado erotismo les imponía, recíprocamente.

En ese momento Luiz también estaba dormido, habiendo orado antes de dormir, orando a Jesús por Élcio. Asimismo, la madre de Débora había orado por su esposo y sus dos hijos.

– ¿Que estamos haciendo? - Preguntó Débora.

– No lo sé, no lo sé... Solo pienso en ti... - Débora se asustó y gritó:

– ¿Quiénes son sus amigos?

– ¡¿Mis amigos?! No tengo amigos...

Y esa fue la ayuda que ambos recibieron: vieron a los obsesores, verdaderos ladrones de viles placeres. Pegajosos y sensuales, se acercaron a la pareja, intentando acariciarlos, de forma repugnante.

Sin darse cuenta que verlos era algo bueno, para que interrumpieran lo que estaban haciendo y cesara la conexión espuria con ellos, Élcio se desconectó de Débora y trató de expulsar de allí a los incómodos "compañeros" de su sensualidad. Mal trato: fue agredido violentamente por ellos.

La protección del Altísimo es constante. ¡Eterno! La bendición providencial fue el despertar de ambos. Débora, arrepintiéndose sinceramente de haber "tenido esos pensamientos…"; Élcio; sin embargo, con la mano sangrando, porque en el turbulento encuentro astral, por la agresión que intentó contra los obsesores, por reverberación física, golpeó la mano operada en el borde de la cama. Luego el sangrado y el dolor, terrible. Otro moretón más en la mano derecha...

- No podemos volver a operarlo - dijo el Dr. Ribeiro, a la mañana siguiente, añadió - seguiremos con los vendajes y cuidados extra; si vuelve a ocurrir otro descuido, tendremos que inmovilizarlo...

El tono, concreto a la par de la firmeza del médico, sembró el terror en la mente de Élcio: algo malo se escondía detrás de todo...

Cuando horas después recibió la visita de Luiz, le preguntó:

– Luiz, ¿cómo podemos vivir cuando estamos soñando y no sabemos que es un sueño? ¡Todo es tan real en el sueño!

– Dime, sinceramente: ¿exactamente qué soñaste y con quién?

– Con ella... Débora. Es la chica que iba a llevar al motel cuando tuve ese accidente automovilístico. Soñé que nos encontrábamos y nos acariciábamos mucho. Cuando íbamos a... consumar la relación... aparecieron criaturas malas, aferrándose a ella y a mí...

– Incluso debes haberla encontrado, en espíritu. Los compañeros no invitados eran espíritus infelices, obsesionados con el sexo salvaje, que buscaban capturar el éxtasis sexual que surgía de su encuentro con la chica.

– ¿Cómo sabes que eran infelices y que pretendían captar el éxtasis sexual?

– En primer lugar, los buenos espíritus respetan la intimidad conyugal, además que en ellos no existe el clamor del sexo. Utilizan, sí, el poder de la energía sexual, pero siempre en un sentido constructivo; es decir, en la práctica de la fraternidad, ayudando con valentía a quien lo necesita. Las energías sublimes que emanan del sexo son metabolizadas por éste en el amor, resultando en acciones fraternales. Sin embargo, en las relaciones sexuales sin amor, y especialmente sin responsabilidad, el placer siempre está dividido...

– No puedo entender eso.

– Los espíritus, generalmente desencarnados, que todavía sienten la necesidad de los placeres mundanos, son ávidos compañeros en los encuentros entre pares que practican el sexo por el sexo. En el plano invisible de las emociones fuertes, sus centros vitales, ubicados en el periespíritu, están posicionados de tal manera que succionan parte de las energías y del éxtasis que fluyen del acto sexual de los encarnados alejados del amor.

– ¿Todo acto sexual se comparte así?

– ¡De alguna forma! Siempre que el motivo del acto es el amor, junto con la responsabilidad de lo ocurrido, el sexo es sagrado, inviolable por esencia, cuyos beneficios se reparten solo entre los dos cónyuges que se dedican a él.

Perturbado y con dolores insoportables, Élcio pasó los dos días siguientes casi en estado vegetativo, sin decir nada, sin moverse, sin comer...

La herida no mejoró ni empeoró. El doctor Ribeiro mantuvo bajo estricta observación a aquel paciente, pues intuía, más en espíritu que como médico, que el cuadro podía evolucionar hacia algo muy grave: la gangrena.

Luiz lo visitó nuevamente:

– Entonces amigo, parece que has estado asustando a las enfermeras... Me dijeron que decidiste ponerte a dieta para adelgazar...

– Hola Luiz, no es eso: no puedo quitarme las náuseas, desde que tuve el sueño con Débora.

– ¿Quieres un pase?

– Es bueno...

Luiz, poniendo las manos a poca distancia de su frente, pronunció la oración del Padre Nuestro. Luego procedió a la dispersión fluídica a lo largo del cuerpo de Élcio. Cuando sus manos pasaron por su ombligo, Luiz sintió una electrificación diferente. Pronto intuyó que allí se concentraban fluidos deletéreos, que incesantemente lanzaban la herida, en conexión directa. Probablemente estos fluidos eran inflados por espíritus obsesivos. Concentró la magnetización en la región gástrica del paciente y con alegría, incluso sin ver nada, tuvo sin embargo, al cabo de unos momentos, la clara certeza que allí se disolvía una especie de sustancia astral.

– Gracias – le agradeció – ¡muchas gracias, Jesús mío!

En efecto, espíritus amigos, Jules a la cabeza, respondiendo a la oración de Luiz, se habían sentido atraídos hacia la enfermería. Su presencia expulsó a los espíritus infelices que allí tenían sed. Los que estaban con Élcio fueron los primeros en salir del hospital, siendo absorbidos por fuerzas invisibles que los arrastraron afuera. Salieron maldiciendo y diciendo malas palabras. Élcio, invadido por un bienestar inesperado, pocas veces experimentado en toda su existencia, no pudo evitar que las lágrimas brotaran de su alma. "Yo también doy gracias al Señor", murmuró, llorando y señalando con su mano herida un crucifijo en la pared. Sin huir de la comparación, se lamentó: "Ahora sé el dolor que debió sentir Jesús en sus manos…"

– Bueno, bueno, joven amigo: la figura de Jesús en la cruz es un error. Se entiende que los hombres quisieron guardar una imagen del sufrimiento de Cristo, como condena de la Humanidad, que Lo crucificó; sin embargo, la mejor manera de mostrar arrepentimiento ante este, que fue el mayor error humano de todos los tiempos, será precisamente seguir Sus enseñanzas.

Respiró hondo y continuó Luiz:

– Jesús habló del reino celestial, morada de la felicidad, que es nuestra dirección en el futuro, cuando evolucionemos; él nos enseñó cómo llegar: ¡por amor a Dios y al prójimo!

– Perdón por interrumpirte, pero si Jesús sabía dónde estaba la felicidad, ¿por qué nunca sonrió? Siempre escuché que él nunca sonreía... ¿Es verdad?

– Tenemos aquí otra noticia ligada a la tendencia humana a través del folklore: los detalles físicos del Maestro, o sus gestos, no deben importarnos, porque lo que lo trasciende es la moral, consustanciada en su Evangelio. Pero, respondiendo a tu pregunta, te hago otra, para tu reflexión: si Jesús nunca sonrió, ¿a cuántas personas crees que hizo felices, ciertamente haciéndolas sonreír, aliviándolas de problemas soberbios, de angustias incomparables e incluso de dolores insoportables?

– ¿Físico y moral?

– Es mucha gente...

– Entonces dime también: ¿qué importa si Jesús sonríe o no? Su caridad es tan grande que alivió a grandes enfermos en aquella época y continúa aliviando aun hoy...

Élcio se dio cuenta que Luiz se refería a él, cuyo dolor en la mano se había aliviado.

– Sabes, Élcio, te voy a hacer una sugerencia sencilla: nunca más pienses en Jesús crucificado, como se reproducen los crucifijos; pensemos en el Maestro, todo aureolado de luz e irradiando paz, como, por ejemplo, en el Sermón de la Montaña, que humildemente considero el fundamento moral del planeta Tierra por toda la eternidad.

Terminando:

– Siempre tenemos la costumbre de establecer comparaciones en todo, realmente necesarias para el aprendizaje. Pero cuando se trata de la vida de Jesús, sería prudente reflexionar que, como Gobernador Espiritual de la Tierra, él es un espíritu de sublime evolución, cuya luz, si se reflejara plenamente, ciertamente nos cegaría. Por tanto, debemos centrarnos en el Evangelio y no en la figura humana de Cristo. Aun así, si no podemos evitar que nuestra alma forme una ideoplastía de Él, que se forme una imagen serena, amable, irradiando amor constantemente.

Ahora eran los ojos de Luiz los que burbujeaban de lágrimas, fruto de la gran paz que sus palabras, evocando la memoria de Jesús, infundían a todo el barrio.

Si los encarnados pudieran ver, verían que los espíritus bondadosos también lloraban, invadidos por la dulce sensación que siempre emana del bien.

Otros pacientes, que escuchaban atentamente a Luiz, le pidieron que les diera un pase, "el mismo que le había dado a Élcio." Después de atender a cuatro pacientes, Luiz se acercó a otro paciente que levantó los brazos y exclamó:

– ¡Soy evangélico y no acepto pase espírita!

– Muy bien, hermano mío, Jesús nos protege a todos, independientemente de nuestra religión.

– Pero... – tartamudeó el hombre – usted habló tan bellamente de Jesucristo que le pido que ore por mí, cuyos últimos días se acercan...

Luiz se acercó, con los brazos extendidos naturalmente al lado de su cuerpo y pronunció: "Jesús, el Señor dijo que cuando dos o tres se reunieran en su Santo Nombre él estaría con ellos[16]. Te pedimos Tus bendiciones sobre este hermano nuestro que sufre. Alivia, Señor, su angustia y su dolor, en el nombre del Amor de Dios."

---

[16] Mateo, 18:20 – Nota del Médium.

El hombre rompió en llanto doloroso. Tomó las manos de Luiz y las besó agradecido.

Luiz le devolvió el gesto con gran humildad.

Quien llegara a la sala en ese momento tendría dificultades para entender cómo era: "todos allí parecían llorar."

Pocas horas después de haber recibido la ayuda celestial, Élcio volvió a ensoñar, lamentando haber sido I momentáneamente incapaz de jugar. A partir del partido empezó a centrarse en Débora, que era sinónimo de pasión arrolladora, de amor ardiente.

La herida, que estaba en proceso de cicatrización, se intensificó. Fue entonces cuando comenzó su martirio: su mano se hinchó, le realizaron una nueva cirugía, pero su estado empeoró. Cuando la infección alcanzó un límite peligroso, los médicos de la Junta comenzaron a considerar la posibilidad de una amputación...

Élcio, en continuos delirios.

12.- VOLUNTARIO A LA ESCLAVITUD

En el panorama espiritual que lo rodeaba, la agitación de los espíritus especuladores era excesiva: acudían en masa, procedentes de quién sabe dónde. Los que participaron en los juegos con él simplemente fueron ahuyentados. Con fiebre muy alta, deliraba y veía y oía a las nuevas hostias, invisibles para las enfermeras:

– Ahora es tu turno...

– Volvamos a jugar juntos, solo que esta vez del lado de los perdedores...

– Este sinvergüenza me debe mucho, tendrá que pagarlo todo...

– No podrá huir de mí: "entraré" en él... Y se pronunciaron muchas otras amenazas.

La mano de Élcio preocupó a los médicos, que tuvieron que decidir si amputársela o no.

Incluso bajo potentes sedantes, la mano le dolía sin parar.

En sucesivas pesadillas, desarrolladas en el periespíritu por el sueño, se vio agarrado por varias criaturas brutas, que lastimaron su mano ya dolorida, amenazándolo:

– Entonces eres el campeón, ¿eh? Porque ahora vas a sentir la otra cara de la moneda, o mejor dicho del juego, las guerras sucias que tanto te encanta ganar.

– Eso es todo: lo obligaremos a entrar en la guerra, pero del lado de los perdedores...

– ¿Quiénes son ustedes? - Él gimió.

– Nosotros somos los que has estado haciendo perder... Muchos lugares que eran nuestros te robaste...

– Pero... nunca los he visto...

– No lo viste, pero arruinaste nuestro negocio, ¿o crees que en las casas de juego solo tú y esos estúpidos tenían tiempo?

– Un poco de veneno de serpiente cura las mordeduras de serpiente, ¿sabes? - Se rio un hombre corpulento y sin cuerpo, dándose una palmada en la mano herida.

El dolor fue intenso.

Los espíritas saben que el periespíritu es el receptor – transmisor de las sensaciones físicas[17], por eso la anestesia había sedado la herida en el organismo, pero, en el plano espiritual, Élcio la mantuvo, por fijación mental.

Incluso con dolor, Élcio pensó en la partida.

Imposible mejor foco de atracción para espíritus habituados al juego, como él. Que no son pocos.

La imagen obsesiva era conmovedora.

Fue arrastrado a... ¡oh, no! una arena improvisada donde gente medio borracha apostaba en una pelea de perros. Los animales, feroces, se agitaban unos contra otros.

– ¿Quién ganará?

– Yo no sé...

_____

[17] Allan Kardec (1804–1869), codificador del Espiritismo, registra: "El periespíritu sirve de intermediario entre el espíritu y el cuerpo. Es el órgano de transmisión de todas las sensaciones." (Ver "*Obras Póstumas*", Capítulo "Manifestaciones de los Espíritus", § 1, n° 10). Nota del médium.

– Sí sabes. Fíjate bien, de lo contrario… Amenazó con volver a darle una palmada en la mano herida.

Élcio se acercó a los perros, ya en cruel duelo. Al pasar la mano por encima de los animales, ambos dieron un extraño salto y mordieron algo, como una mosca perdida que pasaba por allí. Élcio "casi sintió" las mordeduras.

– El que tiene puntos negros tiene más vitalidad…

Los espíritus corrieron hacia los apostadores y les sugirieron enérgicamente que apostaran por el otro perro.

Cuando terminó la pelea, con el perro de manchas negras ganando, los perdedores armaron un gran lío, que terminó en una pelea generalizada. Entre los alborotadores aparecieron cuchillos y pistolas, muchos de los cuales terminaron en urgencias, algunos con heridas mortales. El perro ganador, ya herido, seguía siendo golpeado.

Los obsesores se regocijaron. Élcio, por primera vez, sintió el sabor amargo de la derrota. Muy amargo. Y doloroso... El dolor de los heridos, a través de un extraño proceso de simbiosis espiritual, le fue transferido. Y no solo el dolor de los jugadores: durante la suprema irracionalidad provocada por la imaginación enferma de los Espíritus que la patrocinaron, las heridas en los perros resonó en su mano herida. Comenzó a llorar de dolor y lástima por los animales.

- Vamos a las canarias - ordenó el hombretón.

Élcio, a pesar de sus gemidos y gritos de dolor, no tuvo escapatoria: fue arrastrado.

✳ ✳ ✳

No hay circunstancia que justifique la transcripción del absurdo que los seres humanos obliguen a los animales a batirse en duelo a muerte. Entonces, cuando se trata de elegantes pájaros cantores, la iniquidad supera la crueldad imaginable.

En estas barbaridades, los espíritus zoofílicos sufren la cobardía humana con los animales inocentes. Sus oraciones a Jesús, todas entre lágrimas dolorosas, son contestadas sublimemente: desde lo Alto estos desinteresados cuidadores del reino animal reciben fluidos anestésicos, que aplican al mismo tiempo a los animales en duelo, sustrayéndolos del intenso dolor, siendo, normalmente , autorizado a promoverles la desencarnación. Esto es lo que pasó con los perros y los canarios.

✳ ✳ ✳

– Vamos al bingo – sugirió uno de los torturadores de Élcio, después de la pelea entre los pajaritos.

Y allí fue nuevamente arrastrado a Élcio…

La frustración de los perdedores fue la alegría de aquellos espíritus.

¡Increíble!

Cualquiera que siga las consecuencias de resultar ganador, en cualquier tipo de juego o apuesta, verá que el premio es caro. Además de la envidia de los encarnados, corrosiva de la paz, hay inevitables interferencias de los desencarnados, algunos simples especuladores, pero la mayoría desafectados de vidas pasadas. La euforia despoja las defensas espirituales del ganador y luego se convierte en presa fácil para los depredadores de la armonía.

¡Es peligroso ganar premios!

Pierde también: en este caso, la frustración de los cientos de perdedores en el juego de bingo formó una espesa nube oscura a lo largo del techo de la sala. Porque fue precisamente en esa nube donde Élcio fue arrojado por los vengadores espirituales.

– Aquí no hay futuro para este tramposo – dijo uno de los espíritus sufrientes, proponiéndoles ir a una rifa. Se justificó: "nos quedamos aquí mucho tiempo y él falló más de lo que acertó, y con eso nuestros oponentes se adelantaron... Además, hay tantos perdedores que no lo necesitamos."

Cuando el desafortunado séquito espiritual llegó a su destino, donde se sorteaba una bicicleta, Élcio leyó: "Centro Espírita Amor Luz."

Entraron.

Los Centros Espíritas bien orientados no son accesibles a los espíritus desafortunados que intentan ingresar allí con propósitos que provocan desequilibrio en la paz reinante. Lamentablemente, ese no fue el caso en ese Centro Espírita. Si bien las rifas y otros tipos de rifas generan fondos, que se destinarán a pagar gastos generales de manutención o asistencia social, aquí, más que nunca, queda invalidado el aforismo "el fin justifica los medios." Y esta observación es sencilla: basta investigar con los perdedores, que son siempre el 99% de los competidores, qué sienten. La respuesta será una: frustración. De ahí que, ante tal influjo negativo, se desestabilice el ambiente de fraternidad que debería reinar.

Una treintena de personas estaban reunidas escuchando a un orador que hablaba sobre el "desprendimiento de los bienes terrenales."

La conferencia doctrinal fue muy hermosa... Al terminar, el orador anunció:

– ¡Hagamos el brindis!

Sin restricciones, algunas personas incluso aplaudieron.

– Te toca a ti – determinó el grandullón a Élcio.

– ¿Cómo así? No puedo hacer nada.

– Mira cuál es el número del líder...

Sin entenderlo, se acercó al hombre y "vio" en su bolsillo un boleto de rifa con el número 92.

– Noventa y dos…

– Muy bien: coge el número 92 que está dentro de la bolsa de tela con las cartas numeradas y "dale una buena carga."

Élcio intentó tomar la tarjeta, pero su mano estaba rebuscando en la bolsa… Por fin vio el 92 y acercó su mano a él. Él mismo se sobresaltó al ver una especie de humo negro envolviendo ese chip.

Después del sorteo, 92 fue el ganador…

Algunas personas frustradas se quejaron. Un chico:

– No funcionó: ¡tú eres el director! Algo anda mal con este sorteo…

– ¿Estás dudando de mi honestidad?

– Solo digo que fue raro…

La mitad de los obsesores le soplaron al oído a uno lo mismo que la otra mitad le sugirió al otro: ¡Pelea! ¡Lucha!

Empezaron a discutir con más fiereza, el hablante y el niño. Los obsesores reían sin cesar, felices por el alboroto que había estallado. Bromearon:

– Los santos… los santos… miren como parecen perros y canarios… Élcio lo entendió perfectamente: aquel equipo se dedicaba exclusivamente a crear confusión.

No pudo evitar llorar: con su ayuda habían muerto dos perros y también dos preciosos canarios. Sus lágrimas llevaron a los obsesores al delirio, a la alegría extrema, al verlo debilitado, derrotado…

En un gesto espontáneo, se arrodilló y con la cabeza gacha, las lágrimas dieron paso a un amargo arrepentimiento, sintiendo mucho más dolor en el alma que en la mano.

En ese momento, en plena discusión entre los dos hombres, tocaron un libro que se había caído de la mesa, dejando la página abierta para que Élcio la leyera de un vistazo:

"Ningún siervo puede servir a dos señores..."

Era el capítulo XVI de "*El Evangelio según el Espiritismo*", comentando la narración de Lucas, 16–13.

Élcio se llevó la mano herida al corazón y murmuró:

– Jesús, Jesús: ¡lleva mi petición de perdón a Dios!

Los obsesores, rodando de risa, extasiados en la actitud equivocada de disfrutar del dolor ajeno, de repente dejaron de reír. Todo. Con asombro vieron cómo se iluminaba el corazón de Élcio, de un intenso color rosa, ligero al principio, para luego volverse tan brillante que deslumbró sus ojos. Se asombraron aun más cuando sintieron como si los hubieran arrojado al suelo y vieron que había perdido el conocimiento. Pronto aparecieron dos enfermeras y se lo llevaron. ¿Para dónde?

Incluso los dos pendencieros, liberados de la presión de los obsesores, pusieron fin a la riña.

– ¿Quiere saber? – Preguntó el locutor, apaciguando el ambiente y haciendo penitencia: "También me pareció extraño que ganara; no quiero la bicicleta; propongo que se la regalen a un niño pobre y que nunca más volvamos a hacer rifas aquí."

– ¡Aprobado! – Lo escuché de todos.

Los contendientes confraternizaron abrazándose.

Élcio–espíritu sintió un ligero letargo y de manera inexplicable se encontró en un panorama familiar. Él escuchó:

– ¡Jesús envuélvelo en paz!

– Jules: ¿cómo regresé?

– La Bondad del Maestro te trajo aquí de nuevo, porque te estás suicidando...

– ¡¿Yo?! ¡De alguna forma! Tengo una mano infectada, pero nunca me mataría.

– Élcio, Élcio: el suicidio no siempre se produce solo en caso de agresión violenta y deliberada al propio cuerpo: todo exceso es una forma indirecta de suicidio.

– Pero no hice ningún exceso…

– De hecho, has estado cometiendo el peor de los excesos: el espiritual. ¡Y negativo!

– ¡¿ ?!

– Se te concedió una rara facultad: energizar los alimentos, el agua y las plantas, curar a los enfermos.

– ¡¿Yo?! ¿Cómo así?

– Tu periespíritu recibió, antes de la presente reencarnación, una carga fluidica sublime, auto renovable, de modo que en ocasiones, en combinación con el ectoplasma, podías alterar parte de la estructura molecular de la materia, siempre que ello se hiciera por caridad. Sin embargo, distorsionaste esta bendición divina, muy rara, y comenzaste a disfrutar de recursos materiales indebidos en el juego.

– Pero nunca hice trampa en el juego…

– ¿Te gustaría jugar con un compañero que sepa cuál es la siguiente carta, o que magnetice una determinada cara de los dados, o que vigorice a un pobre gallo obligado a batirse en duelo, o incluso que adhiera una sustancia invisible a un taco de billar para el compañero? ¿"resbalar" al putt? ¿Y lo que es peor: nunca actuar solo, sino confiar en los consejos de bandas de espíritus desencarnados, sintonizados con los mismos propósitos u otros aun peores?

– ¿Dios mío? Tienes razón, Jules… Creo que le he estado robando a toda esta gente…

– ¿Y qué sacaste de esto? La mano a punto de ser amputada no resultó de tu programa de reencarnación, sino del tremendo potencial de la materia astral negativa que se fue acumulando en ella, poco a poco, con cada movimiento de tus juegos.

– ¿Y ahora? ¿Perderé la mano? No es posible... ¡No quiero! El llanto fue irreversible. Sentirse llorando...Instintivamente, Élcio le agarró la mano derecha. Se llevó un gran susto: estaba lleno de espinas, que le dolían, y, al mirarlo, vio que tenía grandes manchas oscuras. Lo más grave de todo: ¡las manchas se movían, lentamente, como si estuvieran vivas!

– ¡¿Que es eso?! ¡Estoy volviéndome loco! Hay errores en mi mano…

– ¡Jesús, cálmate, Élcio! Oremos y pidamos al Padre que te ayude.

– ¡Sí, sí, ayúdame, Dios!

Jules, con gestos delicados, tomó entre sus manos la mano derecha de Élcio y la masajeó suavemente. Poco a poco la mano se fue aclarando, casi desapareciendo los puntos negros, que quedaron inmovilizados, los pocos que quedaban. Incapaz de contener su asombro, Élcio vio que luces salían de las manos de Jules y entraban en las suyas. Sintió un enorme alivio. Jules miró hacia arriba.

– ¡Gracias a Dios! ¡Gracias Jesús!

Élcio besó las benditas manos que lo aliviaban.

– ¡Gracias al Padre! No hice nada. Despertó.

Con los ojos aun cerrados escuchó:

– Llevémoslo al Centro Quirúrgico ahora mismo.

Supuso que eran enfermeras. Quería abrir los ojos y decir que estaba mejor. Que ya no me dolía la mano. Pero ni siquiera los ojos obedecieron, y mucho menos la voz.

Se sintió desplazado. ¿Para dónde? El fuerte olor a hospital invadió sus fosas nasales. Han llegado.

– Doctor Ribeiro, el instrumental quirúrgico está listo. Cuando quieras, puedes empezar la cirugía…

Estaban hablando de él. Lo sabía. Pero… ¿qué harían con él?

Jesucristo: ¿será que… la mano?

Sintió que le colocaban algo en la cara, que se le pegaba a la nariz: ¡anestesia!

Quería gritar y decir que no quería, que no era necesario, que una íntima certeza le decía que todo estaría bien.

Pero la voz no salió…

Se acordó de Jules. Y de Jesús. Oró: "¡Jesús mío, ven aquí y ayúdame!"

El llanto estalló. Y con ello, abundantes lágrimas.

Ribeiro, ya con la mascarilla y los guantes antisépticos, realizó una valoración final del paciente.

Sabía quién era él: el que había tenido un accidente, cuando había intentado vilmente poseer a Débora… ¡su Débora! Le pesaba tener que hacer lo que el deber y el saber profesional indicaban: amputarle la mano a Élcio.

Sorprendido, notó lágrimas ardientes que corrían por el rostro inmóvil del paciente. ¡Era la primera vez que presenciaba tal hecho! Algo anormal estaba sucediendo. Para confirmarlo, vio la mirada de asombro en el rostro de la enfermera que preparaba la mano para ser amputada. Le preguntó a ella:

– ¿Algo extraño?

– Doctor… su mano tiene pulsaciones extrañas… - Ribeiro se quitó el guante y palpó su mano enferma desde donde, de repente, se filtró una materia espesa y putrefacta.

– ¡Temperatura y presión! - Él ordenó.

– Treinta y cinco, doce por ocho.

– Increíble: no tiene fiebre y su presión arterial ha vuelto a la normalidad. No entiendo cómo sucedió esto.

De repente la cirugía se volvió innecesaria.

– ¡Suspendamos la cirugía, para nuevas evaluaciones!

Atónito, el médico vio detenerse las lágrimas del paciente, en cuyo rostro, aun inmóvil, con los ojos cerrados, apareció una sonrisa inconfundible: ¡felicidad!

13.- JUGAR: ¡NUNCA MÁS!

Cuando Élcio volvió en sí, su reacción fue mirarse la mano. Con sorpresa y alegría vio que no había puntos oscuros moviéndose... El vendaje y la ausencia de dolor anunciaban que el proceso era de recuperación.

"Jules", recordó, "Jules, otra vez…."

Sintió su organismo invadido por una grata impresión de ser masajeado por unas manos delicadas e invisibles.

– Es un milagro – dijo el Dr. Ribeiro a su colega el Dr. Dantas – aunque no lo creas.

Los dos caminaron hacia el paciente:

– Hola Élcio, ¿cómo estás?

– Dr. Ribeiro... Dr. Dantas...

– Vine a verte – dijo el doctor Dantas – porque Ribeiro dijo que tú, incluso bajo anestesia, "hablaste" con él, pidiéndole que no le amputara la mano. ¿Cómo fue eso?

– Sí, lo recuerdo: dije una oración a Jesús y Él le dijo a Jules que me ayudara.

– ¡¿ ?!

– Jules es un espíritu amigo, encargado de atender a los pacientes en la "Posada de los Afligidos."

– ¡¿ ?!

– Hay una institución espiritual, donde he estado más de una vez, la primera vez que tuve un accidente automovilístico. Yo estuve ahí, antes de la cirugía que me iban a hacer...

Dantas observó la mano de Élcio, luego fue al examen radioscópico y observó la radiografía tomada unos minutos antes de tomar la decisión de amputar. Regresó y volvió a examinar la mano herida. Puso su mano en la frente del paciente, imaginando que tenía fiebre, dadas las cosas que acababa de escuchar. Se sorprendió aun más cuando se dio cuenta que la temperatura era normal.

– Es difícil de creer, pero esta vez, creo que realmente estamos ante un milagro...

Cuando los dos médicos se marcharon, Élcio tomó una decisión: ¡no volver a jugar nunca más! Tuvo la clara impresión de oír una voz que le resultaba muy familiar: "¡Gracias a Dios!"

Era Jules.

¡La mediumnidad de Élcio definitivamente estalló! Ahora apoyada en el plano espiritual, debido a su sincero arrepentimiento y firme decisión de abandonar el juego de una vez por todas.

Esa noche, Ribeiro le contó a Débora el "milagro" que había sucedido con Élcio, aprovechando el hecho para asegurarse si ella todavía sentía algo por él. Débora cambió radicalmente su trato hacia él, presa de un deseo invencible de ver a Élcio. Si pudiera, la joven se iría ahora mismo, tal era la compulsión de acercarse al hombre que había arruinado a su familia y casi a ella misma. Ribeiro se arrepintió, pues su novia se mostraba distante, distraída, pensativa...

Su noviazgo, en aquel encuentro, terminó temprano, dejando solo frustraciones: Ribeiro se arrepintió de no haber guardado silencio, y Débora, porque sus pensamientos estaban lejos, en Élcio.

Al día siguiente, sábado, Élcio recibió la visita de Luiz. Como siempre, un aura de calidez humana pronto se instaló entre ellos. Los ojos de Élcio brillaron:

– Luiz, ni siquiera sabes cómo estaba esperando tu visita. Incluso creo que fui yo quien lo atrajo para que vinieras a verme...

– Hola Élcio, efectivamente, desde ayer estás en mis pensamientos.

– Casi pierdo la mano. El doctor Ribeiro me lo iba a amputar, pero en el último momento oré a Jesús y Él me curó, a través de Jules, ¡un espíritu, amigo mío!

– ¡Gracias a Dios!

– Voy a estudiar sobre esta facultad que tengo y ver si puedo ayudar a otros con ella.

– ¡Gracias a Dios! ¡Felicitaciones hijo mío por la decisión!

– ¿Puedo pasar...? ¡Era Débora!

Élcio no pudo responder. Luiz notó inmediatamente su participación. Se despidió y se fue.

Débora se acercó lentamente. ¡Estaba hermosa! ¡Radiante! El brillo de sus ojos no podía ocultar las promesas que guardaba en su alma...

Élcio quiso decir algo, pero solo logró mover los labios en un murmullo casi inaudible:

– Débora... Débora...

La joven dio dos pasos más y se apoyó en el colchón. No parpadeó y eso aumentó el brillo que formaba un halo en sus ojos, de un verde brillante. En un gesto de extremo cariño, casi maternal, se inclinó y posó suavemente sus labios sobre la mano herida, en una de las caricias más suaves de las que es capaz un ser humano. Cuando se levantó, sus ojos ya se habían entregado a su alma: en cada uno flotaba una lágrima, a punto de caer.

Élcio, embelesado, experimentando un instante de celestial felicidad, tampoco pudo reprimir lágrimas idénticas. Levantó su mano izquierda y cuando Débora la tomó entre las suyas sintió que algo superior los unía.

Pero en ese mismo momento entró el doctor Ribeiro. Asombrado, no podía creer lo que veía: su novia, su querida Débora, con quien tenía un proyecto de vida, mostrando ternura hacia ese chico complicado, conocido por ser un mal tipo y que tanto daño había hecho a su familia...

Los tres estaban asustados. Sabían que a partir de ese momento sus vidas nunca volverían a ser las mismas.

Ribeiro, un profesional capacitado para afrontar situaciones extremas, evitó el bochornoso escenario:

– Por lo que veo, al paciente le gustan los ángeles... de aquí y de allá... por eso ya casi está curado.

Élcio captó la alusión que le hizo el médico y se dio cuenta que en ese momento había un conflicto entre la pareja. ¡El conflicto era él!

Nadie podría decir nada más.

Finalmente Débora tomó la mejor actitud, se despidió de ambos y se fue.

Ribeiro miró a Élcio con extrañeza. Pensó: "si ella vino a verlo, no puede ser condenado..."

Esa noche, cuando fue a visitar a su novia, no pudo ocultar su disgusto. Escuchando de ella:

– Sabes, Ribeiro, solo fui a visitar a Élcio porque pensé que podría volverle la gangrena en la mano, como me dijiste...

– ¿Y? ¿Lo sanarías?

– No es eso. Podría morir...

– ¿Y qué, Débora? Si muere, ¿qué tienes que ver tú con eso?

– En realidad no tengo nada, pero sentí pena por él.

– ¡¿Con lástima por el hombre que arruinó a tu familia y casi te mata?! ¿Has olvidado lo que hubiera pasado si no hubiera habido un accidente de coche?

– No, no lo olvidé. Por cierto, no me dejes olvidar...

– ¡Oh! ahora soy yo el culpable que vayas a ver a ese criminal...

– ¡Estás celoso!

– ¡Lo estoy! Y no son solo los celos: es mi autoestima como hombre, la que se siente ofendido por ti.

– No creo. No te di ningún motivo para que desconfiaras de mí.

– ¿No? ¿No? ¿Por qué accediste a conducir con él a un motel?

– ¡Oh! Ahí vas otra vez con ese recuerdo.

– Sería un mal recuerdo si no pensaras más en él, excepto con desprecio. ¿Y qué vi esta tarde?

– Sí: ¿qué viste?

– Los vi arrullando como dos agapornis...

De la mano, Ribeiro no se dio cuenta que estaba lastimando a Débora.

– ¡Me estas lastimando!

– Te vi sosteniendo su mano. ¿Los míos ya no son graciosos?

– No es eso, Ribeiro. Estás apretando mi mano demasiado fuerte y me duele.

– Entonces ve a tomarle las manos. ¡Adiós!

Débora, sola, permaneció sentada. Pensando, pensando.

Una semana después Ribeiro había dejado de buscarla. Por uno de esos inexplicables caprichos del "destino", los tres se encontraron de nuevo cara a cara, solo que en una situación mucho más embarazosa que en el hospital.

Ya casi recuperado, Élcio no pudo resistir el impulso de ir a ver a Débora para agradecerle la visita. Una visita que, además de fraterna, representó más que eso para él. Su corazón dio un vuelco un poco solo recordándolo. Intuyó muy fuertemente que a ella le estaba pasando lo mismo.

Cuando se acercó a la casa de Débora, vio al Dr. Ribeiro acaba de terminar de aparcar su coche, justo enfrente. Se asustó. La prudencia y la ética recomendaban una rápida retirada, pero el corazón no pudo resistir el impulso de solucionar de una vez por todas aquel tormento. Fue directo al médico:

– Doctor Ribeiro, ¿podemos hablar?

– ¿Qué es lo qué quieres? No considero conveniente su presencia aquí. Arruinó a su familia y casi la mata.

– ¡¿Yo?! ¿Cuándo "casi la mato"?

– Cuando la ibas a deshonrar, o mejor dicho, cuando la obligaste a una reunión, a cambio de los cheques de su padre... Admiro que todavía te atrevas a buscarla, porque tu caso solo se puede resolver en la Policía.

– ¿Amenazándome? Bueno, sepa que Débora estaba frustrada ese día del accidente...

– ¡Sinvergüenza! ¡Cobarde!

Avanzó hacia Élcio y estaba a punto de darle un puñetazo cuando ambos oyeron:

– ¡Deténganse! Éste no es lugar para peleas.

Era Débora quien, escondida, había estado escuchando todo ese duro diálogo.

Los dos hombres se miraron sorprendidos, dándose cuenta inmediatamente que ella, oculta, había presenciado la discusión.

- Disculpa - murmuró cortésmente Ribeiro.

– Pongamos todo en platos limpios – exaltó Élcio. Él desafió: "Deborah, tienes que elegir a uno de nosotros. El otro desaparece…"

– No acepto esta imposición – interrumpe Ribeiro, enfurecido –, no eres nadie para dar órdenes y mucho menos para forzar decisiones sentimentales.

– Está bien, de todos modos no soy nadie. Quiero escuchar a Débora repetir eso y me voy.

Ribeiro miró a Débora, intensamente, esperando. La joven estaba temblando.

Cualquier palabra. De nadie. Los tres, inmóviles, ni siquiera parpadearon. Ribeiro consideró ese silencio la confirmación de la elección de Débora: por Élcio… Sin decir palabra, subió al auto y se alejó.

Débora entendió que de aquel hombre, que alguna vez había poblado de sueños su futuro, de ahora en adelante solo quedarían recuerdos. Sí: Ribeiro ya era parte del pasado.

– Débora…

– No me toques, Élcio. Quiero algo de tiempo para pensar.

Débora se tapó los ojos con las manos y permaneció estática por largos momentos. Cuando bajó las manos y abrió los ojos, se encontró sola. Élcio también se había ido.

- "¿Volverá?", pensó con gran angustia.

En el corazón de los tres, las imágenes y recuerdos recíprocos eran permanentes.

Débora vivía una disyuntiva: "¿Amo a Ribeiro y deseo a Élcio, o tengo amor por Élcio y solo admiración por Ribeiro? Me gusta mucho Ribeiro... es tan bueno, le va tan bien en la vida..."

El propio Ribeiro se preguntó: "Amo a Débora y me imaginaba que ella me amaba; ¿nunca me amó? Y ese bastardo de Élcio, ¿lo cambiaría por mí? Claro que sí. Ya ha cambiado…."

Élcio también reflexionó: "Me porté mal con Débora. Se enamoró del doctor Ribeiro, precisamente por mi culpa: si no hubiera habido un accidente, no lo habría conocido, más aun en las circunstancias en las que íbamos en el coche. Pero su visita, de regreso al hospital, iluminó mi corazón. No sé si ellos se aman o si ella me ama a mí. Solo sé una cosa: ¡estoy enamorado de ella!

Así, los tres sufrieron las dudas de sus corazones.

Luego, nuevamente, las tramas de la vida intervinieron en el "destino" de aquellas tres angustiadas criaturas:

El padre de Débora aceptó un trabajo modesto en la sucursal de una empresa que se estaba expandiendo hacia el Norte; humilde y prometiendo "no volver a hacer esas locuras", buscó a Vilma y se reconcilió con su familia, que lo acompañaba.

Ribeiro consiguió una beca para estudiar en Alemania, donde permaneció un año prorrogable por otro año más.

Solo Élcio permaneció en la misma ciudad…

Completamente recuperado, comenzó a frecuentar el mismo Centro Espírita en el que Luiz era médium activo, encontrando allí un consejero desinteresado.

Cuando leyó *"El Libro de los Espíritus"*, quedó asombrado que tantas verdades, tantas enseñanzas, tantas explicaciones para todos los acontecimientos del día a día no tuvieron mayor publicidad.

– Luiz, ¿alguna vez pensaste cuántos problemas se resolverían, cuánto consuelo tendrían las personas afligidas si conocieran el Espiritismo?

– Sí, Élcio, sigo pensando en eso. Es por eso que espíritus amigos sugieren que la mejor manera de agradecer a Dios por el conocimiento espírita es difundirlo.

– He leído *"El Libro de los Espíritus"* y me gustó mucho. Pero me gustaría saber algo específico sobre esas cosas que me pasaron.

– Te refieres a la mediumnidad. En mayor o menor grado, todos somos médiums. En su caso, no cabe duda que es una facultad a aprovechar.

– ¿Cómo así?

– En la mayoría de las personas, la mediumnidad es ayudarles a rescatar compromisos, ayudando al mismo tiempo a los demás. El ejercicio de la mediumnidad es, por regla general, de prueba, rara vez misionero. Los diversos tipos de mediumnidad pueden variar de una vida a otra. No hay que confundir la mediumnidad con el don, este último, conquista meritoria del espíritu, la primera, si podemos decirlo, es una herramienta prestada por Dios, según la tarea de cada ser encarnado. Tanto uno como otro pueden ser utilizados en beneficio de otros, o en beneficio propio, en este caso, grave error, generando difíciles rescates futuros. En el caso de los grandes benefactores de la Humanidad, casi siempre llevan consigo el don de una inteligencia brillante, de una intuición aguda, que utilizan para el beneficio colectivo. Sus descubrimientos o invenciones, siempre que cuenten con la ayuda inspiradora de espíritus dedicados al bien, tienen en ellos el mayor grado de participación.

Haciendo una pausa, continuó:

– Contigo, cuando quiso aprovechar sus posibilidades anormales, solo le salió mal. Esto se debe a que, en términos espirituales, de sintonía psíquica, el bien atrae el bien y el mal atrae el mal. Y los médiums necesitan trabajar sin cesar, ayudando primero a los demás, con lo que automáticamente se estarán ayudando a sí mismos.

– Cuando dices que puedo ayudar a otros con mis "posibilidades anormales", estás bromeando, ¿no?

– No, no estoy. Lee *El Libro de los Médiums*, también de Allan Kardec y luego dígame si estoy bromeando. Preste atención a las recomendaciones para curar a los psíquicos.

Élcio, de hecho, leyó el libro indicado por Luiz.

Ni siquiera tuvo que terminar de leer para darse cuenta que había utilizado sus facultades mediúmnicas de la peor manera posible: para su propio beneficio. Pensó: "no fue casualidad que Allan Kardec no se cansara de advertir a los médiums, especialmente a los sanadores, que solo con desprendimiento material y humildad la tarea puede recibir apoyo de espíritus elevados."

Lamentando el terrible error al vender su mediumnidad, volvió a hablar con Luiz:

– Ni siquiera sé cómo arreglar tantos errores.

– Fácil: solo esta comprensión es una base segura para la reconstrucción. El arrepentimiento solo es válido si se repara el error, bajo el impulso sincero del alma. En tu caso, te sugiero que asistas a nuestro Curso de Médiums, asistas a conferencias doctrinales, realices pases periódicamente y te dediques a alguna tarea asistencial. Todo esto se puede hacer aquí, en el Centro Espírita o en otro, ya que casi todos ofrecen estas benditas oportunidades. Cuando conozcas los fundamentos de la mediumnidad y, sobre todo, estés en sintonía con el grupo, pide participar en las reuniones de mediumnidad.

– ¡¿Solo eso?!

– Verás que no es tan fácil como crees. La Doctrina de los Espíritus no prohíbe nada, pero para ser un buen espírita y sobre todo un correcto médium, tenemos que cambiar mucho en nuestra vida, abolir muchos hábitos, seleccionar palabras, ambientes y actitudes.

– ¿Eliminar qué hábitos?

– Decir malas palabras, beber alcohol, fumar, ir a bares, ver películas violentas o pornográficas y… sobre todo no jugar.

– ¿No en casa, con la familia?

– Repito que el Espiritismo no prohíbe nada. Sin embargo, en el caso del juego familiar, ¿preguntar siempre el motivo si no representa un duelo suave? ¿Y sin embargo no pueden incluirse en esta categoría todos los deportes en los que hay competición? Y la competencia… ¿no termina siempre en victoria de unos y derrota de otros…?

– Pero entonces el espírita ni siquiera puede dedicarse al deporte...

– Claro que puede. Lo que hay que eliminar, en su totalidad, es el espíritu competitivo de la práctica deportiva.

– Nunca pensé que para ser espírita fuera necesario tanto...

– Tu error: no se trata de ser espiritista, ni de médium, sino de ser un buen hombre. Por cierto, ya es hora de leer el tercer libro de Allan Kardec, "*El Evangelio según el Espiritismo*." Este libro, Kardec lo elaboró con la ayuda de diferentes espíritus y médiums de todo el mundo, a través de mensajes psicografiados que recibió y seleccionó, destacando la universalidad de las enseñanzas que contenían. ¡Enseñanzas de Jesús! Como sugerencia, puedes leer aleatoriamente; es decir, abrir el libro sin elegir un tema y leer el texto, marcándolo para no repetirlo, antes de leer el libro completo.

Luiz abrió una carpeta, sacó un libro y se lo entregó a Élcio, después de dedicarle una dedicatoria. "Parece que esto ya me pasó a mí", pensó Élcio. Relajado, abrió el libro. Leyó: "El buen hombre." Era el Capítulo XVII, No. 3.

– ¡Caramba! Lo abrí al azar y mira lo que salió: el buen hombre, lo que acabas de decir...

– He aquí un primer "consejo" sobre "*El Evangelio según el Espiritismo*": en la página que la abrimos, pensando en Jesús, siempre está la lección que necesitamos, porque el azar no existe.

Tres meses después, Élcio, puntual y asiduo al Curso de Médiums, fue invitado a participar en reuniones mediúmnicas.

Durante ese tiempo, siguió los consejos de Luiz, dedicándose a estudios espíritas y actividades asistenciales en el Centro Espírita. Hizo muchos amigos. Más que eso: en el Curso de Médiums había una joven, Selma, por la que se sentía atraído, siendo correspondido. Los dos comenzaron el curso en la misma fecha. Al terminarlo, ante la insistencia de la joven, se comprometieron. El noviazgo vivió un punto delicado cuando ella le propuso matrimonio.

Élcio:

– Cariño... cariño... ya que estamos comprometidos, no veo ningún daño a alguien en vivir nuestro amor...

– ¡Pero, Selma, vivimos enamorados!

– No es eso lo que digo: no quiero vivir solo en el amor, sino con amor...

– No sería prudente anticipar nuestra unión...

– Solo si no me amas.

– Claro que te amo.

– Entonces ¿qué esperas? Vamos a casarnos...

Al escuchar esas últimas palabras, Élcio sufrió un shock, como si le hubieran echado agua helada sobre la cabeza. Y sobre el cuerpo también... De repente, se dio cuenta que Selma no era el "gran amor de su vida", ni lo sería jamás. Se imaginaba casado con ella y eso le hacía sentirse muy incómodo.

Pensó en Débora y al mismo tiempo se sintió invadido por una sensación electrizante, muy placentera. Entendió perfectamente que Débora era efectivamente la "mujer de su destino." "Me casaría con ella ahora mismo."

– No puedo ocultarlo – confesó – que pienso en otra mujer... Lo siento.

– ¿Qué pasa ahora? ¿Qué es esto de otra mujer? ¿Por qué no estamos comprometidos? ¿Te obligué a hacer algo?

– No tuve la oportunidad de decírtelo, pero antes de conocernos, estuve involucrado con otra mujer...

– ¿Involucrado, en qué medida?

– No pasó nada entre nosotros... pero casi...

– ¡¿Casi?! La implicación, para mí, entre un hombre y una mujer, es sexo. Y el "casi" no existe. Creo que eres un gran desastre, que ni siquiera sabes lo que quieres. Lo peor es que me hiciste creer en un futuro feliz, pero gracias a Dios ahora veo que apenas me estoy deshaciendo de un buen...

– Lo siento Selma, siempre he sido un poco torpe, eso sí, me pasan cosas raras...

– ¿Bastante? ¡Ponle uno y medio! No quiero volver a verte nunca más... nunca más. Adiós.

Selma no volvió al Centro Espírita y nadie sabía de ella.

Élcio, por el contrario, empezó a dedicarse más asiduamente a las tareas mediúmnicas y asistenciales.

Fue en esta singular etapa de su existencia, en la que se dedicó cada vez más al estudio de la mediumnidad y a las tareas filantrópicas, cuando algo sucedió. Tan sorprendente que cambiaría su vida para siempre.

Una mañana lluviosa de domingo, estaba de servicio en el Centro Espírita, ayudando a distribuir alimentos, ropa y zapatos a familias pobres. Una vez completada la entrega a las familias inscritas, además de los inevitables "extras" que aparecieron en el "último momento", el equipo del almacén se reunió en el patio para decir una oración de gracias a Dios. Apenas había terminado el "Padre Nuestro" cuando se escuchó una voz femenina angustiada:

– ¡Gente, gente, por el amor de Dios! ¡Vamos, vamos! - Quien respondió pronto regresó:

– El niño se está muriendo...

Sensibilizados, todos vinieron. Cuando la mujer entró con un niño en brazos, se dieron cuenta, con una simple mirada, que el niño estaba gravemente enfermo. El cuerpecito mostraba un arqueamiento anormal, con manchas moradas brillantes en el abdomen, pecho y nuca. La pierna izquierda, con hinchazón, provocada por un proceso inflamatorio, reportaba una infección grave. Respiraba con dificultad y era incapaz de abrir la mandíbula. Estos síntomas denotaban el cuadro clásico de la crisis tetánica.

– ¿Qué tiene?

– Tétanos… en la patita… hace tres días lo lastimaron con un clavo oxidado…– Pero ¿qué pasa con los médicos, el hospital...?

– Estuvo allí hasta ayer y cuando se puso tan mal me dijeron que lo llevara a su casa, porque ya no se podía curar. Moriría...

Dicho esto, la mujer perdió la razón y gritó:

– Dios, Dios, mi hijo se va a morir... se va a morir... No quiero... No quiero... ¡Santo Jesús, sánalo!

Élcio, hasta entonces, se limitó a contemplar la conmovedora escena.

Sin embargo, movido por un impulso inexorable, levantó al niño. Lo dejó suavemente sobre la mesa y colocó su mano derecha sobre la pierna hinchada, donde la herida parecía grave. Con la mano izquierda necesitaba sostener al niño, ya que su columna vertebral, arqueada hacia arriba, no permitía que su espalda tocara la mesa.

Sin quitar la mano derecha de su pierna herida, oró:

– Jesús mío, en nombre del Amor del Padre y de Su Amor por la Humanidad, ¿no es posible salvar a este niño?

La oración, rústica, desbordaba sinceridad. ¡Es amor! Todos miraban, en silencio, también rezando, mudos.

A los ojos humanos no se les dio nada para ver. Sin embargo, en el plano de los espíritus ocurrió una maravilla sublime: tres entidades iluminadas se acercaron y dos de ellas pusieron sus manos sobre la mano derecha de Élcio, que también se iluminó. Brillantes rayos de luz cristalina pasaron de los espíritus a Élcio y de éste a la pierna del niño moribundo.

El tercer espíritu impuso sus manos sobre la cabeza de Élcio, activando intensamente su centro vital coronario.

Tan grande fue la carga de energía que transitó por Élcio que su cuerpo tembló como una flor agitada por la brisa.

Los fluidos ectoplasmáticos de Élcio, aumentados y metabolizados por los fluidos de los tres protectores, que habían traído esencias vegetales, igualmente invisibles a los ojos humanos, fueron transferidos a la herida, cubriendo pronto todo el organismo.

La gran carga de exotoxinas venenosas, provocadas por la contaminación provocada por el bacilo del tétanos, a partir de la inoculación en la herida de la pierna, se fueron transformando paulatinamente en anatoxinas; es decir, toxinas capaces de crear inmunización.

Inicialmente, el trismo - contractura que impide la apertura de las mandíbulas - estaba atenuado, facilitando la respiración del niño; en unos minutos, la columna volvió a la normalidad; los síntomas del dolor insoportable desaparecieron, debido al rostro tranquilo del niño, que se quedó dormido, como anestesiado; la fiebre también disminuyó. ¡El niño se salvó! Posteriormente Élcio comentó:

– Luiz, siempre escuché que el tétanos no se cura en fase terminal. ¿Cómo se mejoró ese chico?

– Debemos someternos a la voluntad de Dios y de los espíritus superiores, que tienen designios que desconocemos. Podemos, muy respetuosamente, imaginar que quizás dos cosas importantes estaban previstas en el Plan Mayor: la primera, sería la curación del niño, con o sin nuestra ayuda, porque de una forma u otra la espiritualidad benefactora siempre trasladaría el problema al solución.

– ¿Cuál es el segundo?

– ¡Tú! Creo que Jesús, a través de Sus Mensajeros, decidió que había llegado el momento que despertaras de una vez, a vuestro compromiso mediúmnico de ayudar a los enfermos. Si empiezas a cumplir lo que prometiste, nunca olvides las recomendaciones de Allan Kardec a los médiums: humildad y no aceptar nunca ningún tipo de pago. Sin estas condiciones, el fracaso del médium es seguro y el rescate muy doloroso en el futuro.

Por toda la ciudad se difundió la noticia de la "cura milagrosa" del increíble caso terminal de tétanos, extremadamente raro en los anales de la medicina. De una hora a otra, el Centro Espírita vio duplicar, triplicar, diez veces el número de visitantes... Muchos enfermos, desilusionados por la cura, acudieron en busca de una solución a sus problemas de salud; otras personas, por simple curiosidad.

Todos los que tenían algún problema querían ser atendidos por Élcio. Solo por él.

Debidamente autorizado por los directores del Centro, Élcio organizó un turno nocturno de atención espiritual, dos veces por semana, asistido por tres voluntarios. Luiz fue uno de ellos.

Dos semanas después de atender a los enfermos – y solo a los enfermos –, según su expresa decisión, Élcio tuvo muchos problemas: aunque varias personas efectivamente habían sido aliviadas de sus dolencias, Luiz le dijo:

– Tenemos un problema... No sé si estás de acuerdo, pero no puedo vivir con ciertas prácticas...

– ¿Qué prácticas, Luiz? ¡Dímelo sin rodeos!

– Mientras estamos en la sala de pases, asistiendo a los enfermos, algunos empleados aquí del Centro están vendiendo billetes de rifa, uno tras otro...

– ¡¿Qué?! ¿Rifas, aquí?

La noche siguiente, apenas llegó, y con mucha gente ya esperándolo, Élcio paró en la fila y comenzó a hablarles:

– ¡Hola chicos, buenas noches! ¿Quiero saber quién compro boletos para la rifa aquí?

Casi todos en la fila respondieron afirmativamente.

– ¿Cuántas veces?

– Todos los días hay gente vendiendo, por aquí... "¡Dios mío! ¡No puede ser!», pensó Élcio.

Entró en la sala de pases. Se leyó una página del "*El Evangelio según el Espiritismo*" y, poco después, la oración de apertura de las obras. Pero esta vez Élcio no respondió a nadie. Salió de la habitación y pilló a tres jóvenes, de allí mismo del Centro, cada uno vendiendo una tarjeta con cien nombres, uno de los cuales sería galardonado. Avergonzados, los que estaban en la fila compraron al menos dos nombres, ya que cada uno costaba cincuenta centavos.

En un acto impulsivo, Élcio tomó las tres cartas y las pinchó, exclamando:

– ¡Vendedores!

Los jóvenes estaban aterrorizados.

– No me refiero a ti, sino a quién te envió.

Al no poder continuar la reunión de mediumnidad, se retiró, dejando frustradas y enojadas a las personas que esperaban ser vistas, quienes se quejaron:

– ¿Entonces pagamos y todavía tenemos que aguantar el nerviosismo de este tipo? Queremos que nos devuelvan nuestro dinero, ya que tiene la obligación de ayudarnos, ya que llevamos un tiempo apoyándolo...

Luiz se fue con Élcio. Otros dos médiums auxiliares permanecieron recriminándolos, aumentando así las quejas de quienes estaban en la fila y no fueron atendidos durante la noche.

Élcio se retiró en oración, faltando tres turnos seguidos. La junta directiva del Centro lo citó:

– Élcio, hermano, sabemos que el otro día estabas un poco nervioso por los billetes de la rifa que pasábamos a quienes querían comprar. Lo que quizás no sepas es que con el dinero recaudado estamos listos para ampliar nuestra sede...

– Bueno, puedes vender tantas rifas como quieras, solo que no cuentes más conmigo. Estoy rotundamente en contra de cualquier tipo de juego, especialmente en un ambiente religioso. Estoy de acuerdo en que siempre es bueno ofrecer mayor comodidad a quienes buscan lugares de servicio público, pero de ahí a aceptar que esto se haga con dinero de rifas, hay una gran diferencia.

– Pero, Élcio, hermano mío, es muy difícil conseguir dinero para material de construcción y para pagar a los albañiles. Nadie más dona...

– Siempre ha sido difícil, señor Délio, siempre lo será, de hecho, sucede que hay muchas otras formas de recaudar fondos, ninguna de ellas mediante juegos, rifas o adivinanzas...

– Cuéntale al hermano algunos de ellos...

– Instalar aquí una librería espírita, vendiendo libros doctrinales con descuento. Las editoriales espíritas ofrecen excelentes condiciones a los Centros Espíritas que realicen esa actividad de forma voluntaria permanente. Además, aun tratándose de libros espíritas, ¿por qué no instalar en el barrio un stand con libros, revistas y periódicos, todos espíritas?

– ¿Y si ya hay quienes están haciendo esto en la ciudad?

– Lo que quiero señalar es que la Casa Espírita no puede convertirse en un mendigo persistente. Los asistentes de buena voluntad y que puedan, deberán dedicar unas horas y colaborar con varias otras actividades lucrativas, fruto del trabajo saludable. A muchos Centros Espíritas les va bien con "Pizza Parties", "Bazar del Plato Listo", "Comidas Colectivas", generalmente almuerzos los domingos. Otros grupos espíritas alquilan tierras ociosas y cultivan en ellas hortalizas, que se venden en el barrio, creando así empleos y obteniendo ganancias. Tengo noticias que talleres profesionales de tipografía, carpintería o costura, en algunos casos, están garantizando el mantenimiento de varios Centros Espíritas.

– Es fácil de decir…

– ¿Por qué no lo intentas? Imagino que la directiva debería fomentar la participación voluntaria de los habituales, explicándoles los objetivos.

– ¿Ahora quieres enseñarme cómo debo llevar mi Centro? Preocupado por la responsabilidad que, según pensaba, "Dios se lo había puesto en la espalda, o mejor dicho, en las manos", Élcio pensó que sería mejor alejarse por un tiempo de las actividades mediúmnicas en ese domicilio.

Eligió acompañar algunas excursiones de su agencia de viajes.

Fue precisamente allí donde sucedió algo bastante significativo, como si la vida misma quisiera darle una respuesta sólida a sus inquietudes mediúmnicas: en la segunda excursión en la que participaba, casi todos los turistas enfermaron en una tarde, requiriendo muchos de ellos hospitalización. Las pruebas preliminares mostraron que los pacientes estaban contaminados por bacterias que causaban gastroenteritis. Una ligera investigación apuntó al origen de la contaminación: croquetas de carne servidas para el almuerzo en un bonito asador de carretera.

Élcio – solo él –, habiendo almorzado solo después de haber servido a todo el grupo, "no estaba contemplado" con aquellas croquetas, que se habían terminado. Algunos pacientes incluso tuvieron que someterse a un enema.

Servicial y responsable, Élcio tomó todas las medidas necesarias para que todos fueran bien atendidos en la Santa Casa de Misericordia del pequeño pueblo.

Dato destacable: estando en la recepción, vio a un hombre solitario, de aspecto rudo, sentado, con los ojos llenos de lágrimas, que caían una a una, lentamente.

Mentalmente rezó un "Padre Nuestro" por aquel hombre y ya se alejaba cuando sintió ese extraño síntoma en su mano derecha, igual al que se manifestó cuando trató al niño con tétanos. De hecho, muy parecido a aquellas viejas descargas eléctricas, cuando jugaba y ganaba... Pensaba: "Dios mío, mi amigo Jules, ¿no?"

La respuesta fue la intensificación del síntoma.

- Disculpe, señor - dijo, acercándose tímidamente al hombre -, ¿hay algo que pueda hacer por usted?

– Gracias hijo mío, pero solo Dios...

– ¿Cómo así? ¿Cuál es su problema?

– Mi hija de un año tiene una "cosa mala."

– ¿Qué es eso de "cosa mala"? ¿Es una enfermedad?

– No lo sé y los médicos tampoco lo saben. Le dieron unas pocas horas de vida.

– ¿Dónde está?

– Aquí, en la sala colectiva.

- Vamos a verla - decidió Élcio, aunque no estaba seguro de por qué hacía eso.

Sorprendido el hombre, quedándose inmóvil, ordenó: "¡Vamos!"

En lugar de las lágrimas, que se asustaron y huyeron, un brillo de esperanza apareció en los ojos de aquel afligido padre. Sin dificultad entraron a la enfermería.

– Ella es Mariana… –presentó a su hija, sobre la cama, al desconocido.

Élcio, asistido espiritualmente por Jules, miró con pesar a la niña, que presentaba signos evidentes de una anemia profunda.

El padre añadió:

– Ella "¡es el ángel de nuestra vida!"

Al lado de la niña, la madre miraba, entre lágrimas.

- Jesús, Jesús: ¿qué hago? - preguntó Élcio, conmovido por el sufrimiento de los padres y la niña.

En respuesta, en un acto reflejo, colocó su mano derecha sobre la frente de la niña y oró mentalmente: "Jesús: ni siquiera sé lo que estoy haciendo. Si Señor me escuchas y lo consideras posible, te ruego, en nombre del Amor de Dios, que esta pequeña niña se recupere."

Casi dio un paso atrás: sintió, claramente, que una especie de corriente eléctrica "esta vez de alto voltaje, casi" entraba por su cabeza y salía por la punta de sus dedos, transfiriéndose al débil cuerpo de Mariana. Se produjeron otras dos descargas similares.

– ¡Juca, Juca!, ¡su color está volviendo! – Gritó la madre, aferrándose a su marido, temblando ambos.

En efecto: el color cadavérico de momentos atrás fue desapareciendo poco a poco, en su lugar apareció un delicado tono rosado. Por impulso, Élcio levantó a la niña, la abrazó contra su pecho y, sin quitarle la mano de la cabeza, la besó en la frente con gran delicadeza.

La niña abrió los ojos. Bellos ojos negros, tal vez brillando por primera vez en sus vidas, y en un susurro, éste, seguramente el primero, tartamudeó:

– Mamá, mamá...

– ¡Sagrado corazón! ¡Sagrado corazón! ¡Amén! ¡Amén! – exclamó la mujer, arrodillándose en actitud piadosa.

– Ella está hablando... ella está hablando... - tartamudeó el padre.

– Dios permitió que Jesús atendiera a Mariana. Vamos a rezar para dar gracias - sugirió Élcio.

– Y también al Sagrado Corazón – añadió la madre, ferviente, apoyada por su marido, que asintió.

Élcio respetaba la fe de la familia.

Se citó al pediatra que atendió el caso:

– Muy bien, parece que no va a morir...

– Gracias a Dios, a Jesús y al Sagrado Corazón - repitió nuevamente la madre, añadiendo - y a ese niño.

– Hum… - Fue la única expresión del doctor, alejándose.

El padre de Mariana se acercó a Élcio, le tomó las manos y en gesto desenfrenado las besó:

– Soy un hombre pobre, de hecho, mi única fortuna me la trajiste: mi pequeña hija. Soy albañil y si algún día quieres construir una casa, iré allí y trabajaré gratis.

Élcio ya se sentía "el único", "obrero sublime", "hacedor de milagros", cuando sintió un pinchazo en la mano que acababa de ser tan buena...

En una fracción de segundo, recordó que Luiz le decía: "Todo, todo, todo y todos, todos, todos: ¡Dios crea, ve, cuida, provee, decide! ¡Felices aquellos que son sus colaboradores en el cumplimiento de la Voluntad del Padre, que no es otra que hacer felices a sus hijos!"

Sí, razonó: lo que había curado a aquella niña había sido la extraña "electricidad" que había entrado en su cabeza, como un rayo suave, un rayo dulce, saliendo por su mano y envolviendo su cuerpecito débil.

– ¿Me hace un favor, señor Juca?

–¡¿ ?!

– Nunca digas que fui yo quien curó a tu hija. ¡Dios crea, ve, cuida, provee y decide sobre todo y sobre todos! Así, fue Él quien curó a Mariana. Es al Padre a quien debemos agradecer. ¡No me debes absolutamente nada!

Las lágrimas brotaron generosamente sobre Élcio, impidiéndole ver la felicidad que irradiaban su padre y su madre, que también lloraban. Con inmensa alegría, se acurrucaron contra el cuerpecito de su hija que, un tanto disimuladamente, repetía:

– Mamá, mamá...

Cuando Élcio se alejó, discretamente, escuchó a Juca:

– Hombre... hombre... hombre –, habla pequeña...

– Papá...

Ya saliendo, Élcio comprendió cómo alguien llora de felicidad. Menos de cinco minutos duró toda la puja. Pero, para él, ese corto tiempo representó uno de los períodos más importantes de su existencia: comprendió inmediatamente que, mucho más abarcador que la curación de Mariana, ese hecho era un fuerte indicador en su vida. Comprendió, sin dudarlo, que Dios le había mostrado un camino.

Así que, a partir de ese día, se unió a tantas excursiones como le fue posible. Por la noche, cuando todos se retiraron, hizo una "pequeña visita" al hospital público local. Al llegar allí, sin dificultad, mencionó haber visitado a alguien en estado grave, afirmando apenas llegó a la entrada:

– Estoy de paso por esta ciudad y salgo mañana por la mañana. Necesito visitar a un paciente muy enfermo, a pedido de un familiar en la Capital, pero olvidé el nombre del paciente...

– ¿Hombre o mujer?

– ¡Oh mi! ¿No lo olvidé? Lo único que sé es que debe estar muy mal... Es un niño...

– Tenemos dos en estado crítico...

– ¿Puedo visitarlos?

– Sí. Ven conmigo.

Al lado de la cama de cada niño, preguntó:

– ¿Puedo decir una oración?

Desconcertados, los profesionales del hospital siempre estuvieron de acuerdo.

Y así, Élcio, de pie junto a la cama del paciente, casi siempre un niño, comenzó a orar en silencio. Cuando sentía acercarse el "síntoma eléctrico", imponía su mano derecha sobre la frente del niño enfermo. Sabía, en el fondo, que ciertamente sanarían aquellos alrededor de quienes sentía ese "alto voltaje."

También oró por los niños en quienes no se sentía el síntoma. Entendió que esto era una decisión del plano espiritual.

Muchos viajes fueron escenario de esta misma dedicatoria.

En ningún cuidado fraterno, con pacientes desconocidos, se ha glorificado jamás, ni siquiera se ha identificado. Pero, a medida que pasó el tiempo y regresó a algunas de aquellas ciudades, al llegar por sorpresa a un hospital donde ya había estado, empezó a ser reconocido, aunque ya casi amanecía:

– Buenas noches, señor – saludaron los encargados de noche, con mucha admiración y respeto.

– Vine de visita…

– ¡Pacientes muriendo!

– Sí… Dios permite que algunos sanen, ¿no?

– Es así. Y eres tú a quien Dios pone a cargo de esta salvación…

– En absoluto: Dios crea, ve, cuida, provee y decide sobre todo y sobre todos…

Buscando no darse a conocer demasiado, Élcio empezó a variar los itinerarios turísticos en los que participaba.

14.- ENCUENTROS, DESENCUENTROS, REENCUENTROS

Élcio y el grupo de turistas llegaron a la ciudad de Pará, algo alejada de Belém, la capital, donde dos días después asistirían al "Círio de Nazaré"[18].

No muy tarde en la noche, Élcio salió solo a caminar por la ciudad, elegida por el grupo para permanecer dos días junto a la selva amazónica y a orillas de su gran río, el Amazonas.

Después de un tiempo, decidió que era hora de buscar un hospital, para ver si podía ayudar a algún enfermo.

No había nadie alrededor, pero aun así sintió algo anormal: no podía definir qué era, pero su corazón, acelerado, le informó que había "algo en el aire." Y no era bueno... Al mismo tiempo oraba.

De repente apareció un hombre frente a él:

– Quédate quieto, de lo contrario dispararé...

---

[18] Círio de Nazaré: (Círio = cirio largo de cera usado en las iglesias). El "Círio de Nazaré" es una fiesta religiosa tradicional que se celebra en Belém do Pará el segundo domingo de octubre y a la que asisten peregrinos de casi todo el país (¡unos dos millones!). La primera vela solemnemente sostenida allí data de 1793, y es parte de la tradición más antigua que un pescador encontró una réplica de la imagen de Nuestra Señora de Nazaré, venerada en Portugal, en las afueras de Belém. Se llevó la imagen a su casa, pero al día siguiente reapareció en el mismo lugar y obró milagros. Este hecho se repitió varias veces. Nota del médium.

– ¿Qué es lo qué quieres?

– Dinero. Dame todo lo que tienes. ¡Y ahora! ¡No hagas ningún gesto rápido o dispararé!

Al entregarle la cartera, la sangre casi se heló: ¡reconoció al agresor! ¡Este también lo reconoció!

– ¡¿Tú?!

– ¡¿Tú?!

Era Santos, el padre de Débora, quien exclamó:

– ¡Miserable!

El dedo índice apretó ligeramente el gatillo. Con mucho esfuerzo no disparó. Dos expresivas fuerzas opuestas los involucraban: Jules, con otros dos espíritus amigos, junto con Élcio, en oración, sosteniéndolo, atraído por su oración; y varios espíritus obsesores, también atraídos por su sintonía con Santos, algunos casi cabalgándolo, inculcándole ideas de venganza:

– ¡Dispárale, tonto! ¿No ves que el "destino" está siendo generoso contigo, trayendo aquí al ladrón de tu felicidad?

- Y tus bienes - añadió otro.

– ¡Dispara! ¡Dispara! ¿Qué estás esperando? Nadie sabrá que fuiste tú. ¡Mátalo! Otra oportunidad como ésta nunca llegará.

El dedo de Santos apretó cada vez más el gatillo. Jules inspiró a Élcio a mantener un diálogo fraternal:

– Santos, sé que en el pasado, por culpa del juego, te convertiste en mi enemigo – comenzó a hablar Élcio, en voz baja.

– Fuiste la pesadilla de mi vida, ¿sabes?

– Puede que lo fuera, pero también tuve problemas con el juego... Casi me muero y dejé de jugar, definitivamente.

– Después que les robaste bastante a los demás, ¿no?

– ¡No, nunca robé!

– Entonces, ¿cómo es que casi siempre ganas?

– Si te lo digo no lo creerás.

– Inténtalo. Quizás sea tu última carta...

– No temo a la muerte, Santos. Hoy soy espírita, gracias a Dios y sé que siempre cosecharemos lo que sembramos. En mi caso, por ejemplo, tenía una facultad extraña, de la que lamento haber hecho mal uso...

– ¿Facultad? ¿Qué facultad? ¿La ligereza en la mano es la facultad?

– No. Casi siempre conseguí que los dados me obedecieran y, en las cartas, la mayoría de las veces conocía las de los compañeros.

– ¿Eres brujo, mago o qué?

– Médium, solo eso...

– ¿Médium? No me vengas con eso. Sé algo sobre el Espiritismo y nunca había oído hablar de él.

– Sí, no has oído hablar de eso, pero estas facultades mediúmnicas existen. Allan Kardec las catalogó como "efectos físicos" respecto de los dados; con referencia a las letras, hay estudiosos del Espiritismo que encajan esta facultad en las infinitas posibilidades de evidencia, o clarividencia, donde actúa una "doble visión" del médium en el desarrollo, o incluso por telepatía entre un espíritu desencarnado que ve y transmite mentalmente al médium lo que sus ojos físicos no ven.

Los obsesores se impacientaron aun más:

– Baquetas, babeantes. ¿Cómo es? ¿Vas a terminar esto pronto o no? - Santos captó el mensaje telepático. Endureció aun más su mirada y decretó:

– Ya no pienso en robos. ¡Voy a matarte!

Jules oró con fervor: "Jesús, Jesús, querido hermano. Permite, Señor, que el Bien reine y reúna los corazones de todos nosotros bajo Tu manto. No permitas, Maestro, que se cree mayor infelicidad."

A la oración de Jules al ascender al Cielo se unió otra muy sincera de Élcio: "Amado Jesús: si ha llegado mi hora, hágase la voluntad de Dios. Sé que lo que me suceda será exclusivamente resultado de mi invigilancia, no solo en esta vida, sino en las demás."

En el mismo momento, los obsesores se sintieron paralizados, perdiendo fuerzas y conciencia.

Antes de disparar, Santos puso la billetera de Élcio en el bolsillo de su camisa, cuando la billetera cayó. Apuntó con el revólver a la cabeza de Élcio y lo hizo alejarse para recoger la billetera del suelo. Al agacharse, un papel se le cayó del bolsillo de la camisa.

– ¿Sabes qué es esto? – Le preguntó a Élcio, enojado, mostrándole el papel doblado. Él respondió:

– Es una receta... Para mi hijo Aníbal...

Élcio sintió el extraño síntoma en su mano derecha. Suplicó:

– Déjame ver qué le pasa a tu hijo. Quizás pueda ayudarte. ¡Por favor, Santos, puedes matarme más tarde, pero llévame con tu hijo! Si lo necesitas te lo pido: ¡por el amor de Dios!

Además del apoyo misericordioso de Jules y sus dos compañeros, las palabras de Élcio, llenas de sinceridad y enmarcadas por la caridad, tocaron profundamente el corazón de Santos, quien, bajando el arma y la cabeza, comenzó a llorar.

Élcio, cauteloso, pidió ver la receta. Al cogerla, sin desdoblarlo, se acentuó el "síntoma eléctrico" y, aun sin saber por qué lo decía, confirmó:

– ¡Oh! ¿Por qué no me lo dijiste antes?

– ¿No dijiste qué?

– ¿Que tu hijo tiene meningitis?

– Tú... ¡¿Cómo lo adivinaste, si ni siquiera leíste la receta?![19]. Los médicos anotaron la enfermedad y el remedio, recomendándome llevar a mi hijo a un hospital, aquí o incluso en la capital.

– Ni siquiera sé muy bien qué pasa cuando siento algo en mi brazo, proveniente de Jesús, que ha hecho posible curar a los enfermos...

– Por amor de Dios: ¡sana entonces a mi hijo! Pensé en robar porque no tengo dinero, ni para comer, mucho menos para comprar medicinas. El último salario que perdí en el juego...

– ¿Donde esta tu hijo?

– Está en Santa Casa, pero por el momento allí tampoco tienen esos medicamentos, por la gran cantidad de gente que tiene esa llamada "meningitis meningocócica", como dicen los médicos. Necesita salir de allí e ir al hospital privado, pero es muy caro...

– Vamos a buscarlo.

Santos devolvió la billetera a Élcio. Tomaron un taxi y poco antes de llegar a la Santa Casa, a Élcio "casi" se le escapa la pregunta que ardía en su interior, sobre la suerte de Débora. Logró controlar

---

[19] Aquí tenemos la narración de otro hecho mediúmnico de la psicometría. Solo para que conste, menciono que Sigmund Freud, el padre del psicoanálisis, quedó muy impresionado por una paciente que leía cartas sin abrir el sobre en el que estaban envueltas. Se trataba de una señora llamada Seidler, a quien Freud visitó cuando viajaba a Berlín (SILVA, Gastão Pereira da, en: *"Parapsicologia e Psicanálise"*, Ed. Itatiaia Ltda., BH/MG, 1968, Vol.6, p. 157, citando a Ernest Jones, *"Sigmund Freud"* – Vida y obra – Vol. III).
Aquí mismo en Brasil, el fallecido médium Francisco Cândido Xavier tenía tal facultad, conociendo el contenido de las innumerables cartas que recibía, antes de abrir los sobres (en: *"Chico Xavier – Mandato de Amor"*, 3ª Ed., 1995, p. 68, Unión Esp. Mineira, BH/MG). Nota del médium.

la tormentosa duda. Ante el recuerdo de la bella figura de la mujer que un día fue casi suya, y con la que solo soñó había sido feliz, pensaba: "Estaba loco, obligándola a amarme y obsesionado, cuando la buscaba en sueños; ¡Dios perdóname!"

– ¿Cómo ha ocurrido? - Le preguntó a Santos.

– Aníbal, que hoy tiene ocho años, contrajo sarampión hace unos días, lo que lo arruinó. Parecía que se había curado, pero de repente empezó a tener dolores de cabeza muy fuertes, fiebre alta y desmayos. Corrimos al médico, pero la Santa Casa también está llena de gente así.

Las enfermeras nocturnas, con mucha dificultad, permitieron que Santos y Élcio se acercaran a Aníbal, aislados:

– ¡Ten cuidado! El niño está casi en coma y con una infección grave... Ya tenemos demasiados enfermos aquí.

Sintiendo la "electricidad sublime" en su mano derecha, Élcio la colocó en la frente de Aníbal, quien ardía de fiebre. Sintió remordimiento por el daño que había hecho a esa familia en el pasado, sintiéndose corresponsable de la enfermedad del niño, "si no viniera a esta ciudad, tal vez no se enfermaría..." Jules, el Espíritu amigo, mentalizó:

– Jules: si Dios me trajo aquí es porque hay una razón. Le hice daño a la familia de este niño y lo siento. Hasta me da vergüenza pedir algo, pero solo la infinita caridad de Jesús me da fuerzas para suplicar bendiciones para Aníbal. Ahora mismo soy un desafortunado demoledor que intenta reconstruir lo que derribó. Si Jesús me juzga digno de ser instrumento de la Voluntad del Padre, que el bien visite a este hermanito."

Lágrimas ardientes corrieron por el rostro de Élcio, remordimiento y lástima combinados.

Desde regiones siderales, un hilo luminoso se proyectó sobre él y salió por las manos, colocadas sobre la cabeza del niño, penetrando su frente y recorriendo todo el sistema nervioso central, iluminando el sistema hematológico. Cualquier ojo humano vio el cuadro de inusitada belleza: Aníbal, saliendo del precoma, tosió varias veces y con cada pequeña convulsión expulsó de la boca oscuras aglomeraciones purulentas, cargadas de miasmas, estas solo visibles por los espíritus protectores que lo atendieron. Del material expulsado salieron al aire nubes de estos miasmas, que pronto se disolvieron, pulverizados por los fluidos que se escapaban de las manos de Élcio, como si estuviera usando un insecticida en "spray."

– Papá... Papá, ¿dónde está mamá?

Santos se arrojó sobre su hijo, abrazándolo, besándolo, llorando...

Élcio recordó el pasaje del Evangelio en el que Jesús fue a casa de Jairo y resucitó a su hija[20]. Pensó, de manera simplista y pintoresca, pero sincera, en una oración de gracias: "¡El Señor es demasiado, Jesús mío!"

– ¡Gracias a Dios! - Exclamó poniendo su mano sobre Santos.

– Perdóname, Élcio: iba a matarte...

– Soy yo quien se disculpa, Santos. No tienes idea de cuánto lamento haberte hecho daño a ti y a tu familia.

– Todo pasó. ¡Salvaste a mi hijo!

– En absoluto: Dios lo salvó.

- Quiero volver a casa - gimió Aníbal.

La enfermera estaba llegando y se sobresaltó:

– ¿Que es eso? No, no me digas: soy demasiado mayor para no saberlo, en mis treinta años de enfermería he visto algunos milagros y este es uno más.

---

[20] Lucas, 8: 41 a 54. Nota del Médium.

- Quiero volver a casa - insistió Aníbal.

– Sí, hijo mío – animó la enfermera, concluyendo: En cuanto llegue mañana temprano el médico te dará el alta.

- Me quedaré con él por un tiempo - ofreció Élcio.

– Yo también – dijo Santos invitando: Pero primero vayamos a casa y le digamos a Vilma. Ella y Débora están desesperadas.

El corazón de Élcio latía más rápido: el "vamos" implicaba una invitación que lo pondría cara a cara con Débora. "¿Vive todavía con sus padres?", pensó.

– No sé si debería ir...

– ¡Insisto! Quiero decirle a Vilma que Aníbal mejoró gracias a ti y que nos reconciliamos.

– ¡No fui yo! Era Jesús, Santos. Nunca olvides eso.

– Está bien: fue Dios quien autorizó a Jesús para autorizarte a ti, de acuerdo?

– Todavía no: tu fe y tu amor fueron la llave que abrió la puerta a lo sucedido, además, principalmente, del mérito de Aníbal. Si Dios ha permitido la mejora, y ciertamente la curación, es porque su hijo merece tal bendición.

Tomaron un taxi y en el camino ninguno de los dos habló.

Cuando llegaron, Élcio se sintió avergonzado: la casa era pequeña, sin terminar, en un barrio apartado, en una calle sin asfalto y mal iluminada.

– Solo podemos pagar este alquiler – justificó Santos.

Vilma abrió la puerta antes que bajaran del taxi. Al identificar a Élcio, instintivamente retrocedió.

– ¡Pues Aníbal está bien y volverá mañana por la mañana! - Vilma rompió en llanto convulsivo:

– ¡Gracias a Dios, gracias a Jesús! - Élcio y Santos se miraron.

- Y gracias a Élcio - añadió Santos, sin poder contenerse.

Vilma lo miró sin entender. Santos explicó:

– ¡Élcio lo adivinó todo y trató la enfermedad de Aníbal con las manos!

Vilma entendió aun menos. Santos añadió:

– ¡Es un médium curativo!

– ¡Oh! ¡gracias a Dios!

Se acercó a Élcio y, en un impulso de agradecimiento, lo abrazó fuertemente. Santos se sumó al ahora triple abrazo.

Una vez más, los ojos humanos no presenciaron un magnífico espectáculo espiritual: sobre los tres se proyectaron luces intensas, de diversos colores, fosforesciendo el ambiente. Alrededor de la casita, a una distancia de unos veinte metros, parecería que se instalaran focos invisibles que concentraban en ella sus potentes focos luminosos. Diversos espíritus –Jules con ellos–, algunos ni siquiera relacionados con aquellos acontecimientos, se acercaron hasta allí y se unieron en oración. Desde algún punto del espacio, los ánimos alcanzaron los sublimes acordes de una sinfonía, en la que prevalecieron las voces de un coro que cantaba el "Magnificat"[21], de J. S. Bach (1685–1750), compuesto en 1723.

Los encarnados, por su parte, quedaron conmovidos.

– Perdóneme señora Vilma por lo que hice en el pasado...

– Quitar al "dueño" y olvidar el pasado infeliz. Jesús fue autorizado por Dios para autorizarte a ser instrumento de la Bondad Divina con mi hijo.

---

[21] Magnificat = alabanza. Según la tradición, es un canto de alegría a través del cual la Virgen María expresó su agradecimiento a Dios en la Anunciación. El Magnificat ha sido objeto de numerosos compositores desde el siglo XIX - XVI. En la Iglesia católica se ha repetido como expresión de júbilo. Nota del médium.

- "Increíble - pensó Élcio -, las mismas palabras que su marido…."

Allí, el amor le infundió valor:

– Disculpe mi indiscreción, pero… ¿y Débora?

– Está bien…

Marido y mujer se miraron. Vilma se aferró a Santos y le dijo a su marido, llorando nuevamente:

– Ella salió de la casa justo después que tú… Se vistió de una manera que no me gustó y dijo que solo volvería cuando hubiera encontrado dinero para salvar a Aníbal.

– ¡¿Recibir dinero en este momento?! ¿Dónde? Santos quedó asombrado.

– En la calle…

Santos pronunció una mala palabra y se preparó para irse:

– ¿Desde cuándo sale así de noche?

– Ya que tú… sales a jugar. Ella espera a que te vayas y luego se va también. Suele volver antes.

– Quiero ayudarlos – ofreció Élcio, decidido.

Santos lo miró por un segundo que pareció un siglo. Los tres retrocedieron al pasado y de inmediato recordaron su infamia con Débora.

– Es mi oportunidad de pedirle perdón también… La sinceridad derribó cualquier obstáculo:

– Está bien. Vamos a buscarla.

Se marcharon, y de nuevo en silencio, en el taxi que no había sido despedido.

La vergüenza fue grande. Al observar el movimiento nocturno, donde personas inadaptadas, por un lado, venden su propio cuerpo y, por el otro, encuentran compradores, Santos desahoga:

– ¡No sabía que ella hacía eso! ¡Pronto hoy me prepararán uno de estos!

Extendiendo la mano, asumió:

– No puedo condenarla, porque yo también me equivoco. Pero la lección, o más bien las lecciones de esta noche, han sido muy duras. Solo te diré: juré que si Aníbal se curaba dejaría el juego para siempre. ¡Maldito juego! ¡Nunca volveré a jugar! ¡Nunca!

– Tengamos fe en Jesús que todo se resolverá de la mejor manera para todos.

– ¿Cómo nos llevará Jesús a Débora?

– Espera, ora y verás.

– Sí, tengo fe en Dios que, ahora que su hijo está salvo, este afligido padre no volverá a tener otro desconsuelo "perdiendo" a su hija…

Pensando firmemente en Jesús, Élcio imaginó al amigo Jules. Recorrieron varias cuadras hasta que, al pasar frente a una discoteca, sintió el inconfundible "síntoma eléctrico."

– La "consumación" son veinte reales – cargó el portero. Entraron. El ambiente era el de siempre, en estos lugares: hombres y mujeres, susurrando, bebiendo, fumando, bailando sin ritmo, muy cerca unos de otros.

A pesar de la oscuridad, Élcio la vio, en compañía de un hombre que aparentaba unos cincuenta años. Santos también la vio. No pudo evitarlo: se acercó a la mesa y regañó:

– ¡Débora, vámonos a casa!

La joven saltó asustada y se puso de pie. Allí vio:

–¡Élcio! ¡¿Tú?! ¡¿Aquí?!

El compañero pronto dejó a Débora y, de reojo, se dirigió a otra mesa, algo alejada.

– ¡No huyas de mí! ¡No huyas! – Gritó Débora, siguiendo a su compañero.

De pie frente al hombre que hacía todo lo posible para pasar desapercibida, Débora, medio borracha, acabó llamando la atención de todos.

Élcio y Santos se acercaron a ella:

– Vámonos a casa, hija mía...

– ¿Qué haces en compañía de ese bandido?

– Disculpe – murmuró el escolta, levantándose nuevamente e intentando distanciarse.

– Quiero mi dinero. ¡Me prometiste! –exclamó Débora.

Un oficial de seguridad se acercó:

– Salgamos afuera y hablemos mejor...

– Solo saldré de aquí – retó Deborah – después que él me pague.

El hombre, hasta entonces evasivo, al sentir el "apoyo" de la seguridad cambió radicalmente:

– Mira, idiota: no tengo que darte nada, porque ni siquiera te puse un dedo encima. Sal o haré que te arresten.

Al mismo tiempo lograron identificarlo:

– Señor alcalde, excelencia – ofreció el guardia de seguridad –, disculpe las molestias, pero ya lo solucionaré.

– No me importa si es alcalde. Me prometió dinero si le hacía compañía...

– ¿Pagar qué, tonto? Si no lo hacemos...

- Una palabra más y lo mato - amenazó Santos, erizado, frente a frente con el hombre.

– ¡Arresten a este loco! ¡Arréstenlo!

El guardia de seguridad, de manera truculenta, agarró a Santos y lo iba a sacar a rastras. En ese momento intervino Élcio, hasta entonces un mero asistente:

– ¡Déjalo! ¡Ahora! Él es el padre de la niña.

La "seguridad" flaqueó. El alcalde estaba exasperado:

– Aleja de mí al idiota. Estoy mandando. Quiere matarme...

Débora agarró violentamente al empleado del brazo y gritó:

– ¡Deja a mi padre!

El guardia de seguridad iba a atacarla, pero Élcio la protegió interviniendo entre ambos:

– Si no lo liberas ahora, serás considerado el agresor de la víctima y el padre: serán dos delitos, en la denuncia que presentaremos ante la Policía.

Tal vez porque no quiso involucrarse en ningún proceso policial, tal vez porque se dio cuenta que Santos no se había equivocado, lo cierto es que el guardia de seguridad lo soltó.

– ¡Padre! ¡Padre! ¿Estás bien?

– Sí, hija. Vamos, Aníbal ha mejorado y mañana se va a casa.

– Padre, ¿estás diciendo que Aníbal ha mejorado?

– ¡Si gracias a Dios! – iba a decir "gracias a Élcio", pero recordó su petición al respecto.

– ¿Y qué vino a hacer contigo este "bandido"?

– En casa te lo explico.

Ya se iban cuando el alcalde, en actitud cobarde, le dio un empujón inesperado a Débora.

Ligero como un gato, Élcio se abalanzó sobre él y lo derribó.

Iba a darle un puñetazo, con el puño derecho ya contraído. También en una fracción de segundo sucedió algo sorprendente:

sintió esa extraña electricidad en su mano derecha. Interrumpió la represalia.

Lo inusual de la "reacción a la reacción de agresión" dejó a todos paralizados. No hubo golpe, sino más bien "suspenso", cuando se dieron cuenta que el alcalde, acostado, incluso sin haber sido golpeado, comenzó a sentir náuseas: dolores localizados en el pecho, con inicio de asfixia, que le llevaron al vértigo.

Santos llevó a su hija a casa y Élcio acompañó al alcalde al hospital, en su coche, conducido por el propio guardia de seguridad, un policía militar que hacía trabajo extra allí, para reforzar el presupuesto interno.

Llamaron apresuradamente al médico, el diagnóstico se conocía desde hacía tiempo: angina.

Después de ser atendido, el alcalde recuperó completamente el conocimiento, escuchando decir al médico:

– Mantén la calma, Pedro. Has tenido un ataque de angina y ya te he medicado. No debería haberlo intentado...

– Él... me iba a pegar... –señaló a Élcio, al lado del médico.

– No señor, nada de eso – interrumpió el policía militar, añadiendo: usted atacó a la muchacha por detrás y este joven la defendió; por cierto, que bueno que sepas que, si no fuera por él, podría haber muerto allí, porque actuó rápidamente llevándolo al hospital.

– ¡¿Fue él quien me trajo?!

– Sí. Acabo de conducir tu auto.

- Hicieron un gran trabajo sacándolo de allí - intervino el médico, explicando - Le he advertido varias veces que no beba, que coma con moderación y que no se meta en aventuras con mujeres...

En ese momento, el paciente cristalizó su mirada en Élcio y, sin éxito, intentó disimular su angustia.

Élcio captó esa tristeza. Se acercó:

– Sr. Pedro: Pido disculpas por mi comportamiento, pero "casi" pierdo la razón cuando...

– Fui un cobarde al atacar a esa pobre chica. Si yo fuera tú, habría hecho lo mismo. Cometí un error y me disculpo por ello. Hazme un gran favor: dile a la señorita que lamento mucho el desafortunado gesto. Por favor, perdóname.

Élcio le tomó la mano y se la apretó fraternalmente.

En ese momento volvió a sentir el "síntoma eléctrico." Algo andaba mal con la salud de ese hombre. Intuido, sugirió, sin saber él mismo por qué lo hacía:

– La medicina es una bendición y deberías beneficiarte de ella.

– ¿Por qué dice eso? Pedro preguntó al doctor.

– Tal vez porque sabe lo que vengo sugiriendo desde hace un tiempo y tú te niegas...

- La cirugía es la mejor opción - dijo Élcio, casi sin querer, porque nunca se atrevería a aconsejar a alguien que se someta a una operación, sin siquiera saber por qué.

– ¿Ves? Incluso él ya sabe que necesitas cambiar de opinión. Tu angina ya pasó la etapa de tratamiento.

– Tengo miedo, doctor. Estoy bastante seguro que estoy en la mesa de operaciones...

– ¿Ah, sí? ¿Y quién te dio esa certeza?

– No sé. ¡Tengo mucho miedo!

– Bueno, no lo tengas – volvió a intervenir Élcio, añadiendo: Sé que todo irá bien y podrás trabajar mucho más duro, por la ciudad y sus ciudadanos...

– ¿Cómo puedes saber que todo saldrá bien?

– ¡Fe en Dios! ¡Fe, señor alcalde! ¡Fe!

– Si tan solo estuviera conmigo… – tartamudeó Pedro, rompiendo en abruptas lágrimas.

Antes que Élcio preguntara al médico quién era "ella", de manera inexplicable, le vino a la mente el motivo del tormento de Pedro: hacía tiempo que era viudo, no podía aceptar la pérdida de su esposa.

Aconsejado:

– Orar por ella ayudaría mucho.

Conociendo la grave responsabilidad que pesa sobre los médiums intuitivos que reciben información tan seria del plano espiritual, Élcio los filtró:

– El Sr. Pedro, un amigo espiritual nos dice que su esposa Teresa está siendo asistida en espiritualidad por protectores, pero aun necesita oraciones. ¡Especialmente sus oraciones!

– ¿Tú… conociste a Teresa? ¿Cómo es que nunca lo he visto en esta ciudad…?

– No, no la conozco. Vengo aquí por primera vez. Acompaño a un grupo de turistas que quieren observar el Círio de Nazaré, en la capital.

– Pero entonces, ¿quién le dijo el nombre de mi esposa muerta? Por cierto, ¿cómo sabes que soy viudo? ¿Quién te lo dijo?

– Soy médium, señor Pedro. Cuando Dios lo permite, estas cosas suceden.

– ¿Entonces? ¿Programamos la cirugía? – Insistió el médico.

– Déjeme pensar un poco más, doctor…

– ¿Puedo darte un pase? ¿Y usted lo autoriza? – Preguntó Élcio, con cautela, al médico y al alcalde, respectivamente.

Habiendo ambos asentido, se concentró. Puso sus manos sobre la cabeza de Pedro e inició largos movimientos dispersivos de fluidos. Al repetir el movimiento por tercera vez, la mano tocó el bolsillo de la camisa de Pedro. Casi perdiendo la concentración, "vio", con los ojos del espíritu, una nota y lo que estaba escrito. Completó el pase.

El médico se despidió prometiendo regresar a primera hora de la mañana y que el paciente pasaría la noche en observación. Le ofreció llevar a Élcio.

– ¿Puedo quedarme con él un poco más? Solo un poco.

– No permanecer más de media hora. Necesita descansar. Al estar a solas con Pedro, tuvo extrema precaución:

– Ya sabe, señor Pedro: cuando las cosas no van bien, solo hay un camino por recorrer...

– Sí, lo sé...

– ¡Dios!

Los ojos de Élcio brillaron intensamente. Pedro se sobresaltó, más aun cuando continuó:

– He estado en situaciones muy delicadas y, por error, se me ocurrió una solución extrema...

Pedro abrió mucho los ojos. No creyó lo que escuchó.

– ¡El suicidio, señor Pedro, es la falta más grave que alguien comete contra la vida, que es el plan de Dios para Sus hijos, nosotros! ¡Para todos los seres vivos!

Pedro sintió la falta de aire en sus pulmones. En un gesto dominado por la desesperación, agarró a Élcio y casi gritó:

– ¿Quién te dijo que yo...?

Antes que Pedro pudiera completar la pregunta, Élcio sacó suavemente la nota del bolsillo de su camisa. Sin abrirlo, dijo con calma:

– Dios está presente en todas partes, incluso dentro de tu bolsillo. Y como le enviaste un mensaje, tu espíritu guardián me encargó responder: ¡La vida es el bien supremo! Es el libro sublime de la existencia. ¡Este libro nunca termina, he aquí, es infinito! En él, la muerte es solo el final de un capítulo fugaz, de innumerables que, empezando por el nacimiento, ofrecen siempre nuevos guiones. Los personajes que transitan por nuestro libro pueden estar ausentes en un capítulo determinado, pero adelante siempre regresan. Así como el día y la noche se entienden muy bien, ambos gestionados por el Tiempo, el nacimiento y la muerte son fases que se unen y se alternan sucesivamente.

– ¡Santa Madre mía! ¡Nadie ha visto mi nota! Estaba a punto de suicidarme esta misma noche...

Con suma angustia, le pidió a Élcio que leyera la nota.

Al abrirlo, Élcio leyó:

"En el libro de mi vida solo hay páginas en blanco, ya que Teresa se fue muy lejos, dejándome días de desesperación y noches de soledad. Hoy cierro este libro – mi libro – porque para mí el tiempo se detiene en el dolor. Pedro AJ."

Al día siguiente, después de pasar un tiempo con el grupo de turistas, Élcio regresó al hospital.

– Entonces, señor alcalde, ¿cómo le fue?

– ¡Muy bien, gracias a Dios y a ti! Hazme un favor: llámame Pedro, porque somos amigos.

– Lo haré, con una condición: nunca más dirás que "gracias a mí" te pasó algo bueno. Solo a Dios debemos dar gracias.

– Todo bien todo bien. ¡La operación está prevista para dentro de tres días! ¡Gracias a Dios!

– Sí, gracias a Dios señor; es decir, usted lo decidió. Mañana iremos a la capital, pero volveré a esta ciudad así ¡Hermosa, casada con este inmenso río, ambos abrazados por el bosque más grande del mundo!

– Siempre será bienvenido. Y hablando de abrazos, la próxima vez quiero abrazarte con el corazón "parchado."

– Pedro – comenzó Élcio, cautelosamente: ¿es cierto que aquí se está considerando la instalación de casinos?

– ¡Oh mi! Cómo vuelan los rumores, a veces como misiles, a veces navegando sumergidos, como torpedos, pero ambos haciendo daño...

– ¿Es verdad?

– Hay personas con posesiones a las que les gusta jugar y que ponen el ejemplo de algunas reservas indias en Estados Unidos, que fueron invadidas por casinos, a cambio de una comisión fabulosa para los indios. ¡Fantástico, Élcio! ¡Fantástico! A esta gente le gustaría jugar por aquí...

– Pedro: Me voy, pero primero te pido permiso para comentar lo que sé del juego.

– ¡¿Tú?! ¡Pero tú eres un hombre al servicio de Dios!

– Intento ser. Pero yo solía ser un jugador...

Élcio narró su vida como jugador, dejando a Pedro confundido. Al final de su confesión, propuso:

– Hagamos lo siguiente: si los espíritus amigos lo permiten, tendrán una confirmación más que el plan espiritual los vigila.

– ¡¿En sí?!

– Sí. Es una gran responsabilidad para ti impedir un juego aquí, porque con ello siempre viene dolor, miseria y mucha tristeza...

– ¿Qué debo hacer?

– Ten fe en Dios y en Jesús y el apoyo celestial no te fallará. Cuando sea el momento adecuado, sabrás exactamente cómo desanimar a aquellos interesados en implementar este tormento.

Élcio hizo una pausa y luego completó el consejo:

– Si me permite, pídale a esos conocidos suyos que hagan inversiones en escuelas, nunca en casinos. Los casinos encienden las almas, las escuelas las ayudan a progresar. El problema del juego es que la corrupción circula junto a él, porque como los perdedores son la inmensa mayoría de sus clientes, en su desesperación por cubrir sus pérdidas, no es raro que algunos pierdan la razón y apelen a las últimas consecuencias: el crimen.

Élcio, mirando un libro en la mesilla de noche, estaba feliz: era *"El Evangelio según el Espiritismo"*, ganado ese día a su nieto Pedrinho.

– Lo recibí hoy como regalo. ¿Adivina de quién?

Élcio lo tomó. Antes de abrirlo, sintió pasar a través de él el signo espiritual que le permitía "ver con los ojos del espíritu", hechos relativos a las personas ligadas a los objetos, mediumnidad que el Espiritismo, como ya se dijo, llama psicometría.

Comentó, con el libro aun cerrado: "Al abuelo, con cariño de tu nieto. Pedro."

Peter casi se queda sin aliento. Élcio lo calmó rápidamente: no te emociones ni te sorprendas, porque eso no siempre sucede. Solo cuando Dios lo permita.

– ¿Qué quiere Dios de mí?

– ¿Alguna duda?

– Lo tengo… lo tengo. El juego no es realmente una solución, aunque, lamentablemente, algunas personas lo aprovechan. Haré lo que pueda para asegurarme que eso no suceda aquí.

– ¡Gracias a Dios!

15.- SUEÑO, SÓLO UN SUEÑO...

Al salir del hospital, sabiendo que tendría algunas horas más para permanecer en esa ciudad, sintió una necesidad irresistible de hablar con la joven a la que una vez había lastimado o tratado de lastimar. Hoy, después de haber transcurrido un tiempo considerable entre ellos, dio gracias a Dios por el accidente que impidió la consumación de aquella vileza. Allí mismo, en la acera del hospital, decidió que de todos modos iba a despedirse de ella. En esto ayudó el "destino": la vio, caminando sola, por la acera de enfrente. Llegó a ella:

– Débora...

– ¿Tú otra vez? ¿Qué quieres de mi?

– Me voy y quiero despedirme...

Adiós...

El tono, más el gesto desdeñoso, dolió. Con la cabeza gacha, la dejó. Se reconoció indigno de intentar acercarse.

Pasaron los meses.

Mientras tanto, recibió una sola llamada, de Pedro, informándole del éxito de la cirugía.

Tiempo después, incapaz de resistir la presión de extrañar a Débora, llamó a Pedro:

– ¿Pedro, y esa familia, de Santos? ¿La haz visto?

– Sí, incluso fue muy amable de tu parte llamar. Fui con esa chica y le pedí disculpas por mi comportamiento esa noche...

– ¿Y ella? ¿Cómo está?

– No sé decir. Un amigo mío necesitaba una recepcionista en su empresa y pensé en ella. Consiguió trabajo, pero hace unos veinte días mi amiga me informó que renunció y se mudó a otra ciudad con su familia.

– ¡¿De cambio?! ¿A qué ciudad?

– No sé...

– Por favor, Pedro, a ver si puedes averiguarlo... Es muy importante para mí...

– ¡Pues vive! Percibo ansiedad mezclada con amor.

– Ya ni siquiera lo sé. Ella no sale de mi mente.

– ¡Entonces es amor, sí! ¡Felicidades! Voy a descubrir a dónde fueron, si tengo que poner patas arriba este estado.

– ¡Dios lo bendiga!

– Ya pagado...

Élcio vivió días angustiosos, esperando noticias de Débora.

Lo que finalmente llegó, dos meses después:

– Élcio, amigo mío – le dijo Pedro por teléfono – ¿todavía quieres saber de esa chica?

– Por Dios, Pedro, aunque no sean buenas noticias, quiero saber qué averiguaste sobre ella.

– Son cuidadores de una finca, a unos doscientos kilómetros de aquí. La niña... Débora... está algo enferma y el campesino no quiere que la familia se quede allí, ya que no hay recursos para tratar su enfermedad... Envié un mensaje invitando al señor Santos a regresar, pero la familia decidió nunca poner un pie en esta ciudad, porque fue aquí donde la hija contrajo la enfermedad...

Élcio no hizo más preguntas. Como relámpagos y truenos, una tormenta de dolor moral lo invadió. Sin que fuera necesario que Pedro informara, estaba seguro que el estado de Débora era grave. Oró a Jesús, con un fervor nunca antes alcanzado: "Jesús, el

Señor que conoce nuestras almas y es paciente con nuestros límites, déjame ayudar a Débora. Como bien sabe el Señor, el amor que llevo en mi corazón por ella aliviará su dolor cuando le confiese ese amor que arde en mi pecho."

Las lágrimas espontáneas y ardientes fueron los únicos testigos – testigos fuertes – de la sinceridad de Élcio. Consolada de alguna manera, me decidí: ¡iría a verla!

Y fue.

Pidió una excedencia de sus funciones profesionales y viajó para encontrarse con Débora. Se alojó en el único hotel de la localidad y no tuvo dificultades para trasladarse a la "Hacienda Cortina del Sol", donde Santos se alojaba con su familia.

Cuando el carro alquilado llegaba, a unos doscientos metros de distancia, Élcio se bajó y pidió al conductor que lo esperara allí. La finca era un "mar de caña", casi en época de cosecha. Por esta razón, solo cuando se acercó fue notado, primero por un perrito festivo, cuyos inocentes ladridos siempre "notaban" cuando alguien llegaba.

Ocho casas rústicas, seguidas, resultaron ser allí la residencia de los colonos. En una de ellas aparcció Vilma en la puerta. Tenía un aspecto terrible, reflejando el sufrimiento acumulado. Tartamudeó, casi sin reaccionar:

– Élcio...

– Doña Vilma, perdóneme por venir sin avisar.

La mujer prácticamente había perdido la voz. Cuando Élcio extendió la mano para saludarla, las lágrimas estallaron, como un dique al estallar. En un gesto ordenado por la fraternidad, el joven abrazó a la afligida mujer, manteniéndola protegida contra su pecho durante largos y silenciosos momentos.

– ¿Dónde está ella?

Vilma tomó a Élcio de la mano y lo condujo hacia el interior de la casita.

¡Allí estaba ella! ¡Pálida, pero hermosa! Dormido. Se acercó a ella y murmuró suavemente:

– ¡Débora!

- No lo puedo creer... has vuelto a venir - respondió la niña despertando.

– Sí, Débora, vine solo a verte.

– ¿Para qué?

Acercándose, le tomó las manos, que estaban casi heladas. Con el pecho agitado, la miró a los ojos y le dijo las palabras más sinceras de toda su vida:

– ¡Yo te amo!

El impacto fue muy fuerte en Débora, producto del alto magnetismo positivo que aureolaba al niño, de cuya silueta vibrantes luces espirituales, iridiscentes, brotaban de prácticamente todos los poros, dirigiéndose a la región del corazón de la joven. Ante tan sublime shock, los ojos de la muchacha flotaron sobre lágrimas que, silenciosas pero continuas, mojaban sus mejillas.

– Ya es tarde... – murmuró.

En un segundo, la realidad se desplomó sobre Élcio. Su desarrollada percepción mediúmnica confirmó que Débora tenía razón. En una mezcla de dolor y agonía – pero sobre todo de amor – se inclinó sobre la joven, dándole mil suaves besos, en la frente, en los ojos, en las mejillas, entre las lágrimas…

– ¡Siempre te ame! – Explotó, llorando.

– ¡Yo también! Cada día de mi vida tuvo luz después que te vi.

– ¿Por qué? ¿Por qué Dios mío? – Exclamó Élcio, mirando el techo rústico.

Como en respuesta, recordó inmediatamente las palabras de Jules, cuando lo ayudó por primera vez: "Todo dolor es episódico y solo el amor dura para siempre."

Presionó a Débora contra su pecho.

Una vez más la percepción mediúmnica, en ese momento muy activada, intuyó: estaba gravemente enferma. Quizás, en poco tiempo, haría el gran viaje – el regreso al plano espiritual –, viaje que tantas veces repetimos, a través de innumerables reencarnaciones, pero aun tan incomprendido.

Práctico y objetivo, bajo un impulso caritativo, dispuso que toda la familia, a su regreso, se trasladara a la ciudad donde los había conocido. Como no tenían muchos muebles, una camioneta se llevó sus pertenencias.

Élcio y Débora se adelantaron, por vía aérea, para iniciar el tratamiento médico necesario y también para que él consiguiera la residencia para su familia, que llegó una semana después. Santos, junto a su esposa y Aníbal, se instalaron en una pequeña casa, alquilada por Élcio, quien se hizo cargo del alquiler. Invitado, Santos aceptó, muy sensible, el papel de director financiero de la agencia de turismo de Élcio. Con este paso, el deudor pagó, en parte, su lamentable deuda.

La semana previa a la llegada de la familia, Débora pasó su tiempo en el hospital, sometiéndose a varias pruebas, todas pagadas por Élcio. En cinco días los médicos dieron el diagnóstico: Débora padecía una leucemia aguda, agravada por la tuberculosis, un estado de salud extremadamente grave.

Angustiado y sufriendo, Élcio estuvo dispuesto a apoyarla plenamente. Dejó de participar en las excursiones pasando a ser administrador, pudiendo así dedicar todo su tiempo libre a la empresa de Débora. Cada día pasaba más o menos dos horas en su casa, por la noche, reuniéndose con la familia. En una de esas noches respondió varias preguntas, ahora de uno, ahora de otro:

– Después de estudiar Espiritismo, amplié cuántas cosas malas venía haciendo con la mediumnidad que Dios me prestó...

– Cuéntame otra vez –interrumpe Aníbal – de esos hechizos...

– No fue magia, fue una especie de despertar que los espíritus amigos habían estado haciendo para que yo pudiera utilizar esas posibilidades para ayudar a los necesitados. Ayudar a los demás sería lo que más me ayudaría a mí.

– ¿Cómo supiste que eran espíritus amigos?

– Porque cuando se repiten hechos anormales, esto constituye evidencia de mediumnidad. Solo pistas. En estas circunstancias, lo mejor es orar mucho y buscar orientación en un Centro Espírita, donde se estudia la mediumnidad. Si se trata de mediumnidad, el camino será educarla, mediante cursos específicos, previos al ejercicio mismo de la mediumnidad. Si no es mediumnidad, podría tratarse de una influencia espiritual pasajera, o de algún quiebre emocional, que desaparecerá con oraciones, estudios de Espiritismo, acciones caritativas con los necesitados. Si hay reflejos en el cuerpo, también se debe buscar la Medicina, ya que es una bendición divina.

– ¿Y si la persona no va al Centro Espírita?

– Es libre de decidir cómo conducir la vida. Pero es bueno decir que todas las mediumnidades, si bien son herramientas sublimes de la caridad del Padre, prestadas a los médiums, estos últimos, al ejercerlas, son siempre los primeros beneficiarios. El Espiritismo es incomparablemente más pródigo en explicar el proceso mediúmnico y por eso el Centro Espírita es ideal en tales casos.

– ¿Y si el médium no ejerce esta facultad?

– Se oxida: a medida que el cuerpo físico refleja el espiritual, este "óxido astral" lo irá dañando, poco a poco, hasta que… el dolor entre en este contexto. Y el dolor es una providencia eficaz, inexorable, que conduce al medio improductivo o desestabilizado a la única solución posible para detener su sufrimiento: la auto reforma.

– Entonces, yo... – preguntó Débora –, ¿soy médium? ¿Mi enfermedad es porque no practiqué la mediumnidad?

– De ninguna manera diría eso – respondió Élcio afectuosamente, acariciándola –, cuando nos llegan problemas, ya sean espirituales o materiales, nunca se puede decir que sean de origen mediúmnico. Aunque la mediumnidad puede incluso, en algunos casos, causar problemas al médium, existen muchos otros problemas, acontecimientos que causan perturbaciones y sufrimientos, que nada tienen que ver con ello.

– ¿Por qué existen enfermedades graves?

– Es notable la concepción espírita de la causa de todos los problemas irreversibles, como las catástrofes inevitables o las enfermedades incurables, algunas incluso desde el nacimiento: siempre es doloroso cosechar una plantación equivocada.

– Pero... – reflexionó Santos, que escuchaba todo, atento y hasta entonces en silencio – ¿cómo puede tener la culpa un bebé si nace enfermo? ¿O cómo explicar que un niño quede paralizado de por vida? O...” sollozó, “por qué... mi hija...

No pudo terminar.

– Siempre está la presencia de Dios en todos estos hechos. Partiendo de la certeza que Dios es justo, no hay otra explicación posible para estas dolorosas situaciones humanas: quien sufre está redimiendo una deuda, del mismo modo que pagamos los objetos que compramos. En estos casos, la lógica, aliada a la fe en la Justicia Divina, responde que si un bebé, un niño o un joven sufre graves discapacidades o enfermedades mortales, no habiendo habido tiempo en esta vida para contraer tal deuda, solo en una vida anterior esto sucedió. Habrá ocurrido.

– Pero, ¿por qué el pecador no paga pronto su culpa?

– La bondad de Dios es tal que permite a estos deudores momentos de reflexión, de arrepentimiento, seguidos del firme propósito de reconstruir lo que han destruido: casi siempre la paz de los demás.

– ¿Cómo puede alguien deshacerse de las deudas sin sufrir?

– El sufrimiento es un componente terrenal que puede verse de dos maneras: con o sin resignación. Todos aquellos que tienen problemas y los admiten como una oportunidad de rehacer, de recuperarse, de compensar, en definitiva, soportan mejor el dolor, siendo esta actitud balsámica anestesia de la desesperación, traduciéndose en tranquilidad; quienes se rebelan ante las dificultades que ellos mismos han creado, sufren doblemente, primero porque de una manera u otra tendrán que pagar sus deudas y, segundo, porque el inconformismo, la rebelión o lo peor de todo, la blasfemia, actúan como brasas en las heridas. .

– ¿Dónde aprendiste todo esto?

– En el Espiritismo. Aun tenemos mucho que aprender de esta sagrada Doctrina, que ha ido consolando las aflicciones de quienes están dispuestos a estudiarla y practicar las enseñanzas de Jesús, que son su base.

Pronto Élcio sugirió que todos leyeran el Evangelio de Jesús:

– Es lo que el Espiritismo llama "culto evangélico en casa", cuando la familia se reúne a una hora determinada, lee una página evangélica y todos pueden comentarla; luego se dice una oración en voz alta pidiendo las bendiciones de Dios para todos en el hogar, los vecinos, la ciudad, el estado, el país y en todo el mundo, indicando los hospitales, guarderías, cárceles y demás lugares donde la inspiración indique.

– Pero, ¿cómo se puede pedir por "el mundo entero"?

– Sí, aunque indirectamente, en todo el mundo: sabemos que una sola oración no tiene el poder de resolver los problemas mundiales, pero también sabemos que varias oraciones unidas forman una poderosa dispensación de bendiciones que son recogidas por los espíritus protectores y son llevados a algún lugar del mundo (considerando entonces el mundo entero) donde al menos una persona necesitada se beneficiará.

– ¿Este "Servicio de Culto en el Hogar" debería ser diario?

– Para los que pueden, sí. Aunque originalmente la espiritualidad recomendaba que fuera semanal, hoy en día son tantas las tragedias y sufrimientos que la oración se ha convertido en el único medio de cooperar con el bien, en beneficio de quienes sufren. Y para mantenernos relativamente equilibrados, porque el mundo es una gran canoa, que navega en aguas que no siempre están tranquilas y nosotros, los pobres pescadores que buscamos la pesca sublime de nuestro propio progreso.

Después de estos benditos encuentros, Élcio le aplicó un pase a Débora, quien, en un mes, se libró de la tuberculosis. Para ello cooperaron las medicinas y las energías psicofísicas transmitidas por los pases.

Así, tal alivio provino de la unión de la Medicina terrenal con la Medicina espiritual. En las mañanas soleadas, Élcio y Débora daban un breve paseo, de la mano, muy juntos, reflejo de sus almas, entrelazadas de amor y cariño.

Bella como siempre, aunque con signos de la enfermedad, la joven ni siquiera podía ayudar a su madre con las tareas del hogar. Pasaba sus días leyendo los libros que Élcio le regalaba: ¡libros espiritistas! Había días que la postración era total y no sabía ni leer.

Leyó tres novelas espíritas y, tantas fueron sus dudas y acontecimientos inéditos con los personajes, que Élcio sugirió leer *"El Libro de los Espíritus."* Débora, al leerlo, una verdadera luz espiritual envolvió su alma, comprendiendo, en su propio caso, la perfección de los designios y la Justicia Divina. Se dio cuenta que sus dificultades eran una descarga sublime de errores pasados.

Esa postura la tranquilizó.

Tres meses después, sangrados anormales y anemia señalaron el avance inexorable de la enfermedad en Débora.

Élcio la llevó a exámenes médicos de seguimiento y a recibir tratamiento. A medida que su salud empeoraba, incluso los profanos ya predecían que el resultado no tardaría en llegar. Los médicos, presionados por Élcio, lo confirmaron.

– ¿Quién puede juzgar el dolor de alguien al ver al ser amado irse, poco a poco, despidiéndose de la vida física?

Con dolor en el alma, que se tradujo en opresión en el corazón y angustia sin fin, Élcio se fue de vacaciones, para poder pasar más tiempo con su amada.

Siempre que fue posible, Luiz los apoyó. Tanto él como Élcio no habían interrumpido las actividades mediúmnicas en el Centro Espírita al que asistían. Allí, Élcio realizaba reuniones semanales de fluidoterapia. Su conducta moral vigilante y su sentimiento de caridad trajeron buen ánimo a su empresa y muchos beneficios a los enfermos.

Después de una reunión de fluidoterapia (pases), Luiz consoló a Élcio, tratando de animarlo, ya que mostraba tristeza:

– Dios es justo... No seas así, no es bueno.

– Ella, pronto… lo hará…

Élcio no pudo completar la frase, ahogado por lágrimas dolorosas.

Luiz también se puso a llorar, abrazando a su amigo en un abrazo fraternal.

Un niño notó que los hombres lloraban. Estaba en el regazo de su madre, de espaldas a ellos. Abrió sus bracitos, queriendo ir hacia Élcio. La madre se dio vuelta y al ver los ojos rojos de aquel hombre que ayudó a tantos, ella tampoco pudo contener las lágrimas. El niño insistió en ir a Élcio. Otras personas que aun esperaban una oportunidad para intercambiar algunas palabras con él, al notar que lloraba, al igual que Luiz y su esposa, se conmovieron. Resultado: en menos de un minuto, todos estaban llorando.

Solo la niña sonreía, en murmullos afectuosos, siempre y siempre con los brazos abiertos hacia Élcio, que finalmente la atrapó.

La niña se frotó los ojos con sus manitas, como para secarse las lágrimas. Luego, en un gesto de profundo afecto, acercó su frente a la de él.

En ese momento, Élcio comprendió la belleza de la sinfonía que la vida interpreta sin cesar: la mujer que amaba irremediablemente estaba con el tiempo terrenal esfumándose, mientras, en el niño en sus brazos, palpitaba con fuerza el inicio de un nuevo viaje existencial.

El cumpleaños de Débora era dentro de dos días.

El "destino" le ofreció a Élcio una feliz oportunidad de saldar, en su existencia actual, una grave deuda contraída sobre sí mismo: como aun no había sido vendida, devolvió al antiguo propietario la casa que había estado en Santos y que había conquistado en una juego.

– Dios te bendiga – saludó Luiz, al enterarse del hecho, comentando: no quiero saber cómo te beneficiará este gesto, librándote de difíciles rescates en el futuro.

– Bueno, no hice nada más que mi deber cristiano...

– Hecho Sí. Reconstruyó y redimió un error, implantando una sólida base espiritual para evitar su repetición. Este es el esplendor de la vida, que enseña sabiduría en el arrepentimiento, seguido de la reparación física y moral. ¡Felicidades! No duden que su espíritu protector debe estar jubiloso, pues habrá sido todo el trabajo exhaustivo convenceros que así lo hagan.

– De verdad... pensé mucho, antes de hacer eso.

Élcio decidió ofrecerle a Débora otro regalo inolvidable y romántico: un almuerzo para dos en un rincón agradable. Le pidió al pianista del restaurante, donde la estaría esperando, que a su llegada tocara "*Rêve d'Amour*" (Sueño de amor), de Franz Liszt.

Así que, al mediodía, hora señalada, Élcio la esperaba lleno de cariño. El pianista, enfrascado en la sencilla, pero bella tarea sentimental, lo miraba minuto a minuto. Sentado en la mesa que permitía el paso de cualquiera que llegara, vio a alguien, a quien no identificó, puso una bolsa en el pomo de la puerta principal y salió corriendo. Su corazón casi se detuvo cuando reconoció el bolso: ¡su regalo para Débora!

Asustado, se dirigió a la puerta y cogió su bolso, en cuyo asa había una nota: "PARA EL SEÑOR ELCIO."

Al cogerlo, incluso antes de leerlo, sintió el ya tradicional síntoma de una ligera corriente eléctrica que le llegaba cada vez que sucedía algo inusual. Entendió el mensaje: se trataba de Débora... Ella no vendría.

Lo abrió y leyó: "*DIOS LLAMÓ A MI HIJA ESTA MAÑANA.*"

(a) Santos.

Extasiado, tuvo un pensamiento reflejo: ¡Jesús, con los brazos abiertos, acogiendo a su dulce Débora!

El pianista le tocó ligeramente el hombro sin decir nada. Élcio le mostró el billete y salió del restaurante. Estaba a cierta distancia cuando escuchó las primeras notas de la inmortal melodía

"*Sonho de Amor*", que había encargado. Lo entendió: el pianista le decía que a veces el amor es un sueño... Que ni siquiera la muerte puede borrar.

En el velorio, algunos familiares, llenos de repugnancia por la muerte de alguien tan joven, se entregaron a grandes manifestaciones de dolor, con gritos lancinantes, que estallaban más o menos cada hora. Pronto; sin embargo, se calmaron ante la renuncia de los padres de Débora quienes, en oraciones, impusieron un clima de paz en el ambiente. Un funcionario en el funeral comentó:

– Siempre es así, cuando se trata del Espiritismo; los familiares se comportan con mucha educación, pasan las horas en oración, hablando en voz baja, simplemente hablando de temas relacionados con el Evangelio de Jesús.

– Y no sienten la muerte de su familiar, ¿no lloran? - Preguntó alguien.

– Claro que lo sienten, pero parece que lloran por dentro, o que lloran con el alma, porque derraman lágrimas silenciosas y es conmovedor cómo buscan el equilibrio en sus oraciones, repitiendo en todo momento que Dios es Padre, Justo y bueno, espíritus para acoger a quien "regresa a la verdadera vida", como dicen.

Élcio sintió la ausencia física de Débora.

Solía dedicarse a las actividades del Centro Espírita, dedicándose allí casi todos los días. Los fines de semana, precisamente, trabajaba más. Las lágrimas furtivas fueron sus constantes compañeras.

– Élcio, hijo mío – advirtió Luiz –, nuestro cuerpo es una herramienta que siempre necesita mantenimiento. Dios nos puso en este mundo que tiene día y noche, para trabajar y descansar. El descanso semanal es una inspiración sagrada y no es prudente suprimirla, incluso con obras de bien, como en vuestro caso.

– ¡Lo sé, Luiz, pero no puedo olvidarla!

El amigo guardó silencio cuando las lágrimas, en vano reprimidas, se rebelaron y mojaron sus mejillas, dejando al descubierto el dolor que había en su alma. Cuando faltó tres días al Centro Espírita, Luiz fue a buscarlo a la agencia de turismo, para saber qué estaba pasando. Descubrió que tampoco llevaba tres días allí. Fue a su casa y lo encontró con fiebre, bañado en sudor y con ojeras.

– ¿Qué pasa, hijo mío? ¿Por qué no me llamaste?

– Ya pasará, me cuidaré como pueda. No quería molestar a nadie.

– Pero no es algo que hagas. Me entristece mucho ver que no me consideras tu amigo, porque un amigo siempre ayuda a otro.

– ¡No, Luiz, no! Soy tu amigo, sí. Pero mi problema no tiene solución...

– ¿Cómo así? Todo se resuelve en la vida. ¡Todo, todo! Solo dale tiempo.

– En mi caso, el tiempo retrocede: Débora era casi mía y ahora el Espiritismo me ha demostrado que aun más atrás, debió ser mía. Pero tanto en esta vida como quizás en otras, nunca le di el amor que merecía.

– Bueno, bueno, Élcio: todos tenemos momentos de debilidad. Lo importante es que te recuperaste a tiempo en esta vida, vigilándola hasta el último momento.

– A veces pienso que hubiera sido mejor para mí morir en ese accidente, así pronto sufriría mi culpa en el plano espiritual...

– ¿Y quién la cuidaría cuando enfermara, como estaba previsto en el programa de reencarnación y realmente sucedió? ¿Y la familia, que pronto se desmoronó? ¿De verdad crees que hubiera sido buena idea haber muerto antes de protegerla? ¿Has olvidado a los niños y adultos que Dios permitió que se beneficiaran de tu mediumnidad sanadora?

La pregunta impactó en el cerebro de Élcio, haciéndolo volver a la razón:

– ¡Dios mío! ¡De ninguna manera! ¡No había pensado en eso! No sé cómo me entregué al derrotismo, más aun conociendo las enseñanzas del Espiritismo...

– ¿Sabes lo que representa tu procedimiento, no cuidarte? ¡Suicidio indirecto!

– Increíble: aun sabiendo estas cosas ya me entregué.

– Los mensajeros celestiales repiten siempre que para el alma la mejor medicina es el Evangelio, a través de la oración y la práctica de la caridad, pero para el cuerpo debemos servirnos de la medicina terrenal, cuyos avances permanentes son don de Dios a la humanidad.

Llevado al hospital por Luiz, Élcio fue atendido, sin gravedad en su estado físico.

Estaba saliendo del hospital cuando se topó con el Dr. Ribeiro, al frente.

El médico había regresado de Europa por aquellos días y "por casualidad" (la casualidad no existe...), se encontraron.

Imposible que uno u otro finja no verse.

Ribeiro, sorprendido, ni siquiera se movió para saludarlo.

Élcio; sin embargo, recordó las palabras del Espíritu André Luiz, contenidas en uno de esos pequeños mensajes que las Casas Espíritas distribuyen a los asiduos: "guarde siempre una frase feliz para los momentos difíciles", y dijo humilde:

– Me alegro de verlo, doctor Ribeiro. Gracias a Dios volviste y te encontré, porque necesitaba disculparme por mis tonterías del pasado.

Cualquiera que pudiera ver auras vería los destellos luminosos de Élcio, colores intensos que envolvían a Ribeiro. El primer impulso del médico fue evitar al ex paciente y también rival de Débora, en el romance no concretado que un día soñó con ella. Pero las palabras de Élcio, llenas de sinceridad, tuvieron el efecto del fuego sobre el hielo: el pequeño y sagrado fuego de la humildad, que derrite situaciones similares al hielo eterno del orgullo, en los colosales glaciares humanos de la vanidad.

El amor tiene un poder inimaginable para los hombres y nunca está de más recordar que es la esencia de Dios. De hecho, para otorgar la inmortalidad a Sus hijos, en cada uno de ellos el Padre depositó una humilde gota de esta esencia, pero con el potencial de incendiar el Universo, cuando se manifieste en su pureza original y divina.

Ribeiro, invadido por una repentina y abrumadora emoción, abrazó a Élcio con gran energía:

– Yo... tengo que disculparme. Débora siempre lo amó... Para mí fue solo la reacción de una paciente agradecida al médico que la atendió en un momento difícil...

Al ver los ojos de Élcio bañados en lágrimas, que comprendió que eran de gran dolor íntimo, balbuceó:

– Ella, ¿cómo está? Te casaste, ¿no? - Luiz puso su mano en el hombro de Ribeiro:

– Murió hace tres semanas.

– ¡Ay, por Jesús! ¡Perdóname!

A su vez, con los ojos llorosos, puso sus manos sobre el rostro de Élcio y lo consoló:

– El Espiritismo me enseñó que la muerte es una transición, tanto como el nacimiento, hechos que se repiten innumerables veces, en el camino evolutivo espiritual de todos nosotros. Saber esto es un gran consuelo cuando alguien a quien amamos se adelanta en este viaje...

– ¿Cuando tu volviste?

– Élcio, no soy "señor" y quiero que me llames simplemente Ribeiro, porque mi corazón me dice que ya nos hemos encontrado en varios rincones de los bloques del tiempo y que, a partir de ahora, caminaremos juntos...

Sí: allí se reconciliaron dos espíritus, después de ardientes conflictos del pasado. Esta reconciliación, como tantas otras, se había facilitado gracias al conocimiento espírita de ambos, aclarándoles que afectos y desafectaciones no circulan por casualidad en nuestro guion existencial. Su encuentro se produjo debido a una atracción fluidica irresistible, ya que sintonizaban con una banda espiritual similar.

Dos meses después de la desencarnación de Débora, Élcio, ya más comedido en sus actividades, estaba en la playa, caminando descuidadamente, mirando la inmensidad del horizonte, separando el mar del cielo. Admiraba el vuelo pacífico de palomas, buitres y gaviotas. En aquel ambiente de paz, toda la naturaleza era un canto de alabanza a Dios: los pájaros en el aire y las aguas en el mar, con su eterno murmullo, llevando alegría a las espumosas olas de la playa.

Como en éxtasis, dejó que su corazón vagara, vagara... los recuerdos iban y venían, como las olas. Retrocedió algunas páginas en el libro del tiempo y sintió su pecho palpitar embriagadamente de amor al recordar la imagen de Débora.

Ni siquiera un beso de ella tenía para recordar...

El mar, solidario con sus pensamientos y el anhelo que lo invadía, como comprendiendo sus penas, envió unas espumas para acariciarlo, brindándole la dulzura física y espiritual de otros besos...

Por la noche, al acostarse, como de costumbre, leía una página de "*El Evangelio según el Espiritismo.*" Él se quedó dormido.

Siguiendo el ejemplo de puntualidad del Sol, un gallo incansable lo despertó con su tradicional canto del amanecer.

¡Un segundo después de despertarse, Élcio recordó que había soñado con ella! Había soñado, no: ¡estuvieron juntos, por un momento! ¡Certeza absoluta!

Cuando el gallo repitió su invitación al "mundo" a reiniciar un nuevo viaje, tuvo la clara impresión de haber oído con los oídos del alma:

"Los gallos, como otros seres vivos, son hijos de Dios. Como tú, un día, ayudaste a uno de ellos, los espíritus que protegen las especies animales comenzaron a ayudarte, cuando podían. Ese gallo que acaba de cantar lo despertó para que el recuerdo del sueño siguiera vivo en su alma."

Sobre los sueños, recordó haber leído que en la mitología griega, cuando la noche se unía al sueño, nació Morfeo, el dios de los sueños. En este simbolismo humano entendió que soñar es otro regalo divino que recibimos todos los días, o mejor dicho, todas las noches.

Y ese sueño había sido un regalo sublime.

Lo recordó: soñó que, saliendo de una espesa niebla, entraba en un lugar desconocido, pero al mismo tiempo familiar. Sabía, o más bien se sentía acompañado, de compañeros invisibles y desconocidos, amigos al fin y al cabo. Aun en el sueño, pensó: "Me pregunto ¿qué me está pasando? Salgo de la oscuridad a la luz, no sé dónde estoy, pero conozco este lugar, y hay alguien conmigo, pero no lo veo; Además, ¿cómo sé que son amigos?"

Estas aparentes inconsistencias casi siempre le suceden a todo el mundo cuando duerme y sueña. El alma, parcialmente liberada del cuerpo físico por el desarrollo del sueño, busca sus puntos de interés. En ocasiones son encuentros con espíritus y lugares similares, que forman parte de situaciones ya vividas en vidas anteriores.

Las personas que han desarrollado el muy útil hábito de orar en situaciones contradictorias, cualesquiera que sean, cuando lo hacen, en estas circunstancias, aunque sea inconscientemente, casi inmediatamente se dan cuenta que están experimentando un sueño.

En este caso, es fácil administrar los procedimientos. Con Élcio eso fue lo que pasó.

Siguiendo recordando el sueño, recordó que de repente, sin explicaciones de nadie, se encontró soñando. Pensó en Jules, el espíritu protector que siempre lo apoyó. ¡Al mismo tiempo lo vio! El abrazo que se intercambiaron promovió un intercambio de buena vibra, sin que ninguno de los dos pronunciara una palabra.

Con una simple mirada, Élcio captó lo que decía Jules:

– ¡Alabado sea el Señor! La Caridad del Maestro nos permitió ayudar a nuestra hermana Débora.

Débora… Débora… Débora… Resonó en su alma. Un dulce recuerdo visitó su corazón.

Temblando como un niño en el primer día de clases, puerta de entrada a una de las metas más sublimes del ser humano: el aprendizaje, Élcio tuvo la impresión de haberse transformado en un baterista, he aquí, una placentera electricidad lo recorrió.

Jules y otro espíritu le pusieron las manos sobre los hombros y lo condujeron a un gran patio, tostado por el Sol que inauguraba un día más. Varias personas se acomodaron en sillas rústicas pero cómodas, calentándose agradablemente.

– Son nuestros hermanos, recuperándose de la desencarnación provocada por graves enfermedades, que durante meses les quitaron las energías. También hacen falta meses para un reequilibrio parcial, siempre y cuando hayan aportado el bagaje del mérito.

– ¡¿Equipaje?!

– Es evidente. Todos los espíritus, cuando se deshacen de su carne, dejan todo lo material en el plano correspondiente. Y traen al plano espiritual solo lo que pertenece al Espíritu.

– Sí, sí, recuerdo la lección constante de *"El Evangelio según el Espiritismo"*[22], que nos enseña a ser responsables del bien y del mal que hemos hecho, y más aun: del bien que no hemos hecho…

Impaciente, incluso con este diálogo telepático que duró menos de diez segundos, Élcio miró a su alrededor entre los convalecientes. No la encontré. Ya estaba abrumado cuando Jules recomendó:

– ¡Confía en Dios! ¡El Padre nunca falla!

Élcio elevó su vibración pensando en Dios y evocando en su mente una escena de Jesús con aquellos espíritus. Entonces sucedió: ¡la vio! Quiso correr y abrazarla, pero Jules advirtió:

– Ella todavía no cumple con las condiciones para una cita contigo. Todavía no nos ve, porque, para esta visita, Jesús nos permitió estar en otro rango de densidad espiritual. Puedes abrazar, pero ahora no…

Débora no los vio, pero registró su presencia, mientras volvía su mirada ansiosa en su dirección. Los ojos, esos ojos maravillosos, ahora estaban borrosos…

– ¿No puedo ayudarte en algo? – Preguntó Élcio con tristeza.

– Pero, amigo mío: ¿por qué crees que te trajeron aquí?

La respuesta era obvia. Élcio fue hacia donde ella estaba. Jules y Jean, el otro espíritu, lo dejaron ir, ya que había logrado, por sus propios méritos, elevar su nivel espiritual, haciéndolo invisible

---

22 Capítulo XVII, "Sé perfecto", n° 3. Nota del médium.

para todos aquellos espíritus convalecientes. Mientras se acercaba a quien era el gran bien de su vida, el mayor tesoro de corazón, su mano derecha anunció la tarea: ¡un pase! Puso su mano derecha sobre su cabeza y oró: "Jesús, no sé ni cómo agradecerte esta oportunidad, solo te pido ser, junto con Débora, el instrumento de tu caritativa voluntad."

En ese momento Débora miró al cielo y al Sol. El verde, el viejo verde de sus ojos, volvió redoblado, brillando, testimoniando que nuevas energías la revitalizaban.

En eso, Élcio se despertó.

O mejor dicho, el gallo lo despertó.

Todavía sentía la dulzura de esos momentos mágicos.

Las noches siguientes, siempre con ganas de volver a ver a Débora, ni siquiera podía dormir bien.

Comentando con Luiz el feliz reencuentro y los frustrados intentos de repetirlo, el comprensivo amigo lo regañó amablemente:

– Quizás no te guste lo que voy a decir, pero es necesario: cuando alguien muy querido desencarna, no podemos fijar el pensamiento en ese alguien.

– Pero, Luiz, no se trata de arreglar mis pensamientos: es la nostalgia la que no me deja…

– Nostalgia es quizás la palabra más bella de la lengua portuguesa, después de la palabra Dios. Pero no es solo en la sublimidad del segundo y en la poesía del primero donde ambos se entrelazan. Hay mucho más fondo: Dios Padre, Justicia y Bondad incomparables, no engendraría los mecanismos de la vida para alternarse en el nacimiento y la muerte, separándolos en su conjunto. Interconectando estas dos fases, siempre sucediendo, colocó el anhelo como un vínculo, nunca como una esposa.

– Pero, ¿qué pasa con el amor, que la muerte interrumpe abruptamente?

– Eso no existe: el amor interrumpido. La interrupción allí significa que no fue amor. El amor, en el ser humano, todavía se divide entre familiares, afines y cónyuges. En el futuro, todas estas formas de amar se sumarán y constituirán el todo que es el amor universal, aquel que envuelve al espíritu en la paz de integrarse con Dios y todo lo que Él creó: la naturaleza y todos los seres vivientes, de todos los reinos, donde la vida late, siempre sagrada.

Luiz hizo una pausa, meditó y luego añadió:

– Precisamente porque conoció la debilidad humana, Dios nombró a la nostalgia como aleación y mensajera del amor, en sus diferentes expresiones: amor materno, paterno, filial, consanguíneo, fraterno y conyugal. Si hay amor, en cualquiera de estas relaciones, la muerte no lo interrumpe, ni lo extingue: solo traslada al futuro el retorno de la convivencia.

– Futuro... ¿cuándo?

– Esto depende de varios factores, pero en la primacía de la Justicia el mérito ocupa el lugar principal. Miren cuán bueno es Dios: desde nuestra creación, ha plantado la semilla del amor en la tierra eternamente fértil de nuestro espíritu, para que podamos fecundarla con buenas obras, que la transformarán en un árbol frondoso y fructífero, en el majestuoso escenario del bosque universal del bien. Cada buena acción representa una rama, una flor, un fruto; pero cada mala acción una espina...

– Sí, entiendo.

– Así es: cuando el amor universal dirija al hombre, ningún dolor le alcanzará, y la felicidad, para la que todos fuimos creados, será nuestra compañera, en cada segundo, ¡hacia el Infinito y la Eternidad!

16.- UN SUEÑO REAL

Incluso despierto, Élcio seguía en el encanto de aquel sueño, en el que había estado con Débora, en el plano espiritual.

Durante semanas, a través de oraciones, siguió repitiendo el intento de volver a soñar con ella. Pero en vano. Al darse cuenta que debía respetar la decisión del plan mayor, comenzó a orar por su beneficio.

Sin embargo, una noche soñó con Jules y le aconsejó:

– Hiciste bien en no forzar más un reencuentro con ella; cuando haya un beneficio real, evolutivo y principalmente merecedor, de ambas partes, seguramente espíritus amigos, servidores del Señor, promoverán un reencuentro. Allí volverás a encontrarte y hablar con Débora.

– Estoy mil veces agradecido a Jesús. ¡Amo a Jesús!

– ¡Y Él también nos ama! Él solo quiere nuestro bien. Y nuestro bien... es el bien que podemos ofrecer a nuestro prójimo, especialmente si estamos en conflicto con él, porque cualquier conflicto es malo para ambas partes.

Élcio nunca volvió a soñar con Jules o Débora. Sin embargo, las últimas palabras de Jules siguieron resonando en sus oídos durante días y días: "cualquier conflicto es malo para ambas partes…." Dondequiera que fue, los escuché.

Pensó: haría el bien a los demás, no para su beneficio, sino porque entendió que nuestra vida es el retrato de lo que hacemos, bueno o malo.

Decidió qué hacer, pero no sabía por dónde empezar, reflexionando: "No podré hacerlo solo. ¿Quién puede ayudarme?"

De repente tuvo una intuición: el Evangelio de Jesús. Cogió *"El Evangelio según el Espiritismo"*, ya desgastado por tanto manejo, pero muy agradecido de corazón. Abrió "en cualquier página" y leyó, en el Capítulo X, n° 5: "Reconcíliate cuanto antes con tu adversario, mientras estés con él en el camino."

– Jesús, sublime amigo: lo comprendo – exclamó en voz alta, como si el Maestro estuviera allí.

¿No fue así?...

Tomó una hoja de papel y enumeró: Jonás (dueño de la agencia de turismo que compró a bajo precio); Sofía, Joaquim y Juanito (Casino); José, Jerônimo y Junior (Empresas); Jordan (socio); Selma (médium).

Buscó a Luiz y le explicó su plan: recuperar la agencia de turismo y montar una pequeña planta metalúrgica que daría empleo a mucha gente. En el contrato social habría una cláusula que estipularía que el Centro Espírita "Bienaventurados los Afligidos" tendría una participación permanente en las utilidades.

– ¿Dónde está ese Centro Espírita?

– Nació hoy. Por ahora, está en mi cabeza. Vamos a fundarlo y poner en el estatuto respectivo que sus obras benéficas serán financiadas con trabajo, nunca con rifas, bingos, cartones, rasca y gana, loterías o cualquier otra forma de sorteo. Solo con trabajo. La comisión que asigne la empresa metalúrgica y los ascensos de los voluntarios determinarán el volumen de servicio a los necesitados.

– Pero, ¿cabe el nombre que hace referencia a los "afligidos"?

– Por supuesto: en la parte espiritual es que se desarrollará la mayor obra, sirviendo con el Evangelio a los encarnados pobres y ricos, pero principalmente a los desencarnados que dirige el plan mayor. Por cierto, ya estoy invitando, por mi cuenta, a tres grupos de desencarnados para que nos ayuden.

– ¿Tres grupos? ¿Todos los benefactores celestiales?

– No: tres equipos que me enseñaron mucho, a los que estoy muy agradecido. Recuerdo que los llamaban "el equipo de Royal", "el equipo de Nabuco" y "el equipo de Tito." Son muy fuertes, juegan, o jugaron, a la barbarie. Algunos de ellos admiraban a los animales luchadores. Otros todavía no se habían liberado de los mandatos del sexo por el sexo. Tengo fe en Dios que responderán a mi invitación. Me gustan y espero que acepten trabajar juntos nuevamente, ahora con mucho mayor beneficio: ¡felicidad!

– Pero, ¿cómo puedes estar seguro que aceptarán tu invitación?

– Por la sencilla razón que la Ley de Evolución es inexorable, y donde estaban vivían en problemas. Si aun están ahí y acepten mi "desafío" pacífico a hacer el bien, al menos una vez, estoy convencido que, cuando experimenten lo que es tener paz y ser felices, seremos hermanos. Por cierto, la invitación de Jesús, que da nombre al Centro Espírita, es muy fuerte y, una vez escuchada, difícil de rechazar, ¿no?

Luiz se emocionó, pero preguntó con prudencia:

– Muy bien, ya casi "contrataste" a los trabajadores del otro lado, pero ¿quién trabajará de este otro lado?

– Algún profesional que además de realizar la obra impartirá cursos profesionales de metalurgia a jóvenes que quieran implicarse en este proyecto.

Luego, Élcio buscó a Jordan y le explicó su idea: devolverle la agencia de turismo a Jonás, ya que ambos estaban cansados de esos viajes turísticos:

– La agencia ha progresado mucho y Jonás estará contento porque venderemos por el precio que pagamos.

Luego habló de la instalación de una planta metalúrgica y habló del proyecto de fundación de un Centro Espírita.

"Gracias a Dios", aprobó inmediatamente Jordan, añadiendo: Hace mucho tiempo que observo tu comportamiento y lo admiro. Como nunca nos volvimos a encontrar fuera del servicio en nuestra agencia de turismo, no creo que sepas que dejé de jugar.

– ¡Que maravilla! ¿Cuándo fue eso?

– No sé qué me pasó, pero una noche soñé que unos bandidos, liderados por un joven, querían ponerme una cuerda de cuero alrededor del cuello y decían: "él es el compañero del fugitivo y es tan adicto o más. Ya que uno nos dejó, vamos por este otro." Por suerte me desperté y le conté el sueño a Luiz. Allí me dio varias explicaciones sobre la intromisión de los desencarnados con nosotros. Me ayudó a estudiar Espiritismo y lo estoy disfrutando mucho. Al principio dejé el juego.

– Genial: el segundo afligido que será atendido en el Centro Espírita serás tú. Ya soy el primero...

Buscaron a Santos. Le contaron los planes y lo invitaron a ser el gerente. Sin apenas creer lo que escuchó, Santos comenzó a llorar.

– Es lo mínimo que puedo hacer, ya que por mi culpa...

- Yo tampoco fui honesto contigo - interrumpió Jordan.

– ¡No sigas, por amor de Dios! Fui imprudente y merecía la lección. Se los debo a...

– Si completas la frase, serás despedido, antes de asumir el cargo – bromeó Élcio, abrazándolo con cariño.

- Es el tercero - bromeó también Jordan, dejando a Santos incomprendido, pero feliz.

Los tres fueron a buscar a Jerónimo y Júnior, copropietarios de una pequeña empresa metalúrgica.

Anunciados por la recepcionista, los dos socios pensaron que se trataba de una broma y se preguntaron: "¿qué estarían haciendo aquí esos tres estafadores?" Con la sangre hirviendo, autorizaron al secretario para que los condujera a su oficina.

Con odio hirviendo en sus ojos, Junior no dijo una palabra. Estaba sentado y ni siquiera se levantó, menos aun fue amable al no invitar a "los visitantes" a sentarse en las sillas alrededor de la mesa. Élcio exclamó:

– ¡Venimos en paz, en el nombre de Jesús! Por mi parte vengo a pedir perdón por lo que hice en el pasado.

Jerônimo no creyó lo que escuchó.

- Yo... también me disculpo, doctor Júnior y doctor Jerônimo - tartamudeó Santos, sonrojándose.

– Yo digo lo mismo – dijo Jordan, con la voz ahogada.

Los rostros de los socios se aclararon. Cualquiera que pudiera ver el paisaje espiritual vería la habitación de las hadas iluminada por luces que cruzaban el entorno, como si millones de gotas de cristal burbujearan en el aire.

Élcio rodeó la mesa y humildemente tomó la mano de Junior, besándola respetuosamente, dejándolo estupefacto. Luego repitió el gesto con Jerônimo. Fue demasiado: Jerônimo se levantó y lo abrazó, entre lágrimas que surgieron inesperadamente. Santos y Jordan también rodearon la mesa y, poniendo su mano sobre el hombro de Júnior y Jerônimo, les transmitieron amistad, en ese gesto silencioso pero expresivo.

– Lo que acabo de ver es lo último que podría haber imaginado – confesó Junior sonriendo ahora.

– Entonces escuchen nuestra propuesta: ¡sociedad!

– ¡¿ ?!

– Disponemos de capital suficiente para montar una empresa, con la que daremos empleo a mucha gente, además de ayudar a algunas familias pobres.

– ¡No me digan que son espíritas!

– Lo somos...

– No es posible: ¡es demasiada coincidencia! Realmente queremos ampliar nuestra planta metalúrgica, pero, para variar, nos hemos quedado sin capital... En cuanto a ayudar a los pobres, lamentamos tener que hacerlo, suspender el suministro de la canasta básica que entregamos mensualmente a algunas familias...

– Si aceptan, inyectaremos capital aquí, triplicando la capacidad operativa. Tendremos partes iguales, con Santos como director financiero, Jordan como director de contabilidad y yo como director administrativo. Ustedes dos, uno ingeniero electrónico y el otro ingeniero metalúrgico, podrán dedicarse a tiempo completo a cuestiones técnicas e industriales.

Los abrazos recibidos por los tres visitantes fueron la respuesta positiva a su propuesta.

– Ahora somos cinco ex afligidos – comentó Élcio, aclarando que fueron los primeros "clientes" del futuro Centro Espírita.

– Hola, ¿Sofía?

– Sí, ¿quién es... Élcio?

– Eso mismo. Te llamo para ver cómo van las cosas contigo y con Joaquim.

– Estamos casados... ¡un bebé!

– Felicidades... ¡Dios te proteja! ¿Está Joaquim ahí?

– Se fue, buscando trabajo. Tuvimos serios problemas con el casino, llegando incluso a acabar en la cárcel. Queremos empezar una nueva vida. Joaquim y yo juramos que nunca más volveríamos a poner un pie en un casino ni a jugar a ningún juego. Si Dios quiere, volveremos a Brasil.

– ¡Alabado sea Dios! Si quieres, ven a trabajar a una empresa que estamos montando mis amigos y yo. Tú puedes ser la recepcionista y Joaquim decide qué hacer, aprender una especialidad, ser conductor, vendedor práctico o viajero, en fin, siempre habrá una vacante para él.

– Élcio, Élcio: ¡No lo creo! ¡Dios te pague! Si estuviera allí, te besaría… en la frente.

– Por supuesto, Sofía. Lo que pasó, pasó. Todos crecemos. Lo que pasó fue fruto de la invigilancia de todos nosotros, pero ahora es el momento de la reconstrucción, con Jesús.

– ¡Me alegra que pienses eso! Sí, lo haremos, porque estoy segura que Joaquim aceptará. Lamenta mucho lo que te hizo.

– Pídele que olvide el pasado y hazme un favor: busca el teléfono de Juanito o pídele que me llame.

– Juanito… murió en una pelea. Se había convertido en nuestro amigo y también seguía diciendo que necesitaba disculparse por la traición que te hicieron.

– ¡Dios lo proteja! Lo quiero como amigo.

Al colgar, Élcio comentó con Jordan y Santos:

– Ahora somos ocho, siete de aquí y uno de allá…

José, al ser visitado, se emocionó e inmediatamente hizo pedidos a "La Metalúrgica de los Cinco."

De Selma nadie supo dar noticias. Élcio la incluyó en sus oraciones, pidiéndole a Jesús que la protegiera.

Élcio caminaba tranquilamente cuando "por casualidad" vio un cartel:

FÁBRICA DE BILLAR.

Al mismo tiempo recordó a Zezinho y Capricho, este último perjudicado por él en un campeonato de billar.

Tocó el timbre, dispuesto a preguntar si alguien sabía del paradero de ese par de campeones. Hubo un momento de asombro cuando Zezinho respondió a la llamada. Se reconocieron al instante.

Élcio estaba a punto de decir algo, buscando la reconciliación, cuando Zezinho se le adelantó:

– ¡Cuánto tiempo! ¿Cómo estás?

– Bien gracias a Dios. ¿Y tú?

– Sigo con la vida. ¿Quieres realizar un pedido de una mesa de billar?

– No, no... Estaba pasando y vi el cartel y me acordé que no fui honesto, ni contigo, ni con Capricho... y quiero pedirles a ti y a él que me perdonen.

La sinceridad de Élcio fue fundamental para la receptividad de Zezinho:

– Se acabó, se acabó. Por cierto, ni siquiera necesitas disculparte, porque vendí ese auto que me ayudaste a ganar y le di la mitad del dinero a Capricho. Él y yo, aunque competidores en ese momento, siempre hemos sido amigos. Con el dinero que le di se compró un pequeño lugar y nunca volvimos a competir, o apostar. De vez en cuando simplemente hacemos deporte cuando viene de visita.

– Me alegra escucharlo. Pero, ¿cómo renunciaste a los campeonatos y a las apuestas?

– Ni siquiera quieres saberlo... Ese auto no podría traerme ningún bien a mí ni a él. Me hice espírita y Capricho me siguió en eso. Entendemos que el juego atrae espíritus infelices, adictos, como ambos lo éramos y por eso monté esta pequeña fábrica, que garantiza mi vida y la de mi familia.

– ¿Cómo puedo encontrar a Capricho?

– Se fue a otro estado. Pero puedes llamarlo.

Con el número en su poder, Élcio lo llamó, mantuvo un diálogo humilde y fraternal, de sincero arrepentimiento y, con gran alegría en su corazón, escuchó a Capricho, tan lejos, pero a la vez tan cerca de su alma, en aquel momento, declarar que en realidad Élcio le había hecho bien...

Seis meses después, la reconciliación de ese grupo de personas tan deudoras entre sí, por acciones de ésta y de vidas pasadas, fue completa. La empresa funcionaba prósperamente y también el "Centro Espírita Bienaventurados los Afligidos."

Élcio ejerció la mediumnidad curativa con gran responsabilidad. Como había predicho, los grupos de obsesores que alguna vez estuvieron vinculados a él fueron llevados a reuniones mediúmnicas, recibiendo respeto y cariño, con lo que prometieron cambiar de actitud. Conforme fueron pasando los meses, los espíritus amigos responsables del cuidado espiritual informaron alegremente:

– Los antiguos afligidos aceptaron la invitación de este grupo de médiums. Ante tu bondad, muchos de ellos lloraron de vergüenza y de arrepentimiento, recordando cómo te trataron mal. Actualmente se encuentran en proceso de reconstrucción, en una colonia de recuperación, recibiendo con beneficio orientación evangélica. Pidieron trabajar aquí, ayudándote tan pronto como puedan. ¡Gracias a Dios!

– ¡Gracias a Dios! Perdimos la cuenta de los primeros afectados aquí y allá – bromeó Santos, tras la reunión.

Élcio oró y durmió.

Mentalizó a Jesús sirviendo a los necesitados, encarnado y desencarnado. Agradeció a Dios por la bendición de la Vida y las luces espiritistas que iluminaron su alma. Pensó en Débora, imaginándola feliz y sana.

Comprendió que no debía pedirle a Jesús que concertara un encuentro con ella, pensando que tal pensamiento podría alcanzarla y tal vez causarle alguna perturbación.

Se quedó dormido.

Estaba en lo alto de un árbol, acariciando cariñosamente a un gallo, blanco como la leche y tan dócil como un gatito.

Débora le pasó la mano por el cabello, con el mismo cariño que le daba al gracioso pájaro.

– ¡Mi amor!

– ¡Amor de mi vida!

Se besaron tiernamente. Se acariciaron plácidamente.

– ¡Qué bueno verte completamente recuperado! ¡Qué bueno es Dios!

– Me voy con un grupo a otra dirección, donde seremos alumnos de un curso de atención de urgencias, ya que hay una gran captación de voluntarios.

– ¡Excelente! ¡Siempre es bueno ayudar a los afligidos!

– ¡Eso mismo! Mi grupo y yo no tenemos detalles, pero se sabe que cada vez más espíritus dejarán la materia, en desencarnaciones colectivas, necesitando muchos recepcionistas – asistentes capacitados para guiarlos. La principal condición para ser aceptado como voluntario era tener un sentimiento de solidaridad. Se inscribieron muchos amigos y gracias a Dios fui una de los seleccionados.

– Entonces… ¿no nos volveremos a ver?

– Al contrario: Jules, tu espíritu guardián, también es mi amigo. Aclaró que en ocasiones acompañaremos a los necesitados que serán enviados, para un examen inicial, al "Centro Espírita Bienaventurados los Afligidos."

Se besaron de nuevo, con calma. Élcio despertó feliz.

El futuro abrió para él las cortinas de la paz y la felicidad, invitándole a que Jesús le había permitido que, en ocasiones, tuviera la compañía del "amor de su vida."

Bueno... Ahora, ya tenía algo que recordar de ella: dos besos, tiernos y suaves, pero tan expresivos que, para él, "¡habían unido el Cielo a la Tierra!"

Fin

Grandes Éxitos de Zibia Gasparetto

Con más de 20 millones de títulos vendidos, la autora ha contribuido para el fortalecimiento de la literatura espiritualista en el mercado editorial y para la popularización de la espiritualidad. Conozca más éxitos de la escritora.

Romances Dictados por el Espíritu Lucius

La Fuerza de la Vida

La Verdad de cada uno

La vida sabe lo que hace

Ella confió en la vida

Entre el Amor y la Guerra

Esmeralda

Espinas del Tiempo

Lazos Eternos

Nada es por Casualidad

Nadie es de Nadie

El Abogado de Dios

El Mañana a Dios pertenece

El Amor Venció

Encuentro Inesperado

Al borde del destino

El Astuto

El Morro de las Ilusiones

¿Dónde está Teresa?

Por las puertas del Corazón

Cuando la Vida escoge

Cuando llega la Hora

Cuando es necesario volver

Abriéndose para la Vida

Sin miedo de vivir

Solo el amor lo consigue

Todos Somos Inocentes

Todo tiene su precio

Todo valió la pena

Un amor de verdad

Venciendo el pasado

Otros éxitos de Andrés Luiz Ruiz y Lucius

Trilogía El Amor Jamás te Olvida

La Fuerza de la Bondad

Bajo las Manos de la Misericordia

Despidiéndose de la Tierra

Al Final de la Última Hora

Esculpiendo su Destino

Hay Flores sobre las Piedras

Los Peñascos son de Arena

Otros éxitos de Gilvanize Balbino Pereira

Linternas del Tiempo

Los Ángeles de Jade

El Horizonte de las Alondras

Cetros Partidos

Lágrimas del Sol

Salmos de Redención

Libros de Eliana Machado Coelho y Schellida

Corazones sin Destino

El Brillo de la Verdad

El Derecho de Ser Feliz

El Retorno

En el Silencio de las Pasiones

Fuerza para Recomenzar

La Certeza de la Victoria

La Conquista de la Paz

Lecciones que la Vida Ofrece

Más Fuerte que Nunca

Sin Reglas para Amar

Un Diario en el Tiempo

Un Motivo para Vivir

¡Eliana Machado Coelho y Schellida, Romances que cautivan, enseñan, conmueven y pueden cambiar tu vida!

Romances de Arandi Gomes Texeira y el Conde J.W. Rochester

El Condado de Lancaster

El Poder del Amor

El Proceso

La Pulsera de Cleopatra

La Reencarnación de una Reina

Ustedes son dioses

Libros de Marcelo Cezar y Marco Aurelio

El Amor es para los Fuertes

La Última Oportunidad

Nada es como Parece

Para Siempre Conmigo

Solo Dios lo Sabe

Tú haces el Mañana

Un Soplo de Ternura

Libros de Vera Kryzhanovskaia y JW Rochester

La Venganza del Judío

La Monja de los Casamientos

La Hija del Hechicero

La Flor del Pantano

La Ira Divina

La Leyenda del Castillo de Montignoso

La Muerte del Planeta

La Noche de San Bartolomé

La Venganza del Judío

Bienaventurados los pobres de espíritu

Cobra Capela

Dolores

Trilogía del Reino de las Sombras

De los Cielos a la Tierra

Episodios de la Vida de Tiberius

Hechizo Infernal

Herculanum

En la Frontera

Naema, la Bruja

En el Castillo de Escocia (Trilogía 2)

Nueva Era

El Elixir de la larga vida

El Faraón Mernephtah

Los Legisladores

Los Magos

El Terrible Fantasma

El Paraíso sin Adán

Romance de una Reina

Luminarias Checas

Narraciones Ocultas

La Monja de los Casamientos

Libros de Elisa Masselli

Siempre existe una razón

Nada queda sin respuesta

La vida está hecha de decisiones

La Misión de cada uno

Es necesario algo más

El Pasado no importa

El Destino en sus manos

Dios estaba con él

Cuando el pasado no pasa

Apenas comenzando

**Libros de Vera Lúcia Marinzeck de Carvalho
y Patricia**

Violetas en la Ventana

Viviendo en el Mundo de los Espíritus

La Casa del Escritor

El Vuelo de la Gaviota

**Vera Lúcia Marinzeck de Carvalho
y Antônio Carlos**

Amad a los Enemigos

Esclavo Bernardino

la Roca de los Amantes

Rosa, la tercera víctima fatal

Cautivos y Libertos

Deficiente Mental

Aquellos que Aman

Cabocla

El Ateo

El Difícil camino de las drogas

En Misión de Socorro

La Casa del Acantilado

La Gruta de las Orquídeas

La Última Cena

Morí, ¿y ahora?

Las Flores de María

Nuevamente Juntos

Libros de Mônica de Castro y Leonel

A Pesar de Todo

Con el Amor no se Juega

De Frente con la Verdad

De Todo mi Ser

Deseo

El Precio de Ser Diferente

Gemelas

Giselle, La Amante del Inquisidor

Greta

Hasta que la Vida los Separe

Impulsos del Corazón

Jurema de la Selva

La Actriz

La Fuerza del Destino

Recuerdos que el Viento Trae

Secretos del Alma

Sintiendo en la Propia Piel

World Spiritist Institute

Milton Keynes UK
Ingram Content Group UK Ltd.
UKHW010849101023
430301UK00004B/121